Jan-Peter Psczolla

# Onlinespielrecht

Jan-Peter Psczolla

# Onlinespielrecht

Rechtsfragen im Zusammenhang mit
Onlinespielen und virtuellen Parallelwelten

Tectum Verlag

Inaugural-Dissertation zur Erlangung des akademischen Grades eines
Doktors der Rechte durch die Rechtswissenschaftliche Fakultät der
Westfälischen Wilhelms-Universität zu Münster

| | |
|---|---|
| Berichterstatter: | Prof. Dr. Thomas Hoeren und Prof. Dr. Johann Kindl |
| Dekan: | Prof. Dr. Heinz-Dietrich Steinmeyer |
| Rigorosum: | 24.06.2008 |

D 6

Jan-Peter Psczolla

Onlinespielrecht.
Rechtsfragen im Zusammenhang mit Onlinespielen und virtuellen
Parallelwelten

Zugl.: Münster, Univ. Diss. 2008

ISBN: 978-3-8288-9717-5

Umschlagabbildung – jason_smith : www.photocase.com

© Tectum Verlag Marburg, 2008


Besuchen Sie uns im Internet
www.tectum-verlag.de


**Bibliografische Informationen der Deutschen Nationalbibliothek**
Die Deutsche Nationalbibliothek verzeichnet diese Publikation in der
Deutschen Nationalbibliografie; detaillierte bibliografische Angaben sind
im Internet über http://dnb.ddb.de abrufbar.

*Im wahren Leben für N.*

Inhalt

## A
| | |
|---|---|
| A.A | Anderer Ansicht |
| a.F. | Alte Fassung |
| Abl. | Amtsblatt |
| Abs. | Absatz |
| Abschn. | Abschnitt |
| AcP | Archiv für die civilistische Praxis (Zeitschrift) |
| AG | Amtsgericht |
| AGB | Allgemeine Geschäftsbedingungen |
| AGBG | Gesetz zur Regelung der Allgemeinen Geschäftsbedingungen |
| AGL | Anspruchsgrundlage |
| Alt. | Alternative |
| Anm. | Anmerkung |
| Art. | Artikel |
| ASP | Application Service Providing |
| AT | Allgemeiner Teil |
| Az. | Aktenzeichen |

## B
| | |
|---|---|
| BayObLG | Bayerisches Oberlandesgericht |
| BB | Betriebs-Berater (Zeitschrift) |
| BBC | British Broadcasting Corporation |
| BGH | Bundesgerichtshof |
| BGHZ | Entscheidungen des Bundesgerichtshofs in Zivilsachen |
| BR | Bürgerliches Recht |
| BT | Besonderer Teil |
| BT-Drs. | Bundestags-Drucksache |
| BVerfG | Bundesverfassungsgericht |

## C
| | |
|---|---|
| Ca. | Circa |
| CD | Compact Disc |
| CR | Computer und Recht (Zeitschrift) |

## D
| | |
|---|---|
| DB | Der Betrieb (Zeitschrift) |
| DENIC | Deutsches Network Information Center |

## E
| | |
|---|---|
| E-Commerce | Electronic Commerce |
| ECRL | E-Commerce Richtlinie |
| EG | Europäische Gemeinschaft |

| | |
|---|---|
| EGBGB | Einführungsgesetz zum Bürgerlichen Gesetzbuch |
| Einf. | Einführung |
| E-Mail | Electronic Mail |
| Etc. | Et cetera |
| EU | Europäische Union |
| EULA | End User License Agreement |
| EWG | Europäische Wirtschaftsgemeinschaft |

**F**

| | |
|---|---|
| f., ff. | Folgend (e) |
| FernAbsG | Fernabsatzgesetz |
| Fn. | Fußnote |
| FS | Festschrift |

**G**

| | |
|---|---|
| GEMA | Gesellschaft für musikalische Aufführungsrechte |
| GeschmMG | Geschmacksmustergesetz |
| GG | Grundgesetz |
| GRUR | Gewerblicher Rechtsschutz und Urheberrecht (Zeitschrift) |
| GRUR Int. | Gewerblicher Rechtsschutz und Urheberrecht International (Zeitschrift) |
| GRUR-RR | Gewerblicher Rechtsschutz und Urheberrecht Rechtsprechungs-Report (Zeitschrift) |

**H**

| | |
|---|---|
| HGB | Handelsgesetzbuch |
| HK | Handelskammer |
| HTML | Hyper Text Markup Language |
| HTTP | Hyper Text Transport Protocol |

**I**

| | |
|---|---|
| i.S. | Im Sinne |
| IGE | Internet Gaming Entertainment |
| ImGR | Immaterialgüterrecht |
| InfoV | Verordnung über Informations- und Nachweispflichten nach bürgerlichem Recht |
| Insb. | Insbesondere |
| Int. | International |
| InterImmGR | Internationales Immaterialgüterrecht |
| IPR | Internationales Privatrecht |
| IT | Informationstechnik |

**J**

| | |
|---|---|
| JA | Juristische Arbeitsblätter (Zeitschrift) |
| JR | Juristische Rundschau (Zeitschrift) |
| JurPC | Internet-Zeitschrift für Rechtsinformatik (Zeitschrift) |
| JuS | Juristische Schulung (Zeitschrift) |
| JZ | Juristenzeitung (Zeitschrift) |

**K**

| | |
|---|---|
| K&R | Kommunikation und Recht (Zeitschrift) |
| Kap. | Kapitel |
| KG | Kammergericht (Berlin) |

**L**

| | |
|---|---|
| LAG | Landesarbeitsgericht |
| LG | Landgericht |
| LLP | Limited liability partnership |

**M**

| | |
|---|---|
| m.w.N. | Mit weiteren Nachweisen |
| MarkenG | Gesetz über den Schutz von Marken und sonstigen Kennzeichen |
| MarkenR | Markenrecht |
| MDStV | Mediendienstestaatsvertrag |
| MMOG | Massively Multiplayer Online Game |
| MMORPG | Massively Multiplayer Online Role-Playing Game |
| MMR | Multimedia und Recht (Zeitschrift) |
| MP3 | MPEG-1 Audio Layer 3 |
| MüKo | Münchener Kommentar |

**N**

| | |
|---|---|
| NJW | Neue Juristische Wochenschrift (Zeitschrift) |
| NJW-RR | Neue Juristische Wochenschrift Rechtsprechungs-Report Zivilrecht (Zeitschrift) |
| Nr. | Nummer |

**O**

| | |
|---|---|
| OLG | Oberlandesgericht |
| Öst. OGH | Oberster Gerichtshof Österreich |

**P**

| | |
|---|---|
| PatG | Patentgesetz |
| PWC | PricewaterhouseCoopers |

**R**

| | |
|---|---|
| RabelsZ | Rabels Zeitschrift für ausländisches und Internationales Privatrecht (Zeitschrift) |
| RAM | Random Access Memory |
| RDV | Recht der Datenverarbeitung (Zeitschrift) |
| RegE | Regierungsentwurf |
| RGZ | Sammlung der Entscheidungen des Reichsgerichts in Zivilsachen |
| RIW | Recht der internationalen Wirtschaft (Zeitschrift) |
| RL | Richtlinie |
| Rn. | Randnummer |
| RStV | Rundfunkstaatsvertrag |

**S**

| | |
|---|---|
| S. | Satz/Seite |
| Sog. | Sogenannt (e) |
| SR | Schuldrecht |
| StGB | Strafgesetzbuch |

**T**

| | |
|---|---|
| TDDSG | Teledienstedatenschutzgesetz |
| TDG | Teledienstegesetz |
| TKG | Telekommunikationsgesetz |
| TMG | Telemediengesetz |

**U**

| | |
|---|---|
| Überbl. | Überblick |
| UFITA | Archiv für Urheber-, Film-, Funk- und Theaterrecht (Zeitschrift) |
| UklaG | Unterlassungsklagegesetz |
| UN | United Nations |
| UrhG | Urheberrechtsgesetz |
| Urt. | Urteil |
| US | United States |
| USA | United States of America |
| USB | Universal Serial Bus |
| UWG | Gesetz gegen den unlauteren Wettbewerb |

**V**

| | |
|---|---|
| v. | Vom/Von |
| Vgl. | Vergleiche |
| VO | Verordnung |
| Vorbem. | Vorbemerkung |

| | |
|---|---|
| VSD | Vertrag mit Schutzwirkung zugunsten Dritter |
| VuR | Verbraucher und Recht (Zeitschrift) |

**W**

| | |
|---|---|
| Web-Dok. | Web-Dokument |
| WM | Wertpapier-Mitteilungen (Zeitschrift) |
| WRP | Wettbewerb in Recht und Praxis (Zeitschrift) |
| WWW | World Wide Web |

**Z**

| | |
|---|---|
| Z.B. | Zum Beispiel |
| ZHR | Zeitschrift für das gesamte Handelsrecht und Wirtschaftsrecht (Zeitschrift) |
| ZIP | Zeitschrift für Wirtschaftsrecht (Zeitschrift) |
| ZPO | Zivilprozessordnung |
| ZUM | Zeitschrift für Urheber- und Medienrecht (Zeitschrift) |
| ZUM-RD | Zeitschrift für Urheber- und Medienrecht Rechtsprechungsdienst (Zeitschrift) |
| ZVR | Zwangsvollstreckungsrecht |

**Sonstige**

| | |
|---|---|
| 3-D | Dreidimensional |

## Kommentare

| | |
|---|---|
| *Bamberger, Heinz Georg*<br>*Roth, Herbert* | Kommentar zum Bürgerlichen Gesetzbuch,<br>Band 1 (§§ 1–610), 2. Auflage,<br>München 2007, |
| | Band 2 (§§ 611–1296), 2. Auflage,<br>München 2008,<br>(zitiert: Bamberger/Roth/Bearbeiter). |
| *Baumbach, Adolf*<br>*Hopt, Klaus J.* | Handelsgesetzbuch, 33. Auflage, München<br>2008, (zitiert: Baumbach/Hopt/Bearbeiter). |
| *Dreier, Thomas*<br>*Schulze, Gernot* | Urheberrechtsgesetz, 2. Auflage,<br>München 2006,<br>(zitiert: Dreier/Schulze/Bearbeiter). |
| *Erman, Walter* | Bürgerliches Gesetzbuch,<br>Band I (§§ 1–811/UklaG), 11. Auflage,<br>Münster/Köln 2004, |
| | Band II (§§ 812–2385), 11. Auflage,<br>Münster/Köln 2004,<br>(zitiert: Erman/Bearbeiter). |
| *Fezer, Karl-Heinz* | Markenrecht, 3. Auflage, München 2001,<br>(zitiert: Fezer, MarkenR). |
| *Härting, Niko* | Fernabsatzgesetz, Köln 2000,<br>(zitiert: Härting, FernAbsG). |
| *Hefermehl, Wolfgang*<br>*Köhler, Helmut*<br>*Bornkamm, Joachim* | Wettbewerbsrecht, 25. Auflage, München<br>2007, (zitiert: Hefer-<br>mehl/Köhler/Bornkamm/Bearbeiter). |
| *Ingerl, Reinhard*<br>*Rohnke, Christian* | Markengesetz, 2. Auflage, München 2003,<br>(zitiert: Ingerl/Rohnke, MarkenG). |
| *Mestmäcker, Ernst-Joachim*<br>*Schulze, Erich* | Kommentar zum deutschen Urheberrecht,<br>Band 1.2, 44. Aktualisierungslieferung,<br>Köln 2007,<br>(zitiert: Mestmäcker/Schulze/Bearbeiter). |
| *Möhring, Philipp*<br>*Nicolini, Käte* | Urheberrechtsgesetz, 2. Auflage,<br>München 2000,<br>(zitiert: Möhring/Nicolini/Bearbeiter). |
| *Münchener Kommentar zum*<br>*Bürgerlichen Gesetzbuch* | Band 1, 1. Halbband,<br>Allgemeiner Teil (§§ 1–240),<br>5. Auflage, München 2006, |

Band 2, Schuldrecht,
Allgemeiner Teil (§§ 241–432),
5. Auflage 2007,

Band 3, Schuldrecht,
Besonderer Teil I (§§ 433–610),
5. Auflage, München 2008,

Band 5, Schuldrecht,
Besonderer Teil III (§§ 705–853),
4. Auflage, München 2004,

Band 10, Einführungsgesetz zum
Bürgerlichen Gesetzbuche (Art. 1–46),
Internationales Privatrecht, 4. Auflage,
München 2006,

Band 11, Internationales Wirtschaftsrecht/
Einführungsgesetz zum Bürgerlichen
Gesetzbuche (Art. 50–245),
4. Auflage, München 2006,
(zitiert: Bearbeiter, in: MüKo).

*Münchener Kommentar zur Zivilprozessordnung* — Band 2 (§§ 511–945), 3. Auflage, München 2007, (zitiert: Bearbeiter, in: MüKo, ZPO).

*Palandt, Otto* — Bürgerliches Gesetzbuch, 67. Auflage, München 2008, (zitiert: Palandt/Bearbeiter).

*Schmidt-Futterer, Wolfgang; Blank, Hubert* — Mietrecht – Großkommentar des Wohn- und Gewerberaummietrechts (§§ 535–580a, § 138 BGB), 9. Auflage, München 2007, (zitiert: Schmidt-Futterer/Blank/Bearbeiter).

*Schönke, Adolf; Schröder, Horst* — Strafgesetzbuch, 27. Auflage, München 2006, (zitiert: Schönke/Schröder/Bearbeiter).

*Schricker, Gerhard* — Urheberrecht, 3. Auflage, München 2006, (zitiert: Schricker/Bearbeiter).

*Soergel, Hs. Th.* — Bürgerliches Gesetzbuch, Allgemeiner Teil 1, 13. Auflage, Stuttgart 2000, (zitiert: Soergel/Bearbeiter).

*Spindler, Gerald; Schmitz, Peter; Geis, Ivo* — Teledienstegesetz, München 2004, (zitiert: Spindler/Schmitz/Geis/Bearbeiter, TDG).

*Staudinger, Julius* — Kommentar zum Bürgerlichen Gesetzbuch, Einleitung zum BGB, Buch 1, Allgemeiner Teil (§§ 1–14), Neubearbeitung 2004, Berlin 2004, Buch 1, Allgemeiner Teil (§§ 90–133), Neubearbeitung 2004, Berlin 2004, Zweites Buch, Recht der Schuldverhältnisse (§§ 812 – 822), Neubearbeitung 1999, Berlin 1999, Zweites Buch, Recht der Schuldverhältnisse (§§ 823 – 825), 13. Auflage, Berlin 1999, (zitiert: Staudinger/Bearbeiter).

*Stein, Friedrich / Jonas, Martin* — Zivilprozessordnung, Band 8 (§§ 828–925h), 22. Auflage, Tübingen 2004, (zitiert: Stein/Jonas/Bearbeiter).

*Ströbele, Paul / Hacker, Franz* — Markengesetz, 8. Auflage, Köln 2006, (zitiert: Ströbele/Hacker/Bearbeiter, MarkenG).

*Thomas, Heinz / Putzo, Hans* — Zivilprozessordnung, 28. Auflage, München 2007, (zitiert: Thomas/Putzo/Bearbeiter).

*Tröndle, Herbert / Fischer, Thomas* — Strafgesetzbuch, 54. Auflage, München 2007, (zitiert: Tröndle/Fischer).

*Wandtke, Artur-Axel / Bullinger, Winfried* — UrhG – Praxiskommentar zum Urheberrecht, 2. Auflage, München 2006, (zitiert: Wandtke/Bullinger/Bearbeiter).

*Zöller, Richard* — Zivilprozessordnung, 26. Auflage, Köln 2007, (zitiert: Zöller/Bearbeiter).

### Lehrbücher/Monographien

*Baur, Fritz / Baur, Jürgen / Stürner, Rolf* — Sachenrecht, 17. Auflage, München 1999, (zitiert: Baur/Stürner, Sachenrecht).

*Berger, Christian* — Rechtsgeschäftliche Verfügungsbeschränkungen, Tübingen 1998, (zitiert: Berger, Rechtsgeschäftliche Verfügungsbeschränkungen).

| | |
|---|---|
| *Bröcker, Klaus Tim*<br>*Czychowski, Christian*<br>*Schäfer, Detmar* | Praxishandbuch Geistiges Eigentum im Internet, München 2003, (zitiert: Bearbeiter, in: Bröcker/Czychowski/Schäfer, Geistiges Eigentum). |
| *Canaris, Claus-Wilhelm* | Handelsrecht, 24. Auflage, München 2006, (zitiert: Canaris, HR). |
| *Castronova, Edward* | Synthetic Worlds – The business and culture of online games, Chicago 2005, (zitiert: Castronova, Synthetic Worlds). |
| *Cichon, Caroline* | Internetverträge, 2. Auflage, Köln 2005, (zitiert: Cichon, Internetverträge). |
| *Enneccerus, Ludwig*<br>*Nipperdey, Hans Carl* | Allgemeiner Teil des bürgerlichen Rechts, Band I, Allgemeine Lehren, Personen, Rechtsobjekte, 15. Auflage, Tübingen 1959, (zitiert: Enneccerus/Nipperdey, BGB AT). |
| *Fikentscher, Wolfgang*<br>*Heinemann, Andreas* | Schuldrecht, 10. Auflage, Berlin 2006, (zitiert: Fikentscher/Heinemann, SR). |
| *Flume, Werner* | Allgemeiner Teil des Bürgerlichen Rechts, Zweiter Band, Das Rechtsgeschäft, 3. Auflage, Berlin 1979, (zitiert: Flume, BGB AT II). |
| *Götting, Horst-Peter* | Gewerblicher Rechtsschutz, 8. Auflage, München 2007, (zitiert: Götting, Gewerblicher Rechtsschutz). |
| *Graf, Christian*<br>*Paschke, Marian*<br>*Stober, Rolf* | Das Wirtschaftsrecht vor den Herausforderungen des E-Commerce, Köln 2002, (zitiert: Bearbeiter, in: Graf/Paschke/Stober). |
| *Hoeren, Thomas* | Internetrecht, Stand: September 2007, Münster 2007, (zitiert: Hoeren, Internetrecht). |
| *Hoeren, Thomas* | IT Vertragsrecht, Praxis-Lehrbuch, Köln 2007, (zitiert: Hoeren, IT Vertragsrecht). |
| *Hoeren, Thomas*<br>*Sieber, Ulrich* | Handbuch Multimedia-Recht, Rechtsfragen des elektronischen Geschäftsverkehrs, Stand: Dezember 2006, München 2007, (zitiert: Bearbeiter, in: Handbuch Multimedia-Recht). |

| | |
|---|---|
| *Hoeren, Thomas* | Ergänzungsgutachten in Sachen UsedSoft ./. Oracle, vom 12. April 2007, Münster 2007, im Internet: http://www.usedsoft.com/pdf/marginal/er gaenzungsgutach-ten_hoeren_wg_oracle_2007_04_12.pdf, (Stand: Januar 2008), (zitiert: Hoeren, Ergänzungsgutachten in Sachen UsedSoft ./. Oracle). |
| *Jänich, Volker* | Geistiges Eigentum – eine Komplementärerscheinung zum Sachenrecht?, Tübingen 2002, (zitiert: Jänich, Geistiges Eigentum). |
| *Joos, Ulrich* | Die Erschöpfungslehre im Urheberrecht, München 1991, (zitiert: Joos, Die Erschöpfungslehre im Urheberrecht). |
| *Koehler, Philipp* | Der Erschöpfungsgrundsatz des Urheberrechts im Online-Bereich, München 2000, (zitiert: Koehler, Erschöpfungsgrundsatz im Online-Bereich). |
| *Krey, Volker* *Heinrich, Manfred* | Strafrecht Besonderer Teil, Band 1 (Besonderer Teil ohne Vermögensdelikte), 13. Auflage, Stuttgart 2005, (zitiert: Krey/Heinrich, Strafrecht BT/1). |
| *Lackmann, Rolf* | Zwangsvollstreckungsrecht, 8. Auflage, München 2007, (zitiert: Lackmann, ZVR). |
| *Larenz, Karl* *Wolf, Manfred* | Allgemeiner Teil des bürgerlichen Rechts, 9. Auflage, München 2004, (zitiert: Larenz/Wolf, BGB AT). |
| *Larenz, Karl* *Canaris, Claus-Wilhelm* | Lehrbuch des Schuldrechts, Band II, Teil 2, 13. Auflage, München 1994, (zitiert: Larenz/Canaris, SR, II/2). |
| *Larenz, Karl* | Lehrbuch des Schuldrechts, Band I, Allgemeiner Teil, 14. Auflage, München 1987, (zitiert: Larenz, SR I). |
| *Lehmann, Michael* | Rechtsschutz und Verwertung von Computerprogrammen, 2. Auflage, Köln 1993, (zitiert: Lehmann, Rechtsschutz). |

| | |
|---|---|
| *Lober, Andreas* | Virtuelle Welten werden real – Second Life, World of Warcraft & Co: Faszination, Gefahren, Business, Hannover 2007, (zitiert: Bearbeiter, in: Lober, Virtuelle Welten). |
| *Loewenheim, Ulrich*<br>*Koch, Frank A.* | Praxis des Online-Rechts, Weinheim 1998, (zitiert: Bearbeiter, in: Praxis des Online-Rechts). |
| *Marly, Jochen* | Softwareüberlassungsverträge, 4. Auflage, München 2004, (zitiert: Marly, Softwareüberlassungsverträge). |
| *Mäsch, Gerald* | Rechtswahlfreiheit und Verbraucherschutz, Berlin 1993, (zitiert: Mäsch, Rechtswahlfreiheit). |
| *Medicus, Dieter* | Allgemeiner Teil des BGB, 9. Auflage, Heidelberg 2006, (zitiert: Medicus, BGB AT). |
| *Medicus, Dieter* | Bürgerliches Recht, 21. Auflage, Köln 2007, (zitiert: Medicus, BR). |
| *Medicus, Dieter* | Schuldrecht I, Allgemeiner Teil, 17. Auflage, München 2006, (zitiert: Medicus, SR I). |
| *Merkl, Joachim* | Der Begriff des Immaterialgüterrechts, Erlangen-Nürnberg 1961, (zitiert: Merkl, Immaterialgüterrecht). |
| *Musielak, Hans-Joachim* | Grundkurs BGB, 10. Auflage, München 2007, (zitiert: Musielak, BGB). |
| *Redeker, Helmut* | IT-Recht, 4. Auflage, München 2007, (zitiert: Redeker, IT-Recht). |
| *Rehbinder, Manfred* | Urheberrecht, 14. Auflage, München 2006, (zitiert: Rehbinder, Urheberrecht). |
| *Schack, Haimo* | Urheber- und Urhebervertragsrecht, 4. Auflage, Tübingen 2007, (zitiert: Schack, Urheberrecht). |
| *Schellhammer, Kurt* | Sachenrecht nach Anspruchsgrundlagen, 2. Auflage, Heidelberg 2001, (zitiert: Schellhammer, Sachenrecht). |

| | |
|---|---|
| *Schellhammer, Kurt* | Zivilprozess, 12. Auflage, Heidelberg 2007, (zitiert: Schellhammer, Zivilprozess). |
| *Schubert, Werner* | Die Vorlagen der Redaktoren für die erste Kommission zur Ausarbeitung des Entwurfs eines Bürgerlichen Gesetzbuches, Sachenrecht, Teil I, Allgemeine Bestimmungen, Besitz und Eigentum, Berlin 1982, (zitiert: Schuber, Vorlagen BGB). |
| *Sohm, Rudolph* | Der Gegenstand: ein Grundbegriff des Bürgerlichen Gesetzbuches, Leipzig 1905, (zitiert: Sohm, Der Gegenstand). |
| *Spindler, Gerald* | Vertragsrecht der Internetprovider, 2. Auflage, Köln 2004, (zitiert: Bearbeiter, in: Spindler, Vertragsrecht der Internetprovider). |
| *Spindler, Gerald* <br> *Wiebe, Andreas* | Internet-Auktionen und Elektronische Marktplätze, 2. Auflage, Köln 2005, (zitiert: Bearbeiter, in: Spindler/Wiebe, Internet-Auktionen). |
| *Stadler, Thomas* | Haftung für Informationen im Internet, 2. Auflage, Berlin 2006, (zitiert: Stadler, Haftung für Informationen). |
| *Stumpf, Herbert* <br> *Groß, Michael* | Der Lizenzvertrag, 8. Auflage, Frankfurt a.M. 2005, (zitiert: Stumpf/Groß, Lizenzvertrag). |
| *Troller, Alois* <br> *Troller, Patrick* | Kurzlehrbuch des Immaterialgüterrechts, 3. Auflage, Basel 1989, (zitiert: Troller, Kurzlehrbuch des Immaterialgüterrechts). |
| *Troller, Alois* | Immaterialgüterrecht, Band I, Basel 1959, (zitiert: Troller, ImGR I). |
| *v. Papadimitropoulos, Antonios* | Schuldverhältnisse mit Schutzwirkung zu Gunsten Dritter, Berlin 2007, (zitiert: v. Papadimitropoulos, Schuldverhältnisse mit Schutzwirkung). |
| *Zitelmann, Ernst* | Internationales Privatrecht I, München 1997, (zitiert: Internationales Privatrecht I). |

## Aufsätze

| | |
|---|---|
| *Bauer, Jobst-Hubertus*<br>*Kock, Martin* | Arbeitsrechtliche Auswirkungen des neuen Verbraucherschutzrechts, DB 2002, 42 ff. |
| *Baus, Christoph A.* | Umgehung der Erschöpfungswirkung durch Zurückhaltung von Nutzungsrechten, MMR 2002, 14 ff. |
| *Bayer, Walter* | Vertraglicher Drittschutz, JuS 1996, 473 ff. |
| *Berg, Hans* | Zur Abgrenzung von vertraglicher Drittschutzwirkung und Drittschadensliquidation, NJW 1978, 2018 ff. |
| *Berger, Christian* | Urheberrechtliche Erschöpfungslehre und digitale Informationstechnologie, GRUR 2002, 198 ff. |
| *Bergmann, Alfred* | Zur Reichweite des Erschöpfungsprinzips bei der Online-Übermittlung urheberrechtlich geschützter Werke, in: Festschrift Erdmann, Köln 2002, S. 17 ff. |
| *Bettinger, Thorsten*<br>*Scheffelt, Michael* | Application Service Providing: Vertragsgestaltung und Konflikt-Management, CR 2001, 729 ff. |
| *Bettinger, Torsten*<br>*Thum, Dorothee* | Territoriales Markenrecht im Global Village, GRUR Int. 1999, 659ff. |
| *Binder, Julius* | Der Gegenstand, ZHR, 59, 1 ff. |
| *Bohr, Kurt* | Fragen der Abgrenzung und inhaltlichen Bestimmung der Filmurheberschaft, UFITA 78 (1977), 95 ff. |
| *Bohr, Kurt* | Die urheberrechtliche Rolle des Drehbuchautors, ZUM 1992, 121 ff. |
| *Bortloff, Nils* | Internationale Lizenzierung von Internet-Simulcasts durch die Tonträgerindustrie, GRUR Int. 2003, 669 ff. |
| *Dahm, Henning* | Vorvertraglicher Drittschutz, JZ 1992, 1167 ff. |

| | |
|---|---|
| *Deike, Thies* | Open Source Software: IPR-Fragen und Einordnung ins deutsche Rechtssystem, CR 2003, 9 ff. |
| *Diedrich, Kay* | Typisierung von Softwareverträgen nach der Schuldrechtsreform, CR 2002, 473 ff. |
| *Dieselhorst, Jochen* | Anwendbares Recht bei Internationalen Online-Diensten, ZUM 1998, 293 ff. |
| *Döring, Reinhard* | Die Haftung für eine Mitwirkung an Wettbewerbsverstößen nach der Entscheidung des BGH „Jugendgefährdende Medien bei eBay", WRP 2007, 1131 ff. |
| *Eberle, Carl-Eugen* | Medien und Medienrecht im Umbruch, GRUR 1995, 790 ff. |
| *Eck, Stefan*<br>*Ruess, Peter* | Haftung von Providern für fremde Inhalte – Haftungsprivilegierung nach § 11 TDG – Grundsatzanalyse und Tendenzen der Rechtsprechung, MMR 2003, 363 ff. |
| *Erdmann, Willi*<br>*Bornkamm, Joachim* | Schutz von Computerprogrammen – Rechtslage nach der EG-Richtlinie-, GRUR 1991, 877 ff. |
| *Feldmann, Thorsten*<br>*Heidrich, Joerg* | Rechtsfragen des Ausschlusses von Usern aus Internetforen – Praktische Analyse der Voraussetzungen eines Anspruchs auf Ausschluss –, CR 2006, 406 ff. |
| *Forckel, Hans* | Zur Zulässigkeit beschränkter Übertragungen des Namensrechtes, NJW 1993, 3181 ff. |
| *Fülbier, Ulrich* | Web 2.0 – Haftungsprivilegierungen bei My Space und You Tube, CR 2007, 515 ff. |
| *Gercke, Marco* | Zugangsprovider im Fadenkreuz der Urheberrechtsinhaber – Eine Untersuchung der urheberrechtlichen Verantwortlichkeit von Downloadportalen und Zugangsprovidern für Musikdownloads, CR 2006, 210 ff. |
| *Gernhuber, Joachim* | Drittwirkungen im Schuldverhältnis kraft Leistungsnähe – Zur Lehre von den Verträgen mit Schutzwirkung für Dritte –, in: Festschrift Nikisch, Tübingen 1958, S. 249 ff. |

| | |
|---|---|
| *Gerstenberg, Ekkehard* | „Angewandte Kunst" in der Rechtsprechung über Möbel, GRUR 1974, 707 ff. |
| *Götting, Horst-Peter* | Der Begriff des Geistigen Eigentums, GRUR 2006, 353 ff. |
| *Grützmacher, Malte* | „Gebrauchsoftware" und Erschöpfungslehre: Zu den Rahmenbedingungen eines Second-Hand-Marktes für Software, ZUM 2006, 302 ff. |
| *Hanloser, Stefan* | Die „Domain-Pfändung" in der aktuellen Diskussion, CR 2001, 456 ff. |
| *Härting, Niko* | Die Gewährleistungspflichten von Internet-Dienstleistern, CR 2001, 37 ff. |
| *Heydn, Truiken J.* *Schmiedl, Michael* | Der Handel mit gebrauchter Software und der Erschöpfungsgrundsatz, K&R 2006, 74 ff. |
| *Hoeren, Thomas* | Das Telemediengesetz, NJW 2007, 801 ff. |
| *Hoeren, Thomas* | Vorschlag für eine EU-Richtlinie über E-Commerce – Eine erste kritische Analyse, MMR 1999, 192 ff. |
| *Hoeren, Thomas* | Der urheberrechtliche Erschöpfungsgrundsatz bei der Online-Übertragung von Computerprogrammen, CR 2006, 573 ff. |
| *Hoeren, Thomas* *Schumacher, Dirk* | Verwendungsbeschränkungen im Softwarevertrag – Überlegungen zum Umfang des Benutzungsrechts für Standardsoftware –, CR 2000, 137 ff. |
| *Hoeren, Thomas* | Nutzungsbeschränkungen in Softwareverträgen – eine Rechtsprechungsübersicht, RDV 2005, 11 ff. |
| *Hoeren, Thomas* | Cybermanners und Wettbewerbsrecht – Einige Überlegungen zum Lauterkeitsrecht im Internet, WRP 1997, 993 ff. |
| *Hoeren, Thomas* | Zoning und Geolocation – Technische Ansätze zur Retorrialisierung des Internet, MMR 2007, 3 ff. |
| *Hoeren, Thomas* | Multimedia als noch nicht bekannte Nutzungsart, CR 1995, 710 ff. |

| | |
|---|---|
| *Hoeren, Thomas* | Der Zweite Korb – Eine Übersicht zu den geplanten Änderungen im Urheberrechtsgesetz, MMR 2007, 615 ff. |
| *Holzapfel, Henrik* | Zu § 10 PatG als Rechtszuweisungsnorm, GRUR 2002, 193 ff. |
| *Hopf, Kristina* *Braml, Birgit* | Virtuelle Kinderpornographie vor dem Hintergrund des Online-Spiels Second Life, ZUM 2007, 354ff. |
| *Junker, Abbo* | Internationales Vertragsrecht im Internet – Im Blickpunkt – Internationale Zuständigkeit und anwendbares Recht, RIW 1999, 809 ff. |
| *Junker, Abbo* | Die Rom II-Verordnung: Neues Internationales Deliktsrecht auf europäischer Grundlage, NJW 2007, 3675 ff. |
| *Katzenberger, Paul* | Kein Laufbildschutz für ausländische Videospiele in Deutschland, GRUR Int. 1992, 513 ff. |
| *Katzenberger, Paul* | Die urheberrechtliche Stellung der Filmarchitekten und Kostümbildner, ZUM 1988, 545 ff. |
| *Kazemi, Robert* *Leopold, Anders* | Die Internetdomain im Schutzbereich des Art. 14 Abs. 1 GG, MMR 2004, 287 ff. |
| *Kleespies, Mathias* | Die Domain als selbstständiger Vermögensgegenstand in der Einzelzwangsvollstreckung, GRUR 2002, 764 ff. |
| *Kleinheyer, Gerd* | Rechtsgutverwendung und Bereicherungsausgleich, JZ 1970, 471 ff. |
| *Klickermann, Paul H.* | Virtuelle Welten ohne Rechtsansprüche?, MMR 2007, 766 ff. |
| *Klimek, Oliver* *Sieber, Stefanie* | Anwendbares Recht beim Vertrieb digitalisierbarer Waren über das Internet am Beispiel der Softwareüberlassung, ZUM 1998, 902 ff. |

| | |
|---|---|
| *Knies, Bernhard* | Erschöpfung Online? – Die aktuelle Problematik beim On-Demand-Vertrieb von Tonträgern im Lichte der Richtlinie zur Informationsgesellschaft, GRUR Int. 2002, 314 ff. |
| *Koch, Frank A.* | Urheberrechtliche Zulässigkeit technischer Beschränkungen und Kontrolle der Software-Nutzung, CR 2002, 629 ff. |
| *Koch, Frank A.* | Internationale Gerichtszuständigkeit und Internet, CR 1999, 121 ff. |
| *Koch, Pamela* | Die rechtliche Bewertung virtueller Gegenstände auf Online-Plattformen, JurPC Web-Dok. 57/2006, Abs. 1 ff. |
| *Köhler, Helmut* | „Täter" und „Störer" im Wettbewerbs- und Markenrecht – Zur BGH Entscheidung „Jugendgefährdende Medien bei eBay", GRUR 2008, 1 ff. |
| *Kohler, Josef* | Die Idee des geistigen Eigentums, AcP 82 (1894), 141 ff. |
| *König, M. Michael* | Die Qualifizierung von Computerprogrammen als Sache i.S. des § 90 BGB, NJW 1989, 2604 ff. |
| *König, M. Michael* | Software (Computerprogramme) als Sache und deren Erwerb als Sachkauf, NJW 1993, 3121 ff. |
| *Koos, Stefan* | Die Domain als Vermögensgegenstand zwischen Sache und Immaterialgut – Begründung und Konsequenzen einer Absolutheit des Rechts an der Domain –, MMR 2004, 359 ff. |
| *Koschtial, Ulrike* | Zur Notwendigkeit der Absenkung der Gestaltungshöhe für Werke der angewandten Kunst im deutschen Urheberrecht, GRUR 2004, 555 ff. |
| *Krasemann, Henry* | Onlinespielrecht – Spielwiese für Juristen, MMR 2006, 351 ff. |

| | |
|---|---|
| *Kur, Annette* | Territorialität versus Globalität – Kennzeichenkonflikte im Internet, WRP 2000, 935 ff. |
| *Ladeur, Karl-Heinz* | Ausschluss von Teilnehmern an Diskussionsforen im Internet – Absicherung von Kommunikationsfreiheit durch „netzwerkgerechtes" Privatrecht, MMR 2001, 787 ff. |
| *Landfermmann, Hans-Georg* | Der Richtlinienvorschlag „Elektronischer Geschäftsverkehr" – Ziele und Probleme, ZUM 1999, 795 ff. |
| *Larenz, Karl* | Zur Schutzwirkung eines Schuldvertrages gegenüber dritten Personen, NJW 1960, 77 ff. |
| *Larenz, Karl* | Der Vermögensbegriff im Schadensersatzrecht, in: Festschrift für Nipperdey, Band I, München 1965, S. 489 ff. |
| *Leible, Stefan Sosnitza, Olaf* | Neues zur Störerhaftung von Internet-Auktionshäusern, NJW 2004, 3225 ff. |
| *Lober, Andreas Weber, Olaf* | Money for Nothing? Der Handel mit virtuellen Gegenständen und Charakteren, MMR 2005, 653 ff. |
| *Lober, Andreas Weber, Olaf* | Den Schöpfer verklagen – Haften Betreiber virtueller Welten ihren Nutzern für virtuelle Güter?, CR 2006, 837 ff. |
| *Lober, Andreas Karg, Tanja* | Unterlassungsansprüche wegen User Generated Content gegen Betreiber virtueller Welten und Online-Spiele, CR 2007, 647 ff. |
| *Loewenheim, Ulrich* | Der urheberrechtliche Schutz der Computer-Software, ZUM 1985, 26 ff. |
| *Loewenheim, Ulrich* | Die urheberrechtliche Stellung der Szenenbildner, Filmarchitekten und Kostümbildner, UFITA 126 (1994), 95 ff. |
| *Lorenz, Stephan* | Im BGB viel Neues: Die Umsetzung der Fernabsatzrichtlinie, JuS 2000, 833 ff. |

| | |
|---|---|
| *Löwe, Walter* | Gebrauchsmöglichkeit einer Sache als selbstständiger Vermögenswert, NJW 1964, 701 ff. |
| *Löwenheim, Ulrich* | Höhere Schutzuntergrenzen des Urheberrechts bei Werken der angewandten Kunst?, GRUR Int. 2004, 765 ff. |
| *Mäger, Stefan* | Der urheberrechtliche Erschöpfungsgrundsatz bei der Veräußerung von Software, CR 1996, 522 ff. |
| *Mankowski, Peter* | Das Internet im Internationalen Vertrags- und Deliktsrecht, RabelsZ 63 (1999), 203 ff. |
| *Mankowski, Peter* | Internet und Internationales Wettbewerbsrecht, GRUR Int. 1999, 909 ff. |
| *Marly, Jochen P.* | Die Qualifizierung der Computerprogramme als Sache nach § 90 BGB, BB 1991, 432 ff. |
| *Maume, Philipp* | Bestehen und Grenzen des virtuellen Hausrechts, MMR 2007, 620 ff. |
| *Meier, Klaus* <br> *Wehlau, Andreas* | Die zivilrechtliche Haftung für Datenlöschung, Datenverlust und Datenzerstörung, NJW 1998, 1585 ff. |
| *Müller-Hengstenberg, Claus Dieter* | Vertragstypologie der Computersoftwareverträge – Eine kritische Auswertung höchstrichterlicher Rechtsprechung zum alten Schuldrecht für die Beurteilung nach neuem Schuldrecht, CR 2004, 161 ff. |
| *Nordemann, Axel* <br> *Goddar, Heinz* <br> *Tönhardt, Marion* <br> *Czychowski, Christian* | Gewerblicher Rechtsschutz und Urheberrecht im Internet, CR 1996, 645 ff. |
| *Nordemann, Axel* <br> *Heise, Friedrich Nicolaus* | Urheberrechtlicher Schutz für Designleistungen in Deutschland und auf europäischer Ebene, ZUM 2001, 128 ff. |

| | |
|---|---|
| *Nordemann, Wilhelm* | Bildschirmspiele – eine neue Werkart im Urheberrecht, GRUR 1981, 891ff. |
| *Ohly, Ansgar* | Gibt es einen Numerus Clausus der Immaterialgüterrechte?, in: Festschrift Schricker, S. 105 ff. |
| *Ohly, Ansgar* | Geistiges Eigentum?, JZ 2003, 545 ff. |
| *Ohly, Ansgar* | Designschutz im Spannungsfeld von Geschmacksmuster-, Kennzeichen- und Lauterkeitsrecht, GRUR 2007, 731 ff. |
| *Ott, Stephan* | Impressumspflicht für Webseiten – Die Neuregelungen nach § 5 TMG, § 55 RStV, MMR 2007, 354 ff. |
| *Redeker, Helmut* | Wer ist Eigentümer von Goethes Werther?, NJW 1992, 1739 ff. |
| *Riehmer, Klaus*<br>*Hessler, Christina* | Rahmenbedingungen und Ausgestaltung von Provider-Verträgen, CR 2000, 170 ff. |
| *Rippert, Stephan*<br>*Weimer, Katharina* | Rechtsbeziehungen in der virtuellen Welt, ZUM 2007, 272 ff. |
| *Röhrborn, Jens*<br>*Sinhart, Michael* | Application Service Providing – juristische Einordnung und Vertragsgestaltung –, CR 2001, 69 ff. |
| *Rössel, Markus*<br>*Rössel, Martina* | Filterpflichten des Providers – Drittschutz durch Technik, CR 2005, 809 ff. |
| *Rücker, Daniel* | Notice and take down – Verfahren für die deutsche Providerhaftung? – Zur Begrenzung der Unterlassungshaftung von Online-Diensten durch das „Verbot allgemeiner Überwachungspflichten", CR 2005, 2005, 347 ff. |
| *Saar, Stefan Christoph* | Grenzen des „vertraglichen Drittschutzes" – BGH, NJW 1996, 2927 –, JuS 2000, 220 ff. |
| *Sack, Rolf* | Das internationale Wettbewerbs- und Immaterialgüterrecht nach der EGBGB-Novelle, WRP 2000, 269 ff. |
| *Sahin, Ali*<br>*Haines, Alexander* | Einräumung von Nutzungsrechten im gestuften Vertrieb von Standardsoftware – |

|  | Unter welchen Voraussetzungen kann ein Vertragshändler Endkunden Nutzungsrechte einräumen, CR 2005, 241 ff. |
|---|---|
| *Sasse, Helge*<br>*Waldhausen, Hans* | Musikverwertung im Internet und deren vertragliche Gestaltung – MP3, Streaming, Webcast, On-demand-Service etc., ZUM 2000, 837 ff. |
| *Schack, Haimo* | Internationale Urheber-, Marken- und Wettbewerbsrechtsverletzungen im Internet, MMR 2000, 59 ff. |
| *Schack, Haimo* | Neue Techniken und Geistiges Eigentum, JZ 1998, 753 ff. |
| *Schack, Haimo* | Rechtsprobleme der Online-Übermittlung, GRUR 2007, 639 ff. |
| *Schlechtriem, Peter* | Bereicherung aus fremdem Persönlichkeitsrecht, in: Festschrift Hefermehl, München 1976, S. 445 ff. |
| *Schönherr, Fritz* | Zur Begriffsbildung im Immaterialgüterrecht, in: „Homo Creator", Festschrift Troller, Basel 1976, S. 57 ff. |
| *Schricker, Gerhard* | Der Urheberrechtsschutz von Werbeschöpfungen, Werbeideen, Werbekonzeptionen und Werbekampagnen, GRUR 1996, 815 ff. |
| *Schubert, Stefanie* | Zur Unternehmereigenschaft bei eBay-Verkäufen – ein Plädoyer für eine lebensnahe Herangehensweise, JurPC Web-Dok. 194/2007, Abs. 1 ff. |
| *Schulz, Fritz* | System der Rechte auf den Eingriffserwerb, AcP 105 (1909), 1 ff. |
| *Schulze, Gernot* | Der Schutz der kleinen Münze im Urheberrecht, GRUR 1987, 769 ff. |
| *Schulze, Gernot* | Urheber- und leistungsschutzrechtliche Fragen virtueller Figuren, ZUM 1997, 77ff. |

| | |
|---|---|
| *Schwab, Martin* | Grundfälle zur culpa in contrahendo, Sachwalterhaftung und Vertrag mit Schutzwirkung für Dritte nach neuem Schuldrecht, JuS 2002, 872 ff. |
| *Schwarze, Roland* | Subsidiarität des vertraglichen Drittschutzes, AcP 203 (2003), 348 ff. |
| *Sedlmeier, Tobias*<br>*Kolk, Daniel* | ASP – Eine vertragstypologische Einordnung, MMR 2002, 75 ff. |
| *Sobola, Sabine*<br>*Kohl, Kathrin* | Haftung von Providern für fremde Inhalte – Haftungsprivilegierung nach § 11 TDG – Grundsatzanalyse und Tendenzen der Rechtsprechung, CR 2005, 443 ff. |
| *Sonnenschein, Jürgen* | Der Vertrag mit Schutzwirkung für Dritte – und immer neue Fragen, JA 1979, 225 ff. |
| *Sosnitza, Olaf* | Die urheberrechtliche Zulässigkeit des Handels mit „gebrauchter" Software, K&R 2006, 206 ff. |
| *Spindler, Gerald* | Das neue Telemediengesetz – Konvergenz in sachten Schritten, CR 2007, 239 ff. |
| *Spindler, Gerald* | Das Gesetz zum elektronischen Geschäftsverkehr – Verantwortlichkeit der Diensteanbieter und Herkunftslandprinzip, NJW 2002, 921 ff. |
| *Spindler, Gerald*<br>*Volkmann, Christian* | Die zivilrechtliche Störerhaftung der Internet-Provider, WRP 2003, 1 ff. |
| *Spindler, Gerald* | Der neue Vorschlag einer E-Commerce-Richtlinie, ZUM 1999, 775 ff. |
| *Spindler, Gerald*<br>*Weber, Philipp* | Die Umsetzung der Enforcement-Richtlinie nach dem Regierungsentwurf für ein Gesetz zur Verbesserung der Durchsetzung von Rechten des geistigen Eigentums, ZUM 2007, 257ff. |
| *Splittgerber, Andreas*<br>*Klytta, Joanna* | Auskunftsansprüche gegen Internetprovider, K&R 2007, 78 ff. |
| *Strömholm, Stig* | Was bleibt vom Erbe übrig? – Überlegungen zur Entwicklung des heutigen Urheberrechts, GRUR Int. 1989, 15 ff. |

| | |
|---|---|
| *Szcesny, Michael*<br>*Holthusen, Christoph* | Zur Unternehmereigenschaft und ihren zivilrechtlichen Folgen im Rahmen von Internetauktionen,<br>K&R 2005, 302 ff. |
| *Trump, Steffen S.*<br>*Wedemeyer, Henning* | Zur rechtlichen Problematik des Handels mit Gegenständen aus Onlinecomputerspielen–„Stinkt" Geld etwa doch?–,<br>K&R 2006, 397 ff. |
| *Ullmann, Eike* | Urheberrechtlicher und patentrechtlicher Schutz von Computerprogrammen – Aufgaben der Rechtsprechung,<br>CR 1992, 641 ff. |
| *Ulmer, Eugen* | Gedanken zur schweizerischen Urheberrechtsreform, in: „Homo creator", Festschrift für Alois Troller, 1976,<br>S. 189 ff. |
| *Walker, Wolf-Dietrich* | Rechtsverhältnisse bei der gewerbsmäßigen Arbeitnehmerüberlassung und Schadensersatzansprüche des Entleihers wegen Schlechtleistung,<br>AcP 194 (1994), 316 ff. |
| *Wandtke, Artur*<br>*Schäfer, Oliver* | Music on Demand – Neue Nutzungsart im Internet?, GRUR Int. 2000, 187 ff. |
| *Weitnauer, Hermann* | Zwischenbilanz im Bereicherungsrecht,<br>DB 1984, 2496 ff. |
| *Welzel, Stephan* | Zwangsvollstreckung in Internet-Domains,<br>MMR 2001, 131 ff. |
| *Wemmer, Benedikt*<br>*Bodensiek, Kai* | Virtueller Handel – Geld und Spiele, – Die rechtliche Beurteilung des Handels mit virtuellen Gegenständen im Internet –,<br>K&R 2004, 432 ff. |
| *Weyer, Friedhelm* | Mietvertrag und Schutzwirkungen zugunsten Dritter in der Rechtsprechung des Bundesgerichtshofs, BB 1972, 33 9ff. |
| *Wieacker, Franz* | Sachbegriff, Sacheinheit und Sachzuordnung,<br>AcP 148 (1943), 57 ff. |

| | |
|---|---|
| *Wiebe, Andreas*<br>*Funkart, Dörte* | Multimedia-Anwendungen als urheberrechtlicher Schutzgegenstand, MMR 1998, 69 ff. |
| *Wilburg, Walter* | Zusammenspiel der Kräfte im Aufbau des Schuldrechts, AcP 163 (1964), S. 348 ff. |
| *Wulf, Hans Markus* | Serververträge und Haftung für Serverausfälle – Eine Analyse der vertragstypologischen Einordnung und des Haftungsumfanges, CR 2004, 43 ff. |

## Entscheidungsanmerkungen

| | |
|---|---|
| *Castendyk, Oliver* | Anmerkung zu LG München I, Urt. v. 10.3.1999 – 21 O 15039/98, MMR 2000, 294 ff. |
| *Hartig, Helge* | Die Rechtsnatur der Domain, Anmerkung zu BGH, Beschl. v. 5.7.2005 – VII ZB 5/05 – (Domain-Pfändung), GRUR 2006, 299 ff. |
| *Hartmann, Matthias*<br>*Kloos, Bernhard* | Anmerkung zu LG Düsseldorf, Beschl. v. 16.3.2001 – 25 T 59/01, CR 2001, 469. |
| *Hilgendorf, Eric* | Anmerkung zur BayObLG, Urt. v. 24.6.1993 – 5 St RR 5/93, JR 1994, 478 ff. |
| *Hoeren, Thomas* | Anmerkung zu BGH, Urt. v. 11.3.2004 – I ZR 304/01 (Internetversteigerung I), MMR 2004, 672 f. |
| *Hoeren, Thomas* | Anmerkung zu BGH, Urt. v. 23.9.2003 – VI ZR 335/02, MMR 2004, 168 f. |
| *Juncker, Markus* | Anmerkung zu BGH, Urt. v. 13.10.2004 – I ZR 163/02 (Hotel Maritime), CR 2005, 361 f. |
| *Jürgens, Uwe* | Anmerkung zu BGH, Urt. v. 19.4.2007 – I ZR 35/04, K&R 2007, 392 ff. |
| *Köster, Oliver*<br>*Jürgens, Uwe* | Anmerkung zu BGH, Urt. v. 12.7.2007 – I ZR 18/04 – (Jugendgefährdende Medien bei eBay), MMR 2007, 639 ff. |
| *Lorenz, Werner* | Anmerkung zu BGH, Urt. v. 6.7.1965 – VI ZR 47/64, JZ 1966, 143 ff. |

| | |
|---|---|
| *Mankowski, Peter* | Der Nachweis der Unternehmereigenschaft, Anmerkung zu LG Hof, Urt. v. 29.8.2003 – 22 S 28/03, VuR 2004, 79 ff. |
| *Münster, Daniel* | Anmerkung zu AG Charlottenburg, Urt. v. 11.1.2002 – 208 C 192/01 (Schadensersatz bei Serverausfall), MMR 2002, 260 ff. |
| *Ohly, Ansgar* | Anmerkung zu BGH, Urt. v. 13.10.2004 – I ZR 163/02 (Hotel Maritime), JZ 2005, 738 ff. |
| *Redeker, Helmut* | Anmerkung zu LG München I, Urt. v. 25.10.2006 – 30 O 11973/05, CR 2007, 265 ff. |
| *Söllner, Alfred* | Mietvertragliche Sachmängelhaftung des Grundstückserwerbers gegenüber Dritten – BGHZ 49, 350, Anmerkung zu BGH, Urt. v. 22.1.1968 – VIII ZR 196/65, JuS 1970, 159 ff. |
| *Spindler, Gerald* | Anmerkung zu BGH, Urt. v. 11.3.2004 – I ZR 304/01 (Internetversteigerung I), JZ 2005, 37 ff. |
| *Spindler, Gerald* | Anmerkung zu BGH, Urt. v. 19.4.2007 – I ZR 35/04 (Internetversteigerung II), MMR 2007, 511 ff. |
| *Utz, Rainer* | Anmerkung zu OLG Köln, Urt. v. 17.3.2006 – 6 U 163/05 – investment.de, MMR 2006, 470 ff. |
| *Volkmann, Christian* | Anmerkung zu BGH, Urt. v. 11.3.2004 – I ZR 304/01 (Internetversteigerung I), CR 2004, 767 ff. |

# A. Einleitung

## I. Problemstellung

Immer mehr Menschen nehmen an Onlinespielen teil oder schaffen sich eine zweite Identität in einer virtuellen Parallelwelt wie *Second Life*.[1] Dass die Teilnehmer virtueller Welten sich dabei nicht im rechtsfreien Raum bewegen, zeigen erste Rechtsstreitigkeiten um virtuelle Güter im Ausland. In den USA erwarb ein Rechtsanwalt aus Pennsylvania unter Zuhilfenahme unzulässiger Programme virtuelle Grundstücke in der Welt von *Second Life*, um diese anschließend gewinnbringend weiterzuverkaufen. Der Betreiber *Linden Lab*[2] deaktivierte daraufhin den Account des Anwalts, ohne dessen bisher in die virtuelle Existenz getätigten Investitionen in Höhe von rund 8.000 US-Dollar zu vergüten. Der Betroffene klagt nun in den USA gegen *Linden Lab* auf Schadensersatz – eine Entscheidung des mit der Sache befassten Gerichts steht noch aus.[3] In den USA sind zudem weitere Urheberrechts-Prozesse wegen angeblicher Raubkopien virtueller Gegenstände aus *Second Life* anhängig.[4] In den Niederlanden wurde im November 2007 ein 17-jähriger Jugendlicher inhaftiert, weil er beschuldigt wurde, virtuelle Möbel im Wert von 4.000 € aus dem Onlinespiel *Habbo-Hotel*[5] „gestohlen" zu haben.[6] Das *AG Köln* musste sich im Rahmen eines einstweiligen Verfügungsverfahrens mit der Frage beschäftigen, ob der Ausschluss eines Spielers von der weiteren Teilnahme an einem Onlinespiel rechtmäßig war, der sich mit unzulässigen Mitteln einen Spielvorteil verschafft haben soll.[7]

Die Beispiele zeigen, dass ein Bedürfnis nach einer rechtlichen Bewertung entsprechender Konflikte besteht. Mit der vorliegenden Arbeit sollen daher ausgesuchte rechtliche Aspekte im Zusammenhang mit Onlinespie-

---

[1]  Siehe hierzu ausführlich unter B.

[2]  Im Internet: http:/www.lindenlab.com, (Stand: Januar 2008).

[3]  Siehe die Meldung bei *LAWgical*, im Internet: http://lawgical.jura.uni-sb.de/index. php?/entry/228-Rechtsstreit-um-das-Kleingedruckte-in-Second-Life.html, (Stand: Januar 2008).

[4]  Siehe die Meldungen auf *Heise-Online* v. 30.10.2007, „Neue Klage wegen Urheberrechtsverletzungen in Second Life", im Internet: http://www.heise.de/newsticker/mel dung/98215, (Stand: Januar 2008), sowie v. 08.07.2007, „Echter Rechtsstreit um virtuelles Spielzeug", im Internet: http://www.heise.de/newsticker/meldung/92380, (Stand: Januar 2008).

[5]  Im Internet: http://www. habbo.de, (Stand: Januar 2008).

[6]  Siehe die Meldung bei *BBC-Online* v. 14.11.2007, „Virtual theft leads to arrest", im Internet: http://news.bbc.co.uk/2/hi/technology/7094764.stm, (Stand: Januar 2008).

[7]  Siehe die Meldung auf *Heise-Online* v. 11.01.2008, „Cheating-Vorwurf in Counter-Strike-Liga wird vor Gericht verhandelt", im Internet: http://www.heise.de/newsticker/mel dung/101684/from/rss09, (Stand: Januar 2008).

len und virtuellen Parallelwelten untersucht werden. Dazu gehört insbesondere die Frage, welchen rechtlichen Rahmenbedingungen die Nutzer virtueller Welten nach deutschem Recht unterliegen, die an einem Onlinespiel oder einer virtuellen Welt wie *Second Life* teilnehmen. Gegenstand der Untersuchung ist dabei, ob die für die „reale" Welt entwickelte Rechtsordnung Geltung auch innerhalb der virtuellen Welt beansprucht. Zudem stellt sich die Frage, ob die bestehende Rechtsordnung dazu geeignet und ausreichend ist, rechtliche Konflikte, die ihren Ursprung in einer virtuellen Umgebung haben, trotz der bestehenden Besonderheiten virtueller Welten interessengerecht zu lösen.

## II. Gang der Untersuchung

Zunächst wird die Funktionsweise von Onlinespielen und virtuellen Parallelwelten erläutert. Dabei wird auch der wirtschaftliche Hintergrund, insbesondere hinsichtlich des Handels mit virtuellen Gegenständen, näher dargelegt. Anschließend werden einzelne rechtliche Aspekte im Zusammenhang mit Onlinespielen und virtuellen Parallelwelten untersucht. Begonnen wird mit urheberrechtlichen Fragestellungen. Neben der Frage nach der urheberrechtlichen Schutzfähigkeit einzelner Elemente eines Onlinespiels oder einer virtuellen Parallelwelt sowie nach der Inhaberschaft am Urheberrecht wird diskutiert, inwiefern virtuelle Gegenstände der Erschöpfung nach § 17 Abs. 2 UrhG analog unterliegen. Im nächsten Abschnitt wird die rechtliche Qualifikation virtueller Gegenstände behandelt. In erster Linie geht es um die Frage, welche Rechtsposition der Nutzer an einem virtuellen Gegenstand erlangt. Daran anknüpfend geht es um die Übertragbarkeit virtueller Gegenstände sowie die schuldrechtliche Einordnung der zugrunde liegenden Verträge. Anschließend wird das Rechtsverhältnis zwischen dem Teilnehmer und dem Betreiber der virtuellen Parallelwelt erörtert. Neben der Typologisierung der bestehenden Rechtsbeziehungen werden Gewährleistungs- und Haftungsfragen, insbesondere beim Verlust virtueller Güter, problematisiert. Zudem werden ausgesuchte Klauseln in den Nutzungsbedingungen der (Spiel-)Betreiber auf ihre Vereinbarkeit mit AGB-Recht hin untersucht. Ein Schwerpunkt liegt dabei auf der rechtlichen Beurteilung von Klauseln, nach denen es den Teilnehmern eines Onlinespiels untersagt ist, virtuelle Gegenstände gegen reales Geld zu handeln. Im nächsten Abschnitt werden die Ansprüche eines Teilnehmers untersucht, wenn dieser innerhalb der virtuellen Welt von einem anderen Nutzer mit spielfremden Mitteln angegriffen wird und es aufgrund des Angriffs zu einem Verlust virtueller Güter beim Angegriffenen kommt. Schließlich wird diskutiert, ob der (Spiel-)Betreiber für Rechtsverletzungen der Teilnehmer haftet. Im nächsten Teil geht es um die Unternehmereigenschaft des Nutzers im virtuellen Raum. Es stellt sich die Frage, wann der Teilnehmer eines Onlinespiels oder einer virtuellen Welt als Unternehmer i.S. von § 14 BGB zu betrachten ist und welche Rechtsfolgen an die Unternehmereigenschaft geknüpft sind. Im sich anschließenden Abschnitt wird untersucht, inwiefern virtuelle Gegenstände der Zwangsvollstreckung unterliegen und welche Möglichkeiten zur Pfandverwertung bestehen. Im letzten Kapitel werden schließlich kollisionsrechtliche Fragen näher beleuchtet. Die Behandlung der kollisionsrechtlichen Anknüpfungen erfolgt mit Ausnahme des Urheberkollisionsrechts erst am Ende der Untersuchung, da von der rechtlichen Einordnung der zwischen den Beteiligten bestehenden Rechtsbeziehungen maßgeblich auch die Frage des anwendbaren Rechts abhängt. Die Fülle von rechtlichen Fragestellungen im Zusammenhang mit Onlinespielen und virtuellen Parallelwelten lässt es nicht zu, diese umfassend zum Gegenstand dieser Untersuchung zu machen. Bei den hier behandelten Themenkomplexen handelt es sich daher lediglich um eine Auswahl besonderer Rechtsfragen.

# B. Onlinespiele und virtuelle Parallelwelten

## I. Onlinespiele

### 1. Beschreibung

Computerspiele, die über das Internet zeitgleich mit mehreren tausend Mitspielern spielbar sind, werden mit der zunehmenden Anzahl von Internet-Breitbandanschlüssen immer populärer.[8] Der Spieler installiert eine Zugangssoftware auf seinem lokalen Computer und kann anschließend über ein „Client"-Programm[9] online auf die virtuelle Umgebung des Spiels zugreifen, die vom Spielbetreiber auf einem zentralen Server gespeichert ist. Es handelt sich dabei meist um aufwendig gestaltete Fantasiewelten, deren 3-D-Darstellung dem Teilnehmer ein beständiges Raumgefühl vermittelt. Sämtliche Daten des Spiels, einschließlich der persönlichen Daten der Teilnehmer wie Nutzerprofile und Spielstände, werden auf dem zentralen Server durch den Spielbetreiber verwaltet. Die virtuelle Welt ist persistent, das heißt, sie unterliegt durch sich stetig abspielende Ereignisse einer laufenden Veränderung, die nicht durch den Einzelnen angehalten werden kann.[10]

Neben der zeitgleichen Teilnahme einer Vielzahl von Spielern besteht eine weitere Besonderheit von Onlinespielen darin, dass neue Spielformen möglich sind, die auf der Interaktion zwischen einzelnen Spielern oder ganzen Spielergruppen beruhen. So können bestimmte Spielziele nur im Zusammenspiel mit anderen Teilnehmern erreicht werden.[11] Eine besondere Rolle spielt dies in den so genannten „Massively Multiplayer Online Role-Playing Games" (MMORPGs). Das in Deutschland populärste MMORPG ist derzeit *World of Warcraft*,[12] welches Anfang des Jahres 2005 vom Betreiber *Blizzard Entertainment*[13] auf den deutschen Markt gebracht wurde. Daneben gibt es jedoch eine Vielzahl weiterer Online-Rollenspielangebote.[14] Es handelt sich hierbei um Online-Rollenspiele, denen eine komplexe Hintergrundgeschichte, meist aus dem Fantasy- oder Science-Fiction-Bereich,

---

8   Zu den Wirtschaftsdaten siehe B. I. 2.

9   Siehe die Beschreibung bei *Klickermann*, MMR 2007, 766.

10   Vgl. die Beschreibung zur persistenten Welt auf *Wikipedia.de*, im Internet: http://de.wikipedia.org/wiki/Persistente_Welt, (Stand: Januar 2008).

11   Vgl. *Lober*, in: Lober, Virtuelle Welten, S. 9 f.

12   Im Internet: http://www.wow-europe.com/de/index.xml, (Stand: Januar 2008).

13   Im Internet: http://www.blizzard.de/, (Stand: Januar 2008).

14   Siehe die Auflistung bei *Wikipedia.de*, Im Internet: http://de.wikipedia.org/wiki/Kategorie:MMORPG, (Stand: Januar 2008).

zugrunde liegt.[15] Der Teilnehmer steuert mit seiner Spielfigur, dem „Avatar", durch die virtuelle Welt und muss bestimmte Aufgaben bewältigen, die sich an der zugrunde liegenden Geschichte orientieren. Das Ziel eines jeden Spielers ist es, seinen Avatar im Verlauf des Spiels zu verbessern und neue Fähigkeiten, Waffen oder andere Ausrüstungsgegenstände („Items") zu erwerben.[16] Vom jeweiligen Entwicklungsstadium des Avatars ist es abhängig, ob Aufgaben bewältigt werden können, die zum Aufstieg in das nächste Spiellevel führen.[17] Zudem genießen gut ausgebaute Avatare hohes Ansehen in der Spielergemeinschaft, so dass sich der „soziale Status" des Teilnehmers innerhalb der virtuellen Welt verbessert. Der Erwerb der virtuellen Items erfordert spielerisches Können, Geschicklichkeit und viel Zeit. Da virtuelle Items nicht in unbegrenzter Zahl im Spiel vorhanden sind, entsteht zusätzlich ein Wettbewerb zwischen den Teilnehmern um die besten Ausrüstungsgegenstände.

Der Ausbau des Avatars kann für den Teilnehmer mit erheblichen Kosten verbunden sein.[18] Da die Teilnahme an Online-Rollenspielen typischerweise kostenpflichtig ist, muss zunächst ein Spiel-Abonnement erworben werden. Der Betreiber des Online-Rollenspiels *World of Warcraft* berechnet dafür beispielsweise je nach Abrechnungszeitraum zwischen 11 und 13 € monatlich.[19] Hinzu kommen Kosten für den käuflichen Erwerb virtueller Items. Da das Erspielen einzelner Items mit einem erheblichen Aufwand verbunden ist, hat sich ein kommerzieller Markt für virtuelle Gegenstände entwickelt. Teilweise betreiben die Spielanbieter spielinterne virtuelle Marktplätze, auf denen die Teilnehmer virtuelle Items kaufen oder verkaufen können.[20] Ein Teil der Spielbetreiber partizipieren am Handel durch den Einbehalt einer Provision für jede getätigte Transaktion oder bieten selbst virtuelle Gegenstände zum Kauf an. Virtuelle Items und ganze Spiel-Accounts werden aber auch auf der Internetauktionsplattform *eBay*[21] oder auf eigens dafür gegründeten Marktplätzen gehandelt.[22] Gut ausgebaute Avatare, etwa des MMORPG *World of Warcraft*, können dort ohne

---

[15]   Vgl. *Lober*, in: Lober, Virtuelle Welten, S. 9; *Koch*, JurPC Web-Dok. 57/2006, Abs. 1.

[16]   Vgl. *Koch*, JurPC Web-Dok. 57/2006, Abs. 2.

[17]   Vgl. *Koch*, JurPC Web-Dok. 57/2006, Abs. 2.

[18]   *Koch*, JurPC Web-Dok. 57/2006, Abs. 3.

[19]   Vgl. die Angaben von *Blizzard Entertainment*, im Internet: http://www.wow-europe. com/de/info/faq/general.html, (Stand: Januar 2008).

[20]   So etwa *Sony* für das Spiel *Everquest II*, im Internet: http://stationexchange.station. sony.com, (Stand: Januar 2008).

[21]   Im Internet: http://www.ebay.de, (Stand: Januar 2008).

[22]   So z.B. die Firma *IGE* (Internet Gaming Entertainment) mit Sitz in Hongkong, im Internet: http://www.ige.com/, (Stand: Januar 2008); siehe auch den deutschen Anbieter *GameEconomy*, im Internet: http://www.gameeconomy.de/, (Stand: Oktober 2007).

weiteres Preise von mehreren hundert Euro erzielen.[23] Angeboten werden auch so genannte „Power-Levelling-Services".[24] Der Teilnehmer kann sich seinen Spielcharakter von professionellen Spielern nach Wunsch in ein bestimmtes Spiellevel „hochspielen" lassen und den Charakter anschließend wieder übernehmen. Nicht alle Spielbetreiber tolerieren die so eintretende Kommerzialisierung ihres Spielprodukts, da es für unprofessionelle Spieler immer schwerer wird, mit den im Spiel angelegten Mitteln die vorgegebenen Spielziele zu erreichen.[25] Die Spielanbieter versuchen dem so eintretenden Effekt durch die Aufnahme von Handels- und Veräußerungsverboten in den Nutzungsbedingungen des Spiels zu begegnen.[26]

## 2. Wirtschaftlicher Hintergrund

### a) Markt für Onlinespiele weltweit

Nach Schätzungen des britischen Marktforschungsunternehmens *Screendigest*[27] hat der weltweite Markt für Onlinespiele außerhalb Asiens im Jahr 2006 erstmals die Grenze von einer Milliarde US-Dollar überschritten.[28] Demnach erreichte in Nordamerika der Markt der abonnierten Onlinespiele im Jahr 2006 einen Wert von 576 Millionen US-Dollar, in Europa von 299 Millionen US-Dollar.[29] Allein auf das Spiel *World of Warcraft* entfiel dabei ein Marktanteil von 54 Prozent.[30] Zum Jahr 2011 wird mit einem Anstieg des Marktvolumens auf 1,5 Milliarden US-Dollar gerechnet, wobei Asien als starker Absatzmarkt noch nicht in den Prognosen berücksichtigt ist.[31] Das US-amerikanische Meinungsforschungsunternehmen *DFC Intelligence*[32] geht sogar davon aus, dass sich der weltweite Umsatz mit Onlinespielen, einschließlich der starken asiatischen Märkte, im Jahr 2009 voraussichtlich

---

23 Vgl. auch *Koch*, JurPC Web-Dok. 57/2006, Abs. 3.

24 So etwa der Dienstleister *InGameService*, im Internet: http://www.ingameservice.com/ wow-powerleveling.htm, (Stand: Januar 2008).

25 Vgl. *Lober/Weber*, MMR 2005, 653, 654.

26 Siehe dazu F. IV. 2.

27 Im Internet: http://www.screendigest.com, (Stand: Januar 2008).

28 Bericht von *Screendigest*, London, „Western World MMOG Market – 2006 review and forecasts to 2011" im Internet: http://www.goldmedia.com/publikationen/studien/ info/news/western-world-mmog-market/328.html, (Stand: Januar 2008).

29 Bericht von Screendigest, (s. Fn. 28).

30 Bericht von Screendigest, (s. Fn. 28).

31 Bericht von *Screendigest*, (s. Fn. 28).

32 Im Internet: http://www.dfcint.com, (Stand: Januar 2008).

auf 9,8 Milliarden US-Dollar belaufen wird.[33] Es wird geschätzt, dass dann weltweit 376 Millionen Menschen an Onlinespielen teilnehmen.[34] An Bedeutung gewinnen wird auch die Werbung in Onlinespielen. So wurden im Jahr 2006 etwa 70 Millionen US-Dollar für Werbung in Videospielen ausgegeben, im Jahr 2009 werden die Ausgaben auf 550 Millionen US-Dollar prognostiziert.[35] Der Anstieg der Ausgaben hängt mit der Entwicklung neuer Werbemethoden zusammen, etwa der Programmierung von Platzhaltern, die während des Spielens online mit Werbeinhalten gefüllt werden können.[36] Die Marktforschungsfirma *Virtual Worlds Management*[37] ist schließlich zu dem Ergebnis gekommen, dass zwischen Oktober 2006 und Oktober 2007 insgesamt eine Milliarde US-Dollar in Firmen investiert wurden, die sich mit Techniken zur Darstellung von virtuellen Welten befassen.[38]

## b) Markt für Onlinespiele in Deutschland

Den Markt für Onlinespiele in Deutschland hat *PricewaterhouseCoopers*[39] in der Studie „German Entertainment and Media Outlook: 2006–2010" näher analysiert. Die Analysten zeigen auf, dass der Markt für Onlinespiele eng verbunden ist mit der zunehmenden Verbreitung von Breitbandanschlüssen, da aufgrund des hohen Datenumsatzes für Onlinespiele schnelle Datenleitungen erforderlich sind. Die Zahl der Haushalte in Deutschland, die über einen Breitbandanschluss verfügen, stieg von 1,7 Millionen Anschlüssen im Jahr 2001 auf 8,4 Millionen Anschlüsse im Jahr 2005.[40] Für das Jahr 2010 wird erwartet, dass bereits 24 Millionen Haushalte über einen Breitbandanschluss verfügen.[41] Entsprechend der stetigen Zunahme von Breitbandanschlüssen steigt die Anzahl der Abonnenten von Onlinespielen in

---

[33]  Bericht der *DFC Intelligence Analyst Group*, San Diego, "DFC Intelligence Forecasts Significant Growth for Online Games", im Internet: http://161.58.53.81/news/praug320 04.html, (Stand: Januar 2008); vgl. dazu auch *Trump/Wedemeyer*, K&R 2006, 397, 398.

[34]  Bericht der *DFC Intelligence Analyst Group*, (s. Fn. 33).

[35]  *Grote*, in: Sueddeutsche-Online vom 29.12.2006, „Werbung in Computerspielen – Die virtuelle Litfasssäule", im Internet: http://www.sueddeutsche.de/computer/artikel/ 592/96496/, (Stand: Januar 2008).

[36]  *Grote*, (s. Fn. 35).

[37]  Im Internet: http://www.virtualworldsmanagement.com, (Stand: Januar 2008).

[38]  Pressemitteilung von *Virtual Worlds Management*, im Internet: http://www.virtual worldsmanagement.com/2007/index.html, (Stand: Januar 2008); vgl. auch die Meldung auf *Heise-Online* vom 10.10.2007, „Echtes Geld fließt in virtuelle Welten", im Internet: http://www.heise.de/newsticker/meldung/97161, (Stand: Januar 2008).

[39]  Im Internet: http://www.pwc.com (Stand: Januar 2008).

[40]  *PricewaterhouseCoopers LLP*, "German Entertainement and Media Outlook: 2006–2010", 2006, S. 121.

[41]  *PWC*, (s. Fn. 40), S. 121.

Deutschland. Im Jahr 2001 abonnierten circa 120.000 Personen ein Online-spielangebot, im Jahre 2005 waren es bereits 1 Million und im Jahr 2007 3,2 Millionen Teilnehmer.[42] Im Jahr 2010 wird es schätzungsweise 5,8 Millionen Abonnenten von Onlinespielen in Deutschland geben.[43] Die steigenden Teilnehmerzahlen spiegeln sich auch in den Ausgaben für Spiel-Abonnements wieder. Im Jahr 2001 gaben die Deutschen 16 Millionen € für Spiel-Abonnements aus, im Jahr 2005 waren es bereits 127 Millionen € und im Jahr 2007 circa 390 Millionen €.[44] Für das Jahr 2010 wird erwartet, dass die Ausgaben für Spiel-Abonnements bei 672 Millionen € liegen.[45]

## c) Markt für virtuelle Gegenstände

Mit der zunehmenden Verbreitung von Onlinespielen wächst auch der Markt für virtuelle Gegenstände. Der jährliche Umsatz mit virtuellen Gegenständen aus Onlinespielen wird derzeit von Analysten auf eine halbe bis eine Milliarde US-Dollar weltweit beziffert.[46] Ein Großteil der Geschäfte wird derzeit noch in Asien, insbesondere in Südkorea abgewickelt; auf die USA entfällt ein Marktanteil von etwa 15 bis 20 Prozent.[47] So machte das südkoreanische Unternehmen *Nexon*[48] mit dem Verkauf virtueller Güter aus dem Onlinespiel *Kartrider*[49] und weiteren Onlinespielen im Jahr 2005 einen Umsatz von 170 Millionen US-Dollar.[50] Das ebenfalls aus Südkorea stammende Unternehmen *SK Group*[51] erzielte mit dem Verkauf virtueller Gegenstände aus dem Spiel *Cyworld* etwa 100 Millionen US-Dollar.[52] Welche Umsätze der außerhalb Asiens größte professionelle Händler virtueller Gegenstände *IGE*[53] erzielt, ist bisher nicht bekannt.[54] Auch auf der Internetauktionsplattform *eBay* werden große Summen mit dem Verkauf virtueller Gegenstände umgesetzt. So wird geschätzt, dass auf der US-amerikanischen Plattform *eBay.com* virtuelle Gegenstände mit einem Marktvolumen

---

[42] *PWC*, (s. Fn. 40), S. 121.
[43] *PWC*, (s. Fn. 40), S. 121.
[44] *PWC*, (s. Fn. 40), S. 121.
[45] *PWC*, (s. Fn. 40), S. 121.
[46] *Levine*, in: Zeit-Online vom 23.08.2007, Nr. 35, „Sagenhafte Geschäfte", im Internet: http://www.zeit.de/2007/35/Online-Spiele, (Stand: Januar 2008).
[47] *Levine*, (s. Fn. 46).
[48] Im Internet: http://www.nexon.net, (Stand: Januar 2008).
[49] Im Internet: http://kart.nexon.net/, (Stand: Januar 2008).
[50] *Hummel/Jansen*, in: Lober, Virtuelle Welten, S. 129.
[51] Im Internet: http://www.skgroup.com, (Stand: Januar 2008).
[52] *Hummel/Jansen*, in: Lober, Virtuelle Welten, S. 129.
[53] Im Internet: http://www.ige.com (Stand: Januar 2008).
[54] Vgl. auch *Levine*, (s. Fn. 46).

von 100 Millionen US-Dollar im Jahr gehandelt werden.[55] Aber auch auf der deutschen Plattform *eBay.de* dürfte der Umsatz mit virtuellen Gegenständen beträchtlich sein. Im Januar 2008 umfasste die Rubrik Onlinespiele über 4000 Einträge. Der Großteil davon waren Angebote von Spiel-Accounts, Spiel-Währung oder anderen virtuellen Items, insbesondere aus dem Online-Rollenspiel *World of Warcraft*.

## II. Virtuelle Parallelwelten/Entwicklungsplattformen

### (*Second Life*)

### 1. Beschreibung

Von den Onlinespielen sind virtuelle Parallelwelten zu unterscheiden, deren Schwerpunkt nicht in dem Erreichen bestimmter Spielziele besteht, sondern in der sozial und wirtschaftlich motivierten Interaktion der Teilnehmer untereinander in einer virtuellen Umgebung, die von den Teilnehmern selbst erschaffen worden ist. Eine einheitliche Bezeichnung existiert bisher nicht. Neben dem Begriff der „sozialen" virtuellen Parallelwelt[56] wird das Phänomen auch als „Life Sims" oder „Lebenssimulation" bezeichnet.[57] Im Folgenden soll neben dem Begriff der „Simulation" insbesondere der Terminus „Entwicklungsplattform" Verwendung finden, da die Entwicklung und Ausgestaltung der virtuellen Welt mit von den Teilnehmern selbst erstellten Inhalten ein wesentliches Merkmal der so geschaffenen virtuellen Umgebung darstellt.

Die bekannteste Entwicklungsplattform ist *Second Life*, welche ab dem Jahr 1999 vom Betreiber *Linden Lab*[58] entwickelt wurde und seit dem Jahr 2003 online erreichbar ist.[59] Durch eine umfangreiche mediale Berichterstattung hat die Plattform in den Jahren 2006/2007 auch in Deutschland überdurchschnittliche Bekanntheit erlangt und einen „Hype" ausgelöst,[60] welcher die wahre Bedeutung des Phänomens derzeit noch übersteigt.[61]

---

55  *Castronova*, Synthetic Worlds, S. 122.

56  Vgl. *Lober*, in: Lober, Virtuelle Welten, S. 9 f.; *Schmitz*, in: Lober, Virtuelle Welten, S. 51 ff.

57  Vgl. *Schmitz*, in: Lober: Virtuelle Welten, S. 51.

58  Im Internet: http://lindenlab.com/, (Stand: Januar 2008); Unternehmenssitz ist San Francisco.

59  Im Internet: http://www.secondlife.com/, (Stand: Januar 2008).

60  Vgl. *Lober*, in: Lober, Virtuelle Welten, S. 2.

61  Siehe etwa *Tomik*, in FAZ.NET v. 22.03.2007, „Reale Enttäuschung in der virtuellen Welt", im Internet: http://www.faz.net/s/RubFC06D389EE76479E9E76425072B196C3/ Doc~E3D2F72CC927343A09EE1592FBE116F2C~ATpl~Ecommon~Scontent.html, (Stand: Januar 2008).

Gleichwohl eröffnen virtuelle Welten neue Spielräume zur Nutzung des Internets in sozialer und ökonomischer Hinsicht, so dass zu erwarten ist, dass Entwicklungsplattformen wie *Second Life* in Zukunft verstärkt an Bedeutung gewinnen werden.[62]

Das Prinzip von *Second Life* ist einfach.[63] Der Betreiber stellt den Nutzern auf einer Online-Plattform eine virtuelle 3-D-Umgebung zur Verfügung, die anfangs nur aus Erde, Himmel, Wasser und Licht besteht. Über einen Account erhält der Nutzer Zugang zur virtuellen Welt, die er mit seinem Avatar betreten kann. Der Inhaber eines kostenpflichtigen „Premium"-Accounts erhält die Möglichkeit, virtuelles Land zu erwerben. Mit Hilfe besonderer Werkzeuge kann er anschließend beliebige Inhalte wie etwa Gebäude, Einrichtungsgegenstände, Fahrzeuge, Gärten etc. in einem gestalterischen Prozess erstellen und diese in sein virtuelles Grundstück integrieren. Ein beliebtes Gestaltungsmittel ist dabei auch die Einbindung von Audio- und Videostreams in die Objekte. Auch das Aussehen sowie die Animation der eigenen Spielfigur können frei und fantasievoll entworfen werden. Durch die gestalterische Betätigung der Teilnehmer entsteht eine der stetigen Fortentwicklung unterlegene virtuelle Welt, welche bis ins kleinste Detail von den Nutzern selbst erschaffen ist. Die virtuelle Welt gewährt den Teilnehmern breiten Raum für soziale Interaktionen. Die Nutzer können über Chat-Funktionen miteinander kommunizieren, Freundschaften bilden und sich in besonderen Interessengruppen zusammenschließen. Auch das Freizeitangebot in *Second Life*, wie etwa die Möglichkeit Bars, Kinos, Museen oder Konzerte zu besuchen, richtet sich an einem sozialen Leben der Teilnehmer aus. Zudem unterhalten mittlerweile eine Reihe von Unternehmen, politischen Einrichtungen, Verbänden und sonstigen Organisationen Dependancen in der virtuellen Welt.[64]

In *Second Life* existiert eine eigene Währung, der „Linden-Dollar", der über eine eigens eingerichtet Börse, dem „LindeX-Market", in reale US-Dollar umgetauscht werden kann. Der Betreiber *Linden Lab* fungiert dabei aber nicht als („Staats"-)Bank, sondern vermittelt lediglich den Kontakt zwischen den Teilnehmern, die am Kauf- oder Verkauf der virtuellen Währung interessiert sind. Die Einbindung von *Second Life* in den realen Wirtschaftskreislauf hat zum Entstehen eines eigenständigen virtuellen Wirtschaftsraumes geführt. Die Teilnehmer treiben Handel mit virtuellen Gegenständen oder Dienstleistungen und können auf diese Weise ein reales Einkommen in der virtuellen Welt erzielen. Der Nutzer, der nicht selbst gestalterisch tätig werden möchte, kann ein Haus, virtuelle Einrichtungsge-

---

[62] Zur wirtschaftlichen Bedeutung siehe B. II. 2.

[63] Siehe dazu auch die ausführliche Beschreibung bei *Wikipedia.de*, im Internet: http://de. wikipedia.org/wiki/Second_Life, (Stand: Januar 2008).

[64] Siehe die Auflistung bei *SLinside*, im Internet: http://slinside.com/index.php?option= com_content&task=view&id=37&Itemid=129, (Stand: Januar 2008).

genstände oder Kleidung und Accessoires für seinen Avatar käuflich erwerben. Meist geschieht dies im Rahmen automatischer Verfahren, welche den Kauf eines virtuellen Gegenstandes durch einfachen „Mausklick" zulassen. Angebote für virtuelle Gegenstände finden sich in großer Anzahl auch auf externen Handelsplattformen wie etwa *eBay* oder auf Marktplätzen, die sich auf den Handel mit virtuellen Gegenständen spezialisiert haben.[65] Zudem ist *Second Life* auch eine Plattform für den Verkauf realer Ware, die in virtuellen Shops beworben werden und dort bestellbar sind.

Negative Schlagzeilen machte *Second Life* im Jahr 2007 durch die zunehmende Anzahl pornografischer Inhalte, insbesondere durch die Darstellung virtueller Kinder-Pornografie.[66] Der langfristige Erfolg der Plattform wird davon abhängen, ob es dem Betreiber gelingt, wirksam gegen derartige Inhalte vorzugehen. Glücksspiele mit Wetteinsatz werden bereits seit Mitte des Jahres 2007 nicht mehr von *Linden Lab* geduldet.[67]

## 2. Wirtschaftlicher Hintergrund

Die Zahl der bei *Second Life* angemeldeten Teilnehmer entwickelt sich seit der umfangreichen medialen Berichterstattung in den Jahren 2006/2007 explosionsartig. Sie lag im Juni 2007 bereits bei 7 Millionen „Residents",[68] im August 2007 wurde die Grenze zu 9 Millionen Registrierungen überschritten.[69] Die hohe Anzahl von Registrierungen darf jedoch nicht darüber hinwegtäuschen, dass tatsächlich eine weitaus geringere Anzahl von Teilnehmern auf der Plattform aktiv ist. Viele derjenigen Nutzer, die sich über den kostenlosen „Basis"-Account angemeldet haben, betreten die virtuelle Welt nur sporadisch, werden aber dennoch als aktive Bewohner der virtuellen Welt geführt. Schenkt man den „Economic Statistics"[70] von *Second Life* Glauben, haben sich im Oktober 2007 circa 900.000 Teilnehmer in die Online-Umgebung von *Second Life* eingeloggt. Damit sind maximal 10 Prozent

---

65  So etwa der Marktplatz *SLMarket*, im Internet: http://www.slmarket.de/, (Stand: Januar 2008).

66  Siehe dazu *Stöcker*, „Staatsanwalt ermittelt wegen Sex mit virtuellen Kindern", in: Spiegel-Online v. 7. Mai 2007, im Internet: http://www.spiegel.de/netzwelt/web/0,1518, 481467,00.html, (Stand: Januar 2008); zur rechtlichen Würdigung virtueller Kinderpornografie siehe *Hopf/Braml*, ZUM 2007, 354 ff.

67  Vgl. die Meldung auf *Heise-Online* v. 26.07.2007, „Kein Glücksspiel mehr in Second Life", im Internet: http://www.heise.de/newsticker/meldung/93393, (Stand: Januar 2008).

68  *Schmitz*, in: Lober, Virtuelle Welten, S. 51.

69  Nachricht von *second-life-info.de*, im Internet: http://www.second-life-info.de/sl/9-Millionen-user-haben-second-life-fuer-sich-entdeckt/, (Stand: Januar 2008).

70  Im Internet: http://secondlife.com/whatis/economy_stats.php, (Stand: Januar 2008).

der angemeldeten Teilnehmer auch tatsächlich aktiv.[71] Aus dem „Online-Now"-Zähler auf der Webseite von *Second Life*[72] ging zudem hervor, dass sich im Oktober 2007 je nach Tageszeit etwa 20.000 bis 40.000 Teilnehmer gleichzeitig in der virtuellen Welt aufhielten. Aus den Angaben wird nicht ersichtlich, wie viele der aktiven Teilnehmer über den kostenpflichtigen „Premium"-Account verfügen, welcher die Nutzer zum Erwerb virtueller Grundstücke berechtigt. Es wird aber geschätzt, dass *Linden Lab* im Jahr 2007 etwa 2 bis 3 Millionen US-Dollar pro Monat durch Abonnementgebühren, Landverkäufe und den Verkauf von Linden-Dollar erwirtschaftet hat.[73] Noch im Jahr 2006 setzte der Betreiber *Linden Lab* nach Schätzungen weniger als 11 Millionen US-Dollar mit der Simulation um.[74]

*Linden Lab* hält online[75] eine Übersicht über die jeweils in den letzten 24 Stunden von den Nutzern in der virtuellen Welt ausgegebenen US-Dollar bereit. Daraus ergab sich, dass im Oktober 2007 durch Transaktionen virtueller Gegenstände zwischen den Nutzern circa 30 Millionen US-Dollar umgesetzt wurden. Bei etwa 900.000 aktiven Nutzern entspricht dies einem Umsatz von circa 33 US-Dollar pro Kopf und Monat beziehungsweise 396 US-Dollar im Jahr, wobei die wechselnden Teilnehmerkreise unberücksichtigt bleiben.[76] Wie sich aus den „Economic Statistics"[77] von *Second Life* ergibt, wird der Großteil der Transaktionen in einer Größenordnung von unter 10 US-Dollar abgewickelt. Auch wenn die Zahlen bisher nicht verifiziert und daher mit Vorsicht zu behandeln sind, sind sie doch Indiz dafür, dass Plattformen wie *Second Life* bei einer entsprechenden Teilnehmer-Akzeptanz ein erhebliches Marktvolumen im Bereich des Handels mit virtuellen Gegenständen erreichen können. Nicht zu vernachlässigen ist auch der Markt für Dienstleistungen, die rund um virtuelle Welten wie *Second Life* angeboten werden. So überlassen Unternehmen, die in der virtuellen Welt vertreten sein wollen, die Gestaltung und Programmierung ihrer Unternehmensrepräsentanzen Agenturen, die sich auf 3-D-Webdesignleistungen in virtuellen Welten spezialisiert haben.[78] Eine professionell gestaltete Präsenz in *Second Life* kann den Auftraggeber je nach Ausstattung bis zu 10.000

---

[71]  Vgl. auch die Meldung auf *Heise-Online* vom 26.03.2007, „Second Life brachte 2006 vermutlich weniger als 11 Millionen US-Dollar Umsatz" im Internet: http://www.heise. de/newsticker/meldung/87359, (Stand: Januar 2008).

[72]  http://secondlife.com/, (Stand: Januar 2008).

[73]  *Hummel/Jansen*, in: Lober, Virtuelle Welten, S. 127.

[74]  Vgl. die Meldung auf *Heise-Online* vom 26.03.2007, (s. Fn. 71).

[75]  Vgl. http://de.secondlife.com/, (Stand: Januar 2008).

[76]  Vgl. auch *Hummel/Jansen*, in: Lober, Virtuelle Welten, S. 127.

[77]  Im Internet: http://secondlife.com/whatis/economy_stats.php, (Stand: Januar 2008).

[78]  So z.B. *The Electric Sheep Company*, im Internet: http://www.electricsheepcompany. com/, (Stand: Januar 2008).

US-Dollar oder mehr kosten.[79] Nicht zu vernachlässigen sind auch die Folgekosten, etwa für die Betreuung und die Ausrichtung bestimmter Events.[80] Zusammenfassend ist festzuhalten, dass das Phänomen *Second Life* nicht nur eine neue Dimension zur Nutzung des Internets eröffnet, sondern auch in ökonomischer Hinsicht von erheblicher Bedeutung ist.

---

[79]   *Hummel/Jansen*, in: Lober, Virtuelle Welten, S. 128.

[80]   *Hummel/Jansen*, in: Lober, Virtuelle Welten, S. 128.

# C. Urheberrechtliche Aspekte

## I. Urheberkollisionsrecht

Bei der urheberrechtlichen Beurteilung von Onlinespielen und Entwicklungsplattformen muss Berücksichtigung finden, dass die durch das Internet vermittelte Zugriffsmöglichkeit zu einer Teilnahme von Nutzern aus der ganzen Welt führt. Damit kann ein einziger (urheberrechtlicher) Sachverhalt Berührungspunkte zu unterschiedlichen nationalen Rechtsordnungen aufweisen. Es stellt sich dann die Frage, welches Recht auf den Sachverhalt Anwendung findet.

## 1. Territorialitäts- und Schutzlandprinzip

In räumlicher Hinsicht gilt das deutsche Urheberrecht nur im Inland und endet somit an den nationalen Staatsgrenzen.[81] Diese auf das Territorium eines Staates beschränkte Geltung nationalen Rechts wird als Territorialitätsprinzip bezeichnet und findet sich als ein im internationalen Immaterialgüterrecht anerkannter Grundsatz nicht nur in Deutschland, sondern in nahezu allen ausländischen Rechtsordnungen.[82] Die territoriale Begrenzung des Rechts führt dazu, dass nicht ein einzelnes, weltweit bestehendes einheitliches Urheberrecht existiert,[83] sondern eine Vielzahl von auf die Staatsgrenzen unterschiedlicher Nationen begrenzte, in Entstehung und Fortbestand weitestgehend voneinander unabhängige nationale Urheberrechte.[84] Verletzungshandlungen muss der Urheber somit nach dem Recht des jeweiligen Schutzlandes verfolgen, also desjenigen Staates, für dessen Gebiet Urheberrechtsschutz in Anspruch genommen wird (sog. *lex loci protectionis* = Schutzlandprinzip).[85] Dies bedeutet, dass der Urheber seine Rechte ge-

---

[81] *Nordemann-Schiffel*, in: Bröcker/Czychowski/Schäfer, Praxishandbuch Geistiges Eigentum, § 3, Rn. 36; *Rehbinder*, Urheberrecht, Rn. 969.

[82] Vgl. *Schricker/Katzenberger*, Vor §§ 120 ff., Rn. 120; *Nordemann-Schiffel*, in: Bröcker/Czychowski/Schäfer, Praxishandbuch Geistiges Eigentum, § 3, Rn. 43.

[83] A.A. *Schack*, Urheberrecht, Rn. 793–808.

[84] *BGH*, NJW 1998, 1395, 1396 – Spielbankaffaire; *Nordemann-Schiffel*, in: Bröcker/Czychowski/Schäfer, Praxishandbuch Geistiges Eigentum, § 3, Rn. 36; *Rehbinder*, Urheberrecht, Rn. 969.

[85] Vgl. *BGH*, ZUM 2003, 225, 226 – Sender Felsberg; *BGH*, NJW 1998, 1395, 1396 – Spielbankaffaire; *BGHZ*, 126, 252, 254 f. – Folgerechtsanspruch bei Auslandsbezug; *Schricker/Katzenberger*, Vor §§ 120 ff., Rn. 124; *Nordemann-Schiffel*, in: Bröcker/Czychowski/Schäfer, Praxishandbuch Geistiges Eigentum, § 3, Rn. 36; *Rehbinder*, Urheberrecht, Rn. 977; *Sack*, WRP 2000, 269, 270.

gebenenfalls in unterschiedlichen Nationen und nach unterschiedlichen Rechtsordnungen verfolgen muss.[86]

Umstritten ist, ob das Schutzlandprinzip in Deutschland aus der Tatortregel des Art. 40 Abs. 1 EGBGB als Grundnorm des internationalen Deliktsrechts herzuleiten ist[87] oder aber als immaterialgüterrechtliche und gegenüber der Tatortregel eigenständige Anknüpfungsnorm aus der Ausweichklausel des Art. 41 EGBGB.[88] In der ab dem Jahr 2009 geltenden Rom II-Verordnung ist die Geltung des Schutzlandprinzips für Immaterialgüterrechte ausdrücklich geregelt.[89] Weitestgehend Einigkeit besteht darüber, dass auch die kollisionsrechtlichen Vorfragen wie Entstehung, Inhaberschaft, Umfang, Inhalt, Schranken und Übertragbarkeit des Urheberrechts sich nach der *lex loci protectionis* richten.[90] Das Schutzlandprinzip findet hingegen keine Anwendung auf obligatorische Verträge, die auf dem Gebiet des Urheberrechts abgeschlossen werden.[91] Für diese Verträge gilt nach Art. 27 EGBGB in erster Linie das von den Parteien gewählte Recht.[92] Dennoch ist die Rechtswahl nicht vollumfänglich ins Belieben der Parteien gestellt. Das deutsche Urhebergesetz enthält eine Reihe zwingender Regelungen, die einer Vereinbarung im Rahmen des Art. 27 EGBGB nicht zugänglich sind.[93] Darüber hinaus gilt die freie Rechtswahl nicht für Verfügungsgeschäfte, welche auf die Übertragbarkeit urheberrechtlicher Befugnisse gerichtet sind; auf diese findet wiederum das Schutzlandprinzip Anwendung.[94]

---

86  Vgl. *Schricker/Katzenberger*, Vor §§ 120 ff., Rn. 120 ff.

87  *Schricker/Katzenberger*, Vor §§ 120 ff., Rn. 130; *Dieselhorst*, ZUM 1998, 293; *A. Nordemann/Goddar/Tönhardt/Czychowski*, CR 1996, 645, 651; *Sack*, WRP 2000, 269, 271; *Schack*, MMR 2000, 59, 64 f.

88  Vgl. *BGH*, NJW 1998, 1395, 1396 – Spielbankaffaire; *Nordemann-Schiffel*, in: Bröcker/Czychowski/Schäfer, Praxishandbuch Geistiges Eigentum, § 3, Rn. 44.

89  Siehe dazu K. III. 2.

90  *BGH*, NJW 1998, 1395, 1396 – Spielbankaffaire; *OLG München*, GRUR Int. 1990, 75; *Schricker/Katzenberger*, Vor §§ 120 ff., Rn. 127, 129; *Hoeren*, Internetrecht, Rn. 113; *Nordemann-Schiffel*, in: Bröcker/Czychowski/Schäfer, Praxishandbuch Geistiges Eigentum; § 3, Rn. 50; a.A. *Schack*, MMR 2000, 59, 63f.

91  *Rehbinder*, Urheberrecht, Rn. 981.

92  *Hoeren*, Internetrecht, Rn. 111; *Rehbinder*, Urheberrecht, Rn. 981.

93  Z.B. die Regelungen über das Urheberpersönlichkeitsrecht, vgl. *Hoeren*, Internetrecht, Rn. 112.

94  *BGH*, NJW 1998, 1395, 1397 – Spielbankaffaire; *OLG München*, MMR 2002, 312, 313; *Hoeren*, Internetrecht, Rn. 112; *Rehbinder*, Urheberrecht, Rn. 982.

## a) Abkehr vom Schutzlandprinzip im Internet

Die Geltung des Schutzlandprinzips führt im Bereich des Internet – und damit auch im Bereich der Onlinespiele und Entwicklungsplattformen – zu Schwierigkeiten. Da Online-Angebote nahezu von jedem Ort der Welt abgerufen werden können, muss der Verwerter von Online-Inhalten seine Internetpräsenz theoretisch nach dem Recht all derjenigen Staaten ausrichten, die als Schutzland in Betracht kommen.[95] Angesichts der Vielzahl weltweit bekannter Urheberrechtsordnungen stellt dies die Rechteverwerter vor eine nahezu unlösbare Aufgabe.[96] Daher wird in der Literatur die Abkehr vom Schutzlandprinzip hin zu anderen Lösungsansätzen diskutiert.[97] Teilweise wird eine Anknüpfung an das Recht am gewöhnlichen Aufenthalt, am Sitz oder der Niederlassung des Rechteverwerters vorgeschlagen.[98] Dies führt zu einer Anknüpfung an das Recht des Herkunftslandes, welches in der Satellitenrichtlinie[99] entsprechend für die Ausstrahlung von Satellitenfernsehsendungen ausdrücklich vorgesehen ist.[100] Die Anwendung des Herkunftslandprinzips hat zwar den Vorteil, dass die Rechteverwerter ihr Online-Angebot lediglich auf eine Rechtsordnung abstimmen müssen, es birgt aber auch die erhebliche Gefahr, dass die Verwerter ihren Sitz in Länder verlagern, die nur ein geringes urheberrechtliches Schutzniveau gewährleisten (sog. „race to the bottom").[101] Dies würde zu einer unangemessenen Bevorzugung der Verwerterinteressen gegenüber den Interessen der Urheber führen, so dass eine Anknüpfung an das Recht des Herkunftslandes abzulehnen ist.[102] Vergleichbare Probleme treten auf, wenn das anwendbare Recht an den Serverstandort[103] geknüpft wird, der nahezu beliebig wählbar und für Außenstehende nur schwer ermittelbar und nachweis-

---

[95]  Vgl. *Hoeren*, Internetrecht, Rn. 113; *Nordemann-Schiffel*, in: Bröcker/Czychowski/Schäfer, Praxishandbuch Geistiges Eigentum, § 3, Rn. 37.

[96]  Vgl. *Hoeren*, Internetrecht, Rn. 113.

[97]  Vgl. die Übersicht bei *Nordemann-Schiffel*, in: Bröcker/Czychowski/Schäfer, Praxishandbuch Geistiges Eigentum, § 3, Rn. 51–74.

[98]  Vgl. *Nordemann-Schiffel*, in: Bröcker/Czychowski/Schäfer, Praxishandbuch Geistiges Eigentum, § 3, Rn. 53 m.w.N.

[99]  *RL 93/83 EWG*.

[100]  Vgl. *Hoeren*, Internetrecht, Rn. 114; *Nordemann-Schiffel*, in: Bröcker/Czychowski/Schäfer, Praxishandbuch Geistiges Eigentum, § 3, Rn. 53; *Goddar/A.Nordemann/Tönhardt/ Czychowski*, CR 1996, 645, 651.

[101]  Vgl. *Nordemann-Schiffel*, in: Bröcker/Czychowski/Schäfer, Praxishandbuch Geistiges Eigentum, § 3, Rn. 53f.

[102]  *Nordemann-Schiffel*, in: Bröcker/Czychowski/Schäfer, Praxishandbuch Geistiges Eigentum, § 3, Rn. 53f.; *Sack*, WRP 2000, 269, 282f.

[103]  Für eine Anknüpfung an den Serverstandort *Dieselhorst*, ZUM 1998, 293, 299f.; *Koch*, CR 1999, 121, 123.

bar ist.[104] Auch der europäische Gesetzgeber sieht eine Anwendung des Herkunftslandprinzips auf Immaterialgüterrechte nicht vor. In der E-Commerce-Richtlinie[105] (ECRL) werden Immaterialgüterrechte ausdrücklich von dem in Art. 3 Abs. 2 der Richtlinie verankerten Herkunftslandprinzips ausgenommen.[106] Eine Abkehr vom Schutzlandprinzip hat sich daher für den Bereich des Internet nicht durchgesetzt.[107]

## b) Erfordernis einer hinreichenden Inlandsbeziehung

In Rechtsprechung und Literatur wird jedoch versucht, die sich für Internetsachverhalte aus dem Schutzlandprinzip ergebenden Konsequenzen zu begrenzen.[108] Nur bei erkennbarer Ausrichtung des Angebots auf das Schutzland soll eine ausreichende Inlandsbeziehung angenommen werden, welche zur Anwendung der Rechtsordnung des betroffenen Landes nach dem Schutzlandprinzip führt.[109] Die Ausrichtung auf das Schutzland soll in einer Zusammenschau gewisser Kriterien wie Sprache, Präsentation, Kontaktadressen, beworbene Produkte, Währung, Art der Top-Level-Domain oder unter Berücksichtigung ernst gemeinter „Disclaimer"[110] bestimmt werden.[111] Die Anforderungen an die Art und Intensität des Inlandbezugs sollen unter Berücksichtigung der widerstreitenden Interessen der Betroffen in einem Abwägungsprozess ermittelt werden.[112] Der *BGH* hat in einer markenrechtlichen Streitigkeit zusätzlich verlangt, dass die Rechtsverletzung im Inland wirtschaftlich spürbar ist, um eine uferlose Ausdehnung

---

[104] *Hoeren*, in: Hoeren/Sieber, Handbuch Multimedia-Recht, Abschn. 7.10, Rn. 38; *Nordemann-Schiffel*, in: Bröcker/Czychowski/Schäfer, Praxishandbuch Geistiges Eigentum, § 3, Rn. 56; vgl. auch *Schack*, MMR 2000, 59, 63.

[105] *RL 2000/31 EG.*

[106] Vgl. *Hoeren*, Internetrecht, Rn. 114.

[107] *Hoeren*, Internetrecht, Rn. 114; *Nordemann-Schiffel*, in: Bröcker/Czychowski/Schäfer, Praxishandbuch Geistiges Eigentum, § 3, Rn. 68.

[108] Vgl. *BGH*, GRUR Int. 2005, 433, 434 – Hotel Maritime; *OLG Hamburg*, MMR 2002, 822, 823; *OLG Hamburg*, GRUR-RR 2005, 41, 42 – Bauhauslampen aus Italien; *OLG Karlsruhe*, MMR 2002, 814, 816; vgl. auch *LG Hamburg*, GRUR-RR 2004, 313 –Thumbnails; *Drexl*, in: MüKo, InterImmGR, Rn. 146 ff.; *Nordemann-Schiffel*, in: Bröcker/Czychowski/Schäfer, Praxishandbuch Geistiges Eigentum, § 3, Rn. 68–74; *Bettinger/Thum*, GRUR Int. 1999, 659, 672f.; *Kur*, WRP 2000, 935–939.

[109] *BGH*, GRUR Int. 2005, 434, 43 – Hotel Maritime mit Anm. *Juncker*, CR 2005, 361f. und *Ohly*, JZ 2005, 738 ff.; *Nordemann-Schiffel*, in: Bröcker/Czychowski/Schäfer, Praxishandbuch Geistiges Eigentum, § 3, Rn. 70 ff.

[110] Vgl. *BGH*, GRUR 2006, 513, 515 – Arzneimittelwerbung im Internet; vgl. auch *Mankowski*, GRUR Int. 1999, 909, 919.

[111] *Nordemann-Schiffel*, in: Bröcker/Czychowski/Schäfer, § 3, Rn. 70 ff.; *Hoeren*, Internetrecht, Rn. 318 f.; *Hoeren*, WRP 1997, 993, 998; *Mankowski*, GRUR Int. 1999, 909, 916–920.

[112] *OLG Karlsruhe*, MMR 2002, 814, 816; *Bettinger/Thum*, GRUR Int. 1999, 659, 673 ff.

des Schutzes nationaler Kennzeichen im Internet zu vermeiden.[113] Offen gelassen hat der *BGH* jedoch die dogmatische Verortung des Merkmals. In der Literatur wird das Merkmal der wirtschaftlichen Spürbarkeit überwiegend als Einschränkung des sachrechtlichen Schutzbereichs des verletzten (Marken-)Rechts angesehen.[114] Hält man das Kriterium der wirtschaftlichen Spürbarkeit auch auf urheberrechtliche Sachverhalte für anwendbar,[115] so ist eine teleologische Reduktion des Merkmals der Widerrechtlichkeit aus § 97 Abs. 1 UrhG denkbar. Es müssen dann im Einzelfall die ökonomischen und persönlichen Interessen des Urhebers mit denen der Rechteverwerter abgewogen werden. Dabei muss Berücksichtigung finden, dass bei einem Unterlassungsgebot den Rechteverwertern eine Verwertung des Werkes im Internet mangels territorialer Begrenzungsmöglichkeit[116] überhaupt nicht mehr möglich ist.

Anhand des Merkmals des Inlandbezugs kann auch der Adressatenkreis von Onlinespielen oder Entwicklungsplattformen eingeschränkt werden. Bei im Internet spielbaren komplexen Computerspielen ist der Inlandsbezug in der Regel leicht festzustellen. Bevor ein Nutzer Zutritt zum Online-Angebot des Spielbetreibers erhält, muss er zunächst einen schuldrechtlichen Vertrag zur Nutzung der virtuellen Spielumgebung abschließen.[117] Der Teilnehmer durchläuft ein Anmeldeverfahren, welches persönliche Daten wie Name, Adresse und Kontodaten abfragt. Erlaubt der Spielanbieter auch Nutzern aus Deutschland die Teilnahme am Onlinespiel oder stellt er zum Beispiel ausdrücklich Lizenz- und Nutzungsbedingungen in deutscher Sprache zur Verfügung, so richtet sich das Online-Angebot an Nutzerkreise in Deutschland. Die gesteuerte Zugangsvermittlung bewirkt, dass das Online-Angebot nicht wie eine Webseite von jedem Ort der Welt aufgerufen werden kann, sondern der Adressatenkreis räumlich abgrenzbar ist.

Fehlen solche Anmeldeverfahren, die eine Identifizierung und Lokalisierung der Teilnehmer ermöglichen, gelingt eine Eingrenzung des Nutzerkreises nicht ohne weiteres. Das Zugangsprogramm, welches den Zugang zur virtuellen Welt von *Second Life* vermittelt, fragt lediglich eine aktive E-Mail-Adresse ab, anhand derer eine Lokalisierung des Teilnehmerkreises nicht möglich ist. Die Webpräsenzen der einzelnen Teilnehmer sind zudem, sobald einmalig der Zugang zur Plattform vermittelt ist, ebenso wie

---

[113]   *BGH*, GRUR Int. 2005, 433, 434 – Hotel Maritime.

[114]   *Ohly*, JZ 2005, 738, 739; vgl. auch *Bettinger/Thum*, GRUR Int. 1999, 659, 663 ff.; *Kur*, WRP 2000, 935 f.; *Schack*, MMR 2000, 135, 138f.

[115]   Kritisch *Nordemann-Schiffel*, in: Bröcker/Czychowski/Schäfer, Praxishandbuch Geistiges Eigentum, § 3, Rn. 69.

[116]   Zu technischen Möglichkeiten einer Reterritorialisierung des Internet vgl. *Hoeren*, MMR 2007, 3 ff.

[117]   Siehe hierzu F. II. 2.

herkömmliche Webseiten von nahezu jedem Ort der Welt ohne weitere Zugangshindernisse frei abrufbar. Nach dem Schutzlandprinzip kommt damit die Anwendung einer unüberschaubaren Anzahl unterschiedlicher Rechtsordnungen in Betracht. Eine Begrenzung des Adressatenkreises nach Kriterien wie Sprachwahl, Kontaktadressen, Lieferbeschränkungen, „Disclaimer" und insbesondere nach der Art der zum Abruf bereitgehaltenen Inhalte ist daher auch bei Webpräsenzen einer Entwicklungsplattform wie *Second Life* denkbar und notwendig. Allerdings ist hinsichtlich der zum Abruf bereitgehaltenen Inhalte zu unterscheiden. Inhalte, welche an eine Verwendung innerhalb der virtuellen Welt gebunden sind wie Avatare oder andere virtuelle Gegenstände, richten sich unterschiedslos an alle Teilnehmer der Entwicklungsplattform. Sie werden von allen Nutzern universell wahrgenommen, ohne dass Sprachbarrieren überwunden oder Bestellvorgänge ausgeführt werden müssten, anhand derer eine nähere Lokalisierung des Adressatenkreises möglich wäre. Der Kreis der zu berücksichtigenden Rechtsordnungen bleibt somit groß. Gleiches gilt für in Webpräsenzen integrierte universelle Inhalte wie Musiktitel oder Filme. Werden jedoch Inhalte zum Abruf bereitgehalten, die sich nur an bestimmte Teilnehmerkreise richten, wie etwa in virtuellen Shops bestellbare Waren, die nur in bestimmte Länder geliefert werden, kann die bestimmungsgemäße Ausrichtung der Internetpräsentation nach den gleichen Kriterien bestimmt werden wie die Ausrichtung herkömmlicher Webseiten. Der Kreis anwendbarer Rechtsordnungen, der durch die Geltung des Schutzlandprinzips im Internet sehr weit sein kann, erfährt auf diese Weise auch in Bezug auf Entwicklungsplattformen eine wirksame Begrenzung.

## 2. Anwendbarkeit deutschen Urheberrechts

Die Geltung des Schutzlandprinzips eröffnet den nationalen Rechtsordnungen und damit auch dem deutschen Urheberrecht einen weiten Anwendungsbereich im Zusammenhang mit Onlinespielen und Entwicklungsplattformen. Das Schutzlandprinzip führt zur Anwendbarkeit des deutschen Urheberrechts auf Angebote und Inhalte im Internet, die sich bestimmungsgemäß auch an deutsche Verkehrskreise richten. Ist die bestimmungsgemäße Abrufbarkeit gegeben, besteht der Urheberrechtsschutz unabhängig davon, ob der Anbieter des rechtsverletzenden Inhalts im Inland oder aber im Ausland sitzt. Für diesen Fall kann der Urheber oder der Rechteverwerter Verletzungshandlungen, beschränkt auf das Staatsgebiet der Bundesrepublik Deutschland, nach deutschem Urheberrecht verfolgen.

## II. Urheberrechtliche Schutzfähigkeit

Beim urheberrechtlichen Schutz von Onlinespielen und Entwicklungsplattformen ist zwischen dem Schutz der Software, welche der jeweiligen Anwendung zugrunde liegt und dem visuellen oder audiovisuellen Erscheinungsbild zu differenzieren.

### 1. Schutzfähigkeit der Software, §§ 2 Abs. 1 Nr. 1, 69a ff. UrhG

Computerspiele sowie Simulationen wie *Second Life* basieren auf Computerprogrammen, die auf der Grundlage von Softwaredaten ausgeführt werden und deren Programmabläufe über in der Software angelegte Steuerungsbefehle kontrolliert werden können.[118] Computerprogramme sind als Sprachwerke gemäß §§ 2 Abs. 1 Nr. 1, 69a ff. UrhG dem Urheberrechtsschutz zugänglich. Unerheblich ist, auf welchem Medium (CD, lokale Festplatte, zentraler Server) die Software gespeichert ist.[119] Vom Schutz des § 69a UrhG umfasst ist die Software an sich, nicht die visuelle oder audiovisuelle Darstellung des Programms auf dem Bildschirm.[120] Schutzfähig ist das Computerprogramm in jeder Form und in allen seinen Entstehungsphasen, einschließlich des nur maschinell lesbaren Objektcodes und des Quellcodes.[121] Nicht schutzfähig sind hingegen die dem Computerprogramm zugrunde liegenden Ideen und Grundsätze, § 69a Abs. 2 S. 2 UrhG.

Voraussetzung für die Schutzfähigkeit von Computerprogrammen ist nach § 69a Abs. 3 S. 1 UrhG, dass sie individuelle Werke in dem Sinne darstellen, dass sie das Ergebnis der eigenen persönlichen Schöpfung ihres Urhebers sind. Das Urheberrecht schützt somit nur solche Produkte, die Ausdruck eines individuellen und kreativen Schaffungsprozesses des Urhebers sind.[122] Eine besondere Schöpfungshöhe, welche den für die Entstehung des Urheberrechtsschutzes erforderlichen Grad an Individualität bezeichnet,[123] ist nicht erforderlich. Auch die „kleine Münze"[124] nicht völlig banaler Computerprogramme ist urheberrechtlich geschützt, so dass ein Minimum

---

[118] Vgl. allgemein *OLG Hamburg*, CR 1998, 332, 333 f. – Computerspielergänzung; *LG Rottweil*, ZUM 2002, 490, 491; *Wandtke/Bullinger/Grützmacher*, § 69a, Rn. 3, 16.

[119] *Schricker/Loewenheim*, § 69a, Rn. 11; vgl. *Ullmann*, CR 1992, 641, 642.

[120] *Schricker/Loewenheim*, § 69a, Rn. 25.

[121] *Schricker/Loewenheim*, § 69a, Rn. 5; *Schack*, Urheberrecht, Rn. 179.

[122] *Schricker/Loewenheim*, § 2, Rn. 23.

[123] *Schricker/Loewenheim*, § 2, Rn. 24; *Wandtke/Bullinger/Bullinger*, § 2, Rn. 23.

[124] Zur vom Reichsgericht eingeführten Lehre der „kleinen Münze" vgl. *RGZ* 81, 120, 122, 123 – Kochrezepte; *RGZ* 116, 292, 294 – Adressbuch.

an individueller Leistung zur Begründung der Schutzfähigkeit genügt.[125] Damit wird regelmäßig auch Computerspielsoftware vom Schutz der §§ 69a ff. UrhG umfasst.[126]

## 2. Schutzfähigkeit der audiovisuellen Darstellung

### a) Schutz als Filmwerk, § 2 Abs. 1 Nr. 6 UrhG

Da bei der Anwendung und audiovisuellen Wiedergabe von Computerspielen ähnlich wie bei Filmwerken der Eindruck eines bewegten Bildes entsteht, wird die audiovisuelle Darstellung von Computerspielen in Rechtsprechung und Literatur überwiegend als Filmwerk oder als ähnlich wie ein Filmwerk geschaffenes Werk (§ 2 Abs. 1 Nr. 6) eingeordnet und wenn die erforderliche Schöpfungshöhe nach § 2 Abs. 2 UrhG nicht erreicht wird, Laufbildschutz nach § 95 UrhG gewährt.[127] Allerdings ist die audiovisuelle Wiedergabe des Programms nicht zwingend erforderlich, um urheberrechtlichen Schutz entstehen zu lassen. Es genügt, wenn das Werk unter Zuhilfenahme technischer Einrichtungen und ohne weiteres Zutun des Urhebers wahrnehmbar gemacht werden kann.[128] Die audiovisuelle Gestaltung eines Computerprogramms genießt demnach auch schon dann Schutz, wenn die zugrunde liegenden Programmdaten auf einem Datenträger gespeichert sind und vom Nutzer lediglich noch ausgeführt werden müssen.[129]

Nach älterer Rechtsprechung des OLG Frankfurt[130] steht der Einordnung von Computerspielen als Filmwerk entgegen, dass der Spieler den Ablauf der genauen Bildfolge durch die steuernde Einwirkung auf das Spiel beeinflusst. Es fehle somit an der Wiedergabe eines zuvor aufgezeich-

---

125 Vgl. *OLG München*, CR 1999, 688, 689; *OLG Frankfurt*, CR 1998, 525; *Möhring/Nicolini/ Hoeren*, § 69a, Rn. 16; *Schricker/Loewenhein*, § 69a, Rn. 14.

126 *LG Stuttgart*, CR 1994, 162f.; öst. *OGH*, ZUM-RD 2005, 11, 13 – Fast Film; *Möhring/Nicolini/Hoeren*, § 69a, Rn. 8; *Klickermann*, MMR 2007, 766, 768.

127 Öst. *OGH*, ZUM-RD 2005, 11, 13; *BayObLG*, GRUR 1992, 508, 509 – Verwertung von Computerspielen; *OLG Hamburg*, GRUR 1990, 127, 128 – Super Mario III; *OLG Hamburg*, ZUM 1996, 687, 688 – Mitstörer; *OLG Köln*, GRUR 1992, 312, 313 – Amiga-Club; *Möhring/Nicolini/Ahlberg*, § 2, Rn. 2; *Schricker/Loewenhein*, § 2, Rn. 183; *Wandtke/Bullinger/ Bullinger*, § 2, Rn. 129; *Katzenberger*, GRUR Int. 1992, 513, 514; *Loewenhein*, ZUM 1985, 26, 30; *Nordemann*, GRUR 1981, 891, 893f.; a.A. *OLG Frankfurt*, GRUR 1983, 753, 756 – Pengo; *OLG Frankfurt*, GRUR 1983, 757 – Donkey Kong Junior; *OLG Düsseldorf*, CR 1990, 394, 396.

128 *BGHZ* 37, 1, 7 – AKI; *Schricker/Loewenhein*, § 2, Rn. 21.

129 Vgl. *BGHZ* 37, 1, 7 – AKI, allerdings für den Schutz einer Fernsehsendung.

130 *OLG Frankfurt*, GRUR 1983, 753, 756 – Pengo; *OLG Frankfurt*, GRUR 1983, 757 – Donkey Kong Junior; dem folgend *OLG Düsseldorf*, CR 1990, 394, 396.

neten Handlungsablaufes.[131] Der Ansicht des OLG Frankfurt ist jedoch entgegenzuhalten, dass der Schutz als Filmwerk nicht voraussetzt, dass stets die gleiche Bildfolge gezeigt wird.[132] Zum anderen sind die im Spiel möglichen Spielzüge und Handlungsabläufe durch die Programmierung des Spiels fest vorgegeben und werden vom Spieler lediglich abgerufen.[133] Der Spieler selbst wird durch die Steuerung des Spielablaufs nicht schöpferisch tätig, so dass die steuernde Einwirkung auf das Spielgeschehen einer Qualifikation als Filmwerk nicht entgegensteht.[134]

## b) Schutz als filmähnliches Multimediawerk

Aufgrund der interaktiven Einbindung des Spielers in das Spielgeschehen ist es jedoch sachgerechter, Computerspiele in ihrer Komplexität als filmähnliche Multimediawerke zu begreifen.[135] Multimediawerke zeichnen sich dadurch aus, dass verschiedene Werkformen wie Sprachwerke, Musikwerke, Werke der Kunst, Lichtbildwerke und Filmwerke in digitaler Form miteinander kombiniert und zu einem Gesamtwerk verschmolzen werden.[136] Darüber hinaus ist kennzeichnend für multimediale Werke ihre Interaktivität.[137] Diese ermöglicht es dem Nutzer, aktiv in Kommunikationsabläufe einzugreifen, gezielt Inhalte auszuwählen oder Programminhalte zu manipulieren und kreativ zu verändern.[138] Bei Computerspielen, welche online oder im Netzwerk gespielt werden, treten neben die steuernde Einflussnahme auf das Spielgeschehen neue Formen der Interaktivität hinzu, wie zum Beispiel die Echtzeitkommunikation zwischen den Mitspielern über Chat-Funktionen oder eigens dafür vorgesehene Sprechgarnituren. Dieses ermöglicht die Absprache von Spielabläufen und Spieltaktiken. Anders als beim Film ist der Nutzer somit nicht passiver Konsument einer Darbietung, sondern Teil einer erlebbaren Szenerie, deren Ablauf er durch die Steuerung interaktiver Elemente maßgeblich mitgestaltet. Auch wenn der Spieler dadurch keine schöpferische Leistung erbringt, bestimmt sich die audiovisuelle Darstellung des Spielablaufs in stetiger Abhängigkeit von der Ein-

---

131 Ähnlich auch die Entscheidung des *Bezirksgerichts von Tokyo* vom 27. Mai 1999, GRUR Int. 2001, 183, 184.

132 *Wandtke/Bullinger/Bullinger*, § 2, Rn. 129.

133 Vgl. *OLG Köln*, GRUR 1992, 312, 313 – Amiga-Club.

134 Vgl. *OLG Köln*, GRUR 1992, 312, 313 – Amiga-Club; *Wandtke/Bullinger/Bullinger*, § 2, Rn. 129.

135 Vgl. *Wandtke/Bullinger/Bullinger*, § 2, Rn. 154; *Rehbinder*, Urheberrecht, Rn. 170, 240–245.

136 *Möhring/Nicolini/Ahlberg*, § 2, Rn. 38 f.; *Schricker/Loewenheim*, § 2, Rn. 76; *Wandtke/Bullinger/Bullinger*, § 2, Rn. 151.

137 *Möhring/Nicolini/Ahlberg*, § 2, Rn. 41; *Schricker/Loewenheim*, § 2, Rn. 76; *Wandtke/Bullinger/Bullinger*, § 2, Rn. 153; *Rehbinder*, Urheberrecht, Rn. 243.

138 Vgl. *Rehbinder*, Urheberrecht, Rn. 243; *Schack*, Urheberrecht, Rn. 217.

flussnahme des Spielers, so dass eine Einordnung als Multimediawerk sachgerecht ist.

Nach umstrittener Auffassung können die in § 2 Abs. 1 Nr. 1–7 UrhG aufgelisteten Werkkategorien das Multimediawerk mit seinen besonderen Eigenschaften nicht erfassen.[139] Zutreffend wird daher angenommen, dass es sich bei Multimediaprodukten um eine eigenständige Werkart handelt, die nicht ausdrücklich im nicht abschließenden Katalog des § 2 Abs. 1 UrhG Erwähnung gefunden hat.[140] Demnach ist das multimediale Werk als interaktives Gesamtwerk, bestehend aus digital miteinander verschmolzenen Elementen, selbstständig urheberrechtlich geschützt.[141] Die schöpferische Leistung besteht in der Verschmelzung unterschiedlicher Werke zu einem einheitlichen, individuellen Werk, welches interaktive Elemente aufweist.[142]

Trotz der Kategorisierung als Multimediawerk besteht hinsichtlich des audiovisuellen Ablaufs des Spiels eine erhebliche Nähe zum Film. Die auf dem Bildschirm erscheinende Darstellung des Computerspiels bleibt eine Folge von Bildern beziehungsweise von Bildern und Tönen, die dem Spieler den Eindruck eines bewegten Bildes vermittelt. Hinzu kommt, dass im Computerspiel ein Handlungsablauf angelegt ist, der sich nach einer dem Spiel zugrunde liegenden Geschichte oder einem vorgegebenen Szenarium richtet. Der Spielablauf hat somit „erzählenden" Charakter und weist Parallelen zum Handlungsablauf eines Spielfilms auf. Komplexe Computerspiele können daher auch als „interaktive Filme"[143] beschrieben werden. Die ganzheitliche audiovisuelle Darstellung eines Computerspiels lässt sich somit als filmähnliches Multimediawerk einordnen, welche zum einen als Multimediawerk schutzfähig ist, jedoch aufgrund der besonderen Ähnlichkeit zum Film zusätzlich nach den Vorschriften über den Schutz von Filmwerken zu beurteilen ist. Diese doppelte Einordnung ist möglich, da ein Werk mehreren Werkgattungen zugeordnet und nach den für die jeweilige Werkart geltenden Maßstäben beurteilt werden kann.[144]

---

139  Siehe die Übersicht bei *Möhring/Nicolini/Ahlberg*, § 2, Rn. 41.

140  Vgl. *LG München I*, MMR 2005, 267, 268; *Möhring/Nicolini/Ahlberg*, § 2, Rn. 41; *Schricker/Loewenheim*, § 2, Rn. 76; *Wandtke/Bullinger/Bullinger*, § 2, Rn. 152 f.; *Schack*, Urheberrecht, Rn. 217; *Schricker*, GRUR 1996, 815, 823; siehe auch *Wiebe/Funkart*, MMR 1998, 69, 75; a.A. *Rehbinder*, Urheberrecht, Rn. 246; *Hoeren*, CR 1994, 390, 392.

141  *Wandtke/Bullinger/Bullinger*, § 2, Rn. 152.

142  *Wandtke/Bullinger/Bullinger*, § 2, Rn. 152; *Schack*, Urheberrecht, Rn. 217.

143  Vgl. *Wandtke/Bullinger/Bullinger*, § 2, Rn. 129.

144  *BGH*, GRUR 1993, 34, 35 – Bedienungsanweisung; *Schricker/Loewenheim*, § 2, Rn. 75.

## c) Besonderheiten bei Entwicklungsplattformen

Besonderheiten bestehen bei einer Entwicklungsplattform wie *Second Life*, die nicht als klassisches Computerspiel einzuordnen ist. Zwar lässt die von den Betreibern zur Verfügung gestellte Benutzeroberfläche, bestehend aus grafischen Elementen und interaktiven Bedienungsmöglichkeiten, eine Kategorisierung als Multimediawerk ohne weiteres zu. Es fehlt jedoch die den Computerspielen eigene Ähnlichkeit zum Film. Zwar vermittelt auch die audiovisuelle Darstellung der Simulation dem Teilnehmer den Eindruck eines bewegten Bildes. Im Unterschied zu Computerspielen fehlt es jedoch gänzlich an einem szenenartigen Spielablauf. Der Nutzer bewegt seine Figur an beliebige Orte innerhalb der virtuellen Welt, ohne dass die von ihm gewählten Bewegungsmuster durch bestimmte Spielvorgaben wie etwa ein im Spiel angelegter Handlungsablauf, ein angestrebter Aufstieg ins nächste Spiellevel oder die Erfüllung einer bestimmten Mission beeinflusst würden. Hinzu kommt, dass die Handlungsabläufe und potentiell möglichen Bewegungsmuster nicht von vornherein im Programm angelegt sind, sondern durch die stetige Erweiterung der Plattform durch die Nutzer einer stetigen Veränderung und Weiterentwicklung unterliegen. Die Bewegungsmuster sind damit überwiegend ins Belieben der Nutzer gestellt. Diese Beliebigkeit führt dazu, dass die auf dem Bildschirm erscheinende konkrete Bildfolge maßgeblich durch die Nutzer selbst festgelegt wird. Es sind somit nicht die Urheber des Multimediawerkes an sich, welche die Reihenfolge der fortlaufenden Bilder auswählen und festlegen, sondern die Teilnehmer der Simulation.[145] Auch die durch den Nutzer erzeugte wahllose Aneinanderreihung von Einzelbildern zu einem bewegten Bild erfüllt nicht die Anforderungen an das Vorliegen eines Filmes.[146] Da es mithin an der Gestaltung einer Bild- und Tonfolge gänzlich fehlt, kommt die Gewährung eines urheberrechtlichen Schutzes als Filmwerk oder Laufbild nicht in Betracht.[147]

### 3. Urheberrechtliche Schutzfähigkeit einzelner Elemente

#### a) Schutz als Kunstwerk, § 2 Abs. 1 Nr. 4 UrhG

Verschiedene Elemente eines Onlinespiels oder einer Entwicklungsplattform sind als Werke der (schönen) bildenden oder der angewandten Kunst

---

145 Ähnlich die Argumentation des *OLG Frankfurt* zur Einordnung von Computerspielen als Filmwerke, oben unter C. II. 2. a).

146 Vgl. *Wandtke/Bullinger/Manegold*, § 95, Rn. 14.

147 Vgl. *Wandtke/Bullinger/Manegold*, § 95, Rn. 14, gegen die Einordnung des visuellen Programmteils eines Flugsimulators oder ähnlicher Einrichtungen als Film oder Laufbild.

im Sinne von § 2 Abs. 1 Nr. 4 UrhG urheberrechtlich schutzfähig.[148] Werke der schönen Künste sind Produkte, die keinem funktionellen Gebrauchszweck dienen und bei denen der ästhetische Ausdruck im Mittelpunkt steht.[149] Für Werke der reinen bildenden Kunst gilt die „kleine Münze",[150] so dass bereits ein geringer Grad an Eigentümlichkeit genügt, um als Werk nach § 2 Abs. 2 UrhG Schutzfähigkeit zu erlangen.[151] Die angewandte Kunst unterscheidet sich von Werken der schönen Kunst durch ihren Gebrauchszweck.[152] Bei Werken der angewandten Kunst handelt es sich typischerweise um Bedarfsprodukte mit künstlerischer Formgebung wie etwa Modeschöpfungen, Schmuck, Möbel, Kunstfiguren oder Gebrauchsgraphiken, die einen künstlerischen Gehalt aufweisen.[153] Nach umstrittener Auffassung sind die Anforderungen an die Gestaltungshöhe bei Werken der angewandten Kunst deutlich höher anzusetzen als bei Werken der reinen Kunst.[154] Urheberrechtlichen Schutz genießen demnach nur diejenigen Gestaltungen, die auf ein überdurchschnittliches Können jenseits des Handwerklichen und Alltäglichen hinweisen.[155] Die erhöhten Schutzuntergrenzen sind zum einen erforderlich, um dem Geschmacksmusterrecht, welches ebenfalls das äußere Erscheinungsbild (Design) eines Produkts schützt, den Schutz kunstgewerblicher Gegenstände mit geringem Individualitätsgrad zu überlassen.[156] Zum anderen soll verhindert werden, dass naheliegende

---

148 Vgl. dazu *LG Köln*, JurPC Web-Dok. 77/2008, Abs. 1 ff.

149 *BGH*, GRUR 1992, 697, 698 – ALF; *KG*, GRUR-RR 2001, 292, 293 – Bachforelle; *OLG Frankfurt/M*, GRUR 1990, 121, 123; *Schricker/Loewenheim*, § 2, Rn. 144; *Wandtke/Bullinger/ Bullinger*, § 2, Rn. 86.

150 Siehe oben C. II. 1.

151 Vgl. *Schricker/Loewenheim*, § 2, Rn. 137; *Wandtke/Bullinger/Bullinger*, § 2, Rn. 86 f.

152 *BGH*, GRUR 1995, 581, 582 – Silberdistel; *OLG Koblenz*, GRUR 1967, 262, 264 – Barockputten; *Schricker/Loewenheim*, § 2, Rn. 156; *Wandtke/Bullinger/Bullinger*, § 2, Rn. 96; *Rehbinder*, Urheberrecht, Rn. 186; *Schack*, Urheberrecht, Rn. 202.

153 *Schricker/Loewenheim*, §, 2 Rn. 156; *Wandtke/Bullinger/Bullinger*, § 2, Rn. 96; *Schack*, Urheberrecht, Rn. 202.

154 *BGH*, GRUR 1995, 581, 582 – Silberdistel; *BGH*, GRUR 1983, 377, 378 – Brombeer-Muster; *BGH*, GRUR 1979, 332, 336 – Brombeerleuchte; *BGH*, GRUR 2004, 941, 942 – Metallbett; *LG Köln*, MMR 2008, 64, 65; *Hoeren*, Internetrecht, Rn. 127; *Rehbinder*, Urheberrecht, Rn. 186; *Schack*, Urheberrecht, Rn. 202; *Erdmann/Bornkamm*, GRUR 1991, 877, 878; kritisch *Möhring/Nicolini/Ahlberg*, § 2, Rn. 110 f.; *Schricker/Loewenheim*, § 2, Rn. 158; *Gerstenberg*, GRUR 1974, 707, 710; *Löwenheim*, GRUR Int 2004, 765 ff.; *A.Nordemann/Heise*, ZUM 2001, 128, 137–140; *Koschtial*, GRUR 2004, 555 ff.; *Schricker*, GRUR 1996, 815, 818 f.; *Schulze*, GRUR 1987, 769, 772; *Ulmer*, FS Troller, S. 189, 195.

155 Vgl. *BGH*, GRUR 1985, 581, 582 – Silberdistel; *Hoeren*, Internetrecht, Rn. 127; *Rehbinder*, Urheberrecht, Rn. 186.

156 *BGH*, GRUR 1995, 581, 582 – Silberdistel; *Hoeren*, Internetrecht, Rn. 127; *Rehbinder*, Urheberrecht, Rn. 186; *Schack*, Urheberrecht, Rn. 202; *Erdmann/Bornkamm*, GRUR 1991, 877, 878.

Gestaltungselemente durch die langen Schutzfristen des Urheberrechts[157] monopolisiert werden und der Urheberrechtsschutz über die eigentlichen Kernbereiche der Literatur, Musik und Kunst uferlos ausgeweitet wird.[158] Schließlich ist die Annahme unterschiedlicher Schutzuntergrenzen auch unter verfassungsrechtlichen Gesichtspunkten nicht zu beanstanden.[159]

**aa) Computerbilder**

Einzelne computergenerierte Bilder können als Kunstwerke nach § 2 Abs. 1 Nr. 4 UrhG geschützt sein.[160] Der Schutzfähigkeit eines am Computer erstellten Werkes steht dabei nicht entgegen, dass sich der Urheber technischer Hilfsmittel bei der Werkschöpfung bedient.[161] Entscheidend ist, dass der Urheber die Gestaltung und Formgebung des Werkes durch die Bedienung des Computerprogramms individuell bestimmt, so dass im Produkt die schöpferische Leistung des Urhebers zum Ausdruck kommt.[162]

Hintergrundbilder in Computerspielen sind, solange nicht der künstlerisch-ästhetische Ausdruck im Mittelpunkt steht, als Gebrauchsgrafiken einzuordnen und somit den Werken der angewandten Kunst zuzuordnen.[163] Der erforderliche Gebrauchszweck ergibt sich daraus, dass diese Grafiken zur Gestaltung von Computerspielen erstellt worden sind und die Kulisse für den Spielablauf darstellen.[164] Phantasievoll gestaltete Raumbilder, welche als Hintergrund für komplexe Computerspiele wie beispielsweise *World of Warcraft* dienen, weisen einen hohen Individualitätsgrad auf und erreichen daher in der Regel die erforderliche Schöpfungshöhe.[165] Es besteht eine Vergleichbarkeit mit aufwendigen Bühnenbildern, welche in Rechtsprechung und Literatur ebenfalls als Kunstwerke für schutzfähig gehalten werden.[166]

---

[157]  Siehe § 64 UrhG.

[158]  *Hoeren*, Internetrecht, Rn. 127; *Ohly*, GRUR 2007, 731, 733.

[159]  Vgl. *BVerfG*, GRUR 2005, 410 – Laufendes Auge.

[160]  Vgl. dazu *LG Köln*, JurPC Web-Dok. 77/2008, Abs. 1 ff.*Wandtke/Bullinger/Bullinger*, § 2, Rn. 93, 130.

[161]  *Möhring/Nicolini/Ahlberg*, § 2, Rn. 51; *Schricker/Loewenheim*, § 2, Rn. 13; *Wandtke/Bullinger/Bullinger*, § 2, Rn. 16; *Schack*, Urheberrecht, Rn. 156.

[162]  *Wandtke/Bullinger/Bullinger*, § 2, Rn. 93; vgl. *Möhring/Nicolini/Ahlberg*, § 2, Rn. 51.

[163]  Vgl. öst. *OGH*, Urteil vom 6. Juli 2004, Geschäftszahl 4Ob133/04v.

[164]  *Öst. OGH*, Urteil vom 6. Juli 2004, Geschäftszahl 4Ob133/04v.

[165]  Vgl. *Wandtke/Bullinger/Bullinger*, § 2, Rn. 129.

[166]  *BGH*, GRUR 1986, 458 – Oberammergauer Passionsspiele I; *BGH*, GRUR 1989, 106f. – Oberammergauer Passionsspiele II; *LAG Berlin*, GRUR 1952, 100, 101 – Tod eines Handlungsreisenden; *Wandtke/Bullinger/Bullinger*, § 2, Rn. 55.

Als Gebrauchsgrafiken können beispielsweise auch virtuelle Werbeplakate oder -anzeigen eingeordnet werden, die in der virtuellen Umgebung von *Second Life* der Werbung für Produkte aus der realen oder der virtuellen Welt dienen. Oftmals enthalten diese Abbildungen fantasievolle gestalterische Elemente, welche über die reine Darstellung des Produkts hinausgehen und eine Einordnung als Werk der angewandten Kunst zulassen. Es ist wiederum eine Frage des Einzelfalls, ob die Gestaltung sich deutlich von durchschnittlichen und alltäglichen Darstellungen abhebt und somit urheberrechtlicher Schutz in Betracht kommt. Eine Werbeanzeige, auf der ein virtuelles Model die neue Sommerkollektion präsentiert, genießt urheberrechtlichen Schutz daher erst dann, wenn die Anzeige wesentliche künstlerische und individuelle Merkmale aufweist.

### bb) Virtuelle Bedarfsgegenstände

Die Abbildungen alltäglicher Gebrauchsgegenstände wie virtuelle Stühle, Tische, Lampen, Vasen, Fernseher, Kleidungsstücke etc. sind als Werke der angewandten Kunst im Sinne von § 2 Abs. 1 Nr. 4 UrhG einzuordnen. Der erforderliche Gebrauchszweck resultiert daraus, dass die virtuellen Gegenstände zur Verwendung in der virtuellen Umgebung geschaffen worden sind und darüber hinaus funktionelle Aufgaben in der virtuellen Welt des Spiels oder der Entwicklungsplattform übernehmen. Wie im realen Leben dient der Sessel als Sitzgelegenheit, die Vase als Behältnis für virtuelle Blumen oder Kleidung der Ausstattung von Avataren. Als Werke der angewandten Kunst sind bei der Bestimmung der hinreichenden Gestaltungshöhe von virtuellen Bedarfsgegenständen wiederum die erhöhten Schutzuntergrenzen zu beachten.[167] Solange sich der gestalterische Gehalt in einer ansprechenden Formgebung oder einer modischen Gestaltung erschöpft, ist die für Werke der angewandten Kunst erhöhte Schutzuntergrenze regelmäßig nicht erreicht, so dass ein urheberrechtlicher Schutz ausscheidet.[168] Ein modern zugeschnittenes virtuelles Kleid ist damit erst dann urheberrechtlich schutzfähig, wenn es künstlerische Elemente aufweist wie etwa ein individuelles Muster, in dem sich die besondere Gestaltungskraft des Künstlers ausdrückt. Die Rechtsprechung hat die urheberrechtliche Schutzfähigkeit von realen Modeschöpfungen, die einen eigenständigen ästhetischen Gehalt aufweisen, teilweise angenommen.[169] Auch ungewöhn-

---

[167] Siehe hierzu C. II. 3. a).

[168] Vgl. *Rehbinder*, Urheberrecht, Rn. 187; *Schack*, Urheberrecht, Rn. 206 f.

[169] *BGH*, GRUR 1984, 453 – Hemdblusenkleid; *BGH*, GRUR 1973, 478, 479 – Modeneuheit; *BGHZ* 16, 4, 6 – Mantelmodell; *LG Leipzig*, GRUR 2002, 424, 425 – Hirschgewand; den Schutz verneinend *BGH*, GRUR 1983, 377, 378 – Brombeermuster; *BGH*, GRUR 1967, 315, 316 – skai-cubana; vgl. *Schricker/Loewenheim*, § 2, Rn. 165; *Wandtke/Bullinger/Bullinger*, § 2, Rn. 101; *Schack*, Urheberrecht, Rn. 206.

lich gestaltete Lampen oder künstlerisch gestaltete Möbel wurden im Einzelfall für schutzfähig gehalten.[170] Es spricht daher nichts dagegen, auch virtuelle Bedarfsgegenstände, die besonders individuell und künstlerisch gestaltet sind, dem urheberrechtlichen Schutz zu unterstellen. Angesichts der hohen Anforderungen an die Schöpfungshöhe wird ein urheberrechtlicher Schutz virtueller Bedarfsgegenstände jedoch nur im Ausnahmefall anzunehmen sein.

### cc) Figuren/Avatare

Figuren (Avatare) in Computerspielen und Simulationen sind ebenfalls als Kunstwerke nach § 2 Abs. 1 Nr. 4 UrhG einem urheberrechtlichen Schutz zugänglich.[171] Der Schutz beschränkt sich dabei nicht auf die konkreten Darstellungen der Figur im Kontext der jeweiligen Anwendung. Schutz genießt vielmehr auch die den Einzeldarstellungen zugrunde liegende Gestalt als solche.[172] Damit wird die „virtuelle Persönlichkeit" einer Figur – bestehend aus der Kombination unverwechselbarer äußerer Merkmale und Eigenschaften, Fähigkeiten und Verhaltensweisen – eigenständig und losgelöst von der konkreten Darstellung urheberrechtlich geschützt.[173] Vom Urheberrechtsschutz umfasst werden neben der Figur auch die Bewegungsgitter, welche angelegt werden, um die virtuelle Figur oder einzelne Gesichtszüge animieren zu können, da auch diese einen gestalterischen Gehalt aufweisen können.[174] Virtuelle Figuren in Computerspielen oder in Simulationen wie *Second Life* sind den Werken der angewandten Kunst zuzurechnen.[175] Der erforderliche Gebrauchszweck ergibt sich daraus, dass die Avatare zur Verwendung in einer virtuellen Umgebung geschaffen sind und dem Spieler zur Navigation und Steuerung durch die virtuelle Welt dienen. Damit gelten auch für virtuelle Figuren die besonderen Anforderungen an die Schöpfungshöhe. Geschützt sind wiederum nur solche Ge-

---

[170] *BGH*, GRUR 1972, 38, 39 – Vasenleuchter; *OLG Düsseldorf*, GRUR 1954, 417 – Knickfaltlampe; *OLG Düsseldorf*, GRUR 1993, 903, 906 – Bauhausleuchte; *KG*, ZUM 2005, 820, 821 – Wagenfeld Tischleuchte; *BGH*, GRUR 1987, 903, 904 – Le Corbusier Möbel; *BGH*, GRUR 1961, 635, 637 – Stahlrohrstuhl I; vgl. *Schricker/Loewenheim*, § 2, Rn. 164, 166.; *Wandtke/Bullinger/Bullinger*, § 2, Rn. 100.

[171] Vgl. *OLG Frankfurt*, GRUR 1983, 757 – Donkey Kong Junior I; *BGH*, GRUR 1994, 206, 207 – Alcolix; *BGH*, GRUR 1994, 191, 192 – Asterix-Persiflagen; *Schricker/Loewenheim*, § 2, Rn. 184, 163, 147; *Wandtke/Bullinger/Bullinger*, § 2, Rn. 130, 94; *Schulze*, ZUM 1997, 77, 78.

[172] *BGH*, GRUR 1994, 191, 192 – Asterix-Persiflagen; *Schricker/Loewenheim*, § 2, Rn. 184; *Wandtke/Bullinger/Manegold*, § 95, Rn. 17, § 88 Rn. 35; *Schlatter*, in: Lehmann, Rechtsschutz, Kap. III, Rn. 26 ff.; *Schulze*, ZUM 1997, 77, 78.

[173] *BGH*, GRUR 1994, 191, 192 – Asterix-Persiflagen; *Wandtke/Bullinger/Manegold*, § 88 UrhG, Rn. 35, § 95, Rn. 17.

[174] *Schulze*, ZUM 1997, 77, 81.

[175] Vgl. *Schricker/Loewenheim*, § 2, Rn. 163; *Wandtke/Bullinger/Bullinger*, § 2, Rn. 99.

staltungen, welche auf ein überdurchschnittliches Können jenseits des Alltäglichen und Handwerklichen hinweisen.[176]

In komplexen Computerspielen kommen oftmals aufwendig und fantasievoll gestaltete Figuren wie beispielsweise Krieger, Elfen, Zwerge, Gnome, Orcs, Untote, Trolle[177] zum Einsatz, die charakteristische und individuelle Merkmale aufweisen. Bei diesen kunstvoll gestalteten Charakteren ist der erforderliche Grad an Schöpfungshöhe trotz der höheren Schutzuntergrenzen schnell erreicht. Anders kann dies bei Avataren einer Entwicklungsplattform wie *Second Life* zu beurteilen sein. Der in die virtuelle Welt neu einsteigende Teilnehmer erhält zunächst eine Spielfigur, die lediglich simple Gesichtszüge aufweist und maximal mit einer Jeans und einem einfachen Hemd bekleidet ist. Diese Figuren besitzen nicht den erforderlichen Individualitätsgrad, der für die Annahme urheberrechtlichen Schutzes erforderlich ist. Erst wenn die Figur vom Teilnehmer individualisiert wird, etwa durch die Wahl einer ausgefallenen Bekleidung und spezifischer Körpermerkmale, kann der Avatar im Einzelfall die zur Schutzfähigkeit erforderliche Gestaltungshöhe aufweisen.

### dd) Reine Kunstwerke

Einer gesonderten Betrachtung bedürfen schließlich die rein künstlerischen Zwecken dienenden Gestaltungen, wie virtuelle Gemälde oder künstlerische Skulpturen, insbesondere aus der Umgebung einer Entwicklungsplattform. Derartige Gestaltungen finden sich in eigens dafür eingerichteten virtuellen Galerien, Museen oder als schmückende Elemente in virtuellen Wohnhäusern, Bars oder anderen Etablissements. Teilweise werden auch reale Museen in der virtuellen Welt originalgetreu nachgebildet. Fraglich ist, ob für diese Gestaltungselemente ebenfalls die für Werke der angewandten Kunst geltenden erhöhten Schutzuntergrenzen anzunehmen sind. Der Gebrauchszweck, als maßgebliches Abgrenzungskriterium zu Werken der schönen Künste, kann nicht damit begründet werden, dass die virtuellen Kunstwerke ähnlich wie Hintergrundbilder für die Ausgestaltung der visuellen Darstellung der Simulation geschaffen seien. Denn virtuelle Kunstwerke werden von den Teilnehmern oftmals um ihres ästhetischen Ausdrucks selbst willen in der virtuellen Welt präsentiert und nicht als Kulisse für einen Spielablauf. Sie erfüllen auch keine funktionellen Aufgaben, wie dies etwa bei virtuellen Bedarfsgegenständen der Fall ist. Steht daher nicht ein Gebrauchszweck, sondern die künstlerische Leistung an sich im Mittelpunkt, sind die Gemälde, Skulpturen etc. der Kategorie der bildenden Kunst zuzuordnen. Geschützt sind Werke der bildenden Kunst nach der

---

[176] Siehe hierzu C. II. 3. a).

[177] Charaktere aus dem Spiel *World of Warcraft*.

kleinen Münze des Urheberrechts, so dass bereits ein geringer Individualitätsgrad zur Begründung des urheberrechtlichen Schutzes ausreicht.[178] Da die Zweckungebundenheit dem Urheber einen weitgehenden Spielraum verschafft, seinem Werk individuelle Züge zu verleihen, ist die urheberrechtliche Schutzfähigkeit bei rein künstlerischen Zwecken dienenden Gestaltungen schnell erreicht.

## b) Schutz weiterer Elemente

Neben dem Schutz von Computerbildern, Avataren und anderen virtuellen Gegenständen sind eine Reihe weiterer Elemente von Computerspielen oder Entwicklungsplattformen für sich genommen urheberrechtlich schutzfähig. Dazu gehören zum Beispiel Filmsequenzen, welche in Computerspielen als Vorspann oder zur Verknüpfung verschiedener Spiellevels Verwendung finden und welche auch verbreitet in der virtuellen Umgebung von Entwicklungsplattformen als Gestaltungselemente eingesetzt werden. Diese Filme können entweder als Filmwerk nach § 2 Abs. 1 Nr. 6 UrhG oder, wenn die erforderliche Schöpfungshöhe nicht erreicht wird, als Laufbilder nach § 95 UrhG urheberrechtlichen Schutz genießen.[179] In das Spiel oder die Simulation integrierte Fotos sind als Lichtbildwerke gemäß § 2 Abs. 1 Nr. 5 UrhG oder als Lichtbilder nach § 72 UrhG schutzfähig. Musikstücke können eigenständig nach § 2 Abs. 1 Nr. 2 UrhG geschützt sein. Schließlich können auch einzelne Multimediaelemente, wie beispielsweise animierte Autos, eigenständigen Schutz als Multimediawerk für sich in Anspruch nehmen.[180] Urheberrechtlichen Schutz können auch virtuelle Bücher, Zeitungsartikel oder Berichterstattungen erlangen, die in der virtuellen Welt veröffentlicht werden.[181] Erreichen die Beiträge die erforderliche Schöpfungshöhe, sind sie als Sprachwerke nach § 2 Abs. 1 Nr. 1 UrhG vom Urheberrechtsschutz erfasst.[182] Im Ergebnis gilt, dass jedes gestalterische Element eines Computerspiels oder einer Simulation, welches sich einer der nicht abschließend aufgezählten Werkkategorien des § 2 Abs. 1 UrhG zuordnen lässt, eigenständigen urheberrechtlichen Schutz genießen kann. Voraussetzung ist stets, dass es die erforderliche Schöpfungshöhe nach § 2 Abs. 2 UrhG aufweist oder über ein verwandtes Leistungsschutzrecht dem Urheberrechtsschutz zugänglich ist.

---

178 *Schricker/Loewenheim*, § 2, Rn. 137.

179 Vgl. *Wandtke/Bullinger/Manegold*, § 95, Rn. 15.

180 Zur urheberrechtlichen Schutzfähigkeit von Multimediawerken siehe C. II. 2. b).

181 So bringt der Springerverlag seit dem Jahr 2006 eine eigene Zeitung namens „The Avastar" in *Second Life* heraus, im Internet: http://www.theavastar.com/slife/jsp/micro site/pages/index.jsp, (Stand: Januar 2008).

182 Vgl. *BGH*, GRUR 1997, 459, 460f. – CB-infobank I; *KG*, GRUR-RR 2004, 228, 229 – Ausschnittdienst; *Schricker/Loewenheim*, § 2 Rn. 116; *Wandtke/Bullinger/Bullinger*, § 2, Rn. 54.

# III. Urheberschaft, §§ 7, 8 UrhG

Die Bejahung der urheberrechtlichen Schutzfähigkeit der einzelnen Elemente eines Computerspiels oder einer Entwicklungsplattform sagt noch nichts darüber aus, wer Inhaber der Urheberrechte ist. Nach dem aus § 7 UrhG folgenden allgemeinen Schöpfungsprinzip ist Urheber derjenige, der die individuelle und kreative Leistung erbracht hat.[183] Die Werkschöpfung ist ein Realakt, so dass ein Urheberrecht einhergehend mit dem Schöpfungsakt unmittelbar kraft Gesetzes und originär in der Person des Urhebers entsteht.[184] Haben mehrere Personen das Werk gemeinsam geschaffen, dann steht ihnen als Miturheber das Urheberrecht gemeinschaftlich zu, § 8 UrhG. Eine Miturheberschaft nach § 8 UrhG ist dann gegeben, wenn jeder Beteiligte einen schöpferischen Beitrag zu einem einheitlichen Werk geleistet hat, welcher sich nicht isoliert verwerten lässt.[185] Da an der Entwicklung von Computerspielen sowie der Gestaltung von Entwicklungsplattformen typischerweise eine große Anzahl von Personen beteiligt sind, muss die Urheberschaft jeweils im Einzelfall anhand der schöpferischen Beiträge der Beteiligten bestimmt werden.

## 1. Urheberschaft an Computerspielen

Der an der Entwicklung eines Computerspiels beteiligte Personenkreis ist groß. Zu ihm gehören typischerweise Produzenten, welche sich um die finanzielle Ausstattung, die Veröffentlichung und das Merchandising kümmern, Regisseure („Gamedesigner"[186]), die den Spielinhalt bestimmen und koordinative Aufgaben übernehmen, außerdem Programmierer und Grafiker. Hinzu kommen die so genannten „Leveldesigner"[187], welche die Umgebungen und Architekturen der Spielwelt erschaffen sowie „Sounddesigner", die für die Gestaltung der Klangkulisse und der Geräusche von Charakteren, Waffen und Fahrzeugen sorgen. Schließlich können Komponisten,

---

[183]  *Schricker/Loewenheim,* § 7, Rn. 2; *Wandtke/Bullinger/Thum,* § 7, Rn. 1.

[184]  *Schricker/Loewenheim,* § 7, Rn. 5; *Wandkte/Bullinger/Thum,* § 7, Rn. 3.

[185]  BGH, GRUR 1959, 335, 336 – Wenn wir alle Engel wären; *Schricker/Loewenheim,* § 8, Rn. 5; *Wandtke/Bullinger/Thum,* § 8, Rn. 7; kritisch zu diesem gesetzlichen Kriterium *Möhring/ Nicolini/Ahlberg,* § 8, Rn. 15 ff.

[186]  Zu den Gamedesignern vgl. *Merschmann,* in Spiegel-Online v. 6. März 2006, „Daddeln bis zum Traumjob", im Internet: http://www.spiegel.de/unispiegel/jobundberuf/ 0,1518,403679,00.html, (Stand: Januar 2008); siehe auch die Beschreibung bei *Wikipedia.de,* im Internet: http://de.wikipedia.org/wiki/Game_Design, (Stand: Januar 2008).

[187]  Vgl. die Beschreibung bei *Wikipedia.de,* im Internet: http://de.wikipedia.org/wiki/ Leveldesign, (Stand: Januar 2008).

Musiker oder Autoren beteiligt sein, welche die Hintergrundmusik und -geschichte entwickeln.

## a) Bestimmung der Filmurheberschaft

Das Urhebergesetz enthält keine besonderen Regelungen darüber, wer als Urheber eines Computerspiels anzusehen ist. Die Produktion eines komplexen Computerspiels ähnelt jedoch sehr der Herstellung eines Films, an dem ebenfalls eine große Anzahl unterschiedlicher Personen wie Regisseur, Kameramann, Beleuchter, Tonmeister, Schauspieler, Filmarchitekt, Bühnenbildner, Drehbuchautor, Komponist etc. mitwirken.[188] Zwar schweigt das Urheberrecht auch darüber, wer Urheber eines Filmwerkes ist. Es grenzt den Kreis der Filmurheber jedoch negativ ab.[189] Aus § 89 Abs. 3 UrhG lässt sich entnehmen, dass nicht zu den Urhebern des Filmwerks die Urheber der zu seiner Herstellung benutzten Werke gehören.[190] Den vorbestehenden Werken ist gemeinsam, dass sie unabhängig vom Filmwerk selbstständig verwertbar sind.[191] Demnach sind keine Filmurheber die Autoren vorbestehender Werke wie Roman- oder Drehbuchautoren beziehungsweise Komponisten.[192] Auch Filmarchitekten, Bühnenbildner, Masken- und Kostümbildner können nicht zum Kreis der Filmurheber gezählt werden, da die schöpferischen Leistungen dieser Personen bereits vor Beginn der Dreharbeiten existieren und selbstständig verwertbar sind.[193]

Anderes würde nur gelten, folgte man der von Teilen der Literatur vertretenen „Lehre vom Doppelcharakter filmbestimmter Werke."[194] Demnach sollen die Urheber der vorbestehenden Werke zusätzlich ein Urheberrecht am Filmwerk selbst erwerben.[195] Dieser Auffassung ist jedoch entgegenzuhalten, dass eine einzige schöpferische Leistung nicht dazu führen kann, dass zwei oder mehrere Urheberrechte an unterschiedlichen Werken ent-

---

[188]   *Wandtke/Bullinger/Manegold*, Vor §§ 88 ff., Rn. 43 ff.

[189]   *Schricker/Katzenberger*, Vor §§ 88 ff., Rn. 59; *Rehbinder*, Urheberrecht, Rn. 274; *Schack*, Urheberrecht, Rn. 298.

[190]   Vgl. öst. *OGH*, GRUR Int. 2004, 159, 160 – Universum; *Rehbinder*, Urheberrecht, Rn. 102; *Schack*, Urheberrecht, Rn. 298.

[191]   Vgl. *Schack*, Urheberrecht, Rn. 300.

[192]   Öst. *OGH*, GRUR Int. 2004, 159, 160; *Rehbinder*, Urheberrecht, Rn. 274; *Schack*, Urheberrecht, Rn. 298.

[193]   *Schricker/Katzenberger*, Vor § 88, Rn. 70; *Schack*, Urheberrecht, Rn. 300; Miturheberschaft jedoch bejahend *Loewenheim*, UFITA 126 (1994), 99, 137–140; *Katzenberger*, ZUM 1988, 549 f.; vgl. auch *Rehbinder*, Urheberrecht, Rn. 279, wenn schöpferische Beiträge zur Gestaltung der Bild- und Tonfolge geleistet werden.

[194]   *Schricker/Katzenberger*, Vor §§ 88 ff., Rn. 65–70.

[195]   *Schricker/Katzenberger*, Vor § 88, UrhG Rn. 69; *Bohr*, UFITA 78 (1977), 95, 129 f., 137; *Bohr*, ZUM 1992, 121, 122f.

stehen.[196] Dies gilt selbst dann, wenn vorbestehende Werke, wie etwa das Drehbuch oder die Filmmusik, gezielt für die Verwertung in einem konkreten Film geschaffen worden sind.[197] Damit können nur die unmittelbar an der Herstellung des Films schöpferisch Beteiligten ein Urheberrecht am Filmwerk erwerben.[198] Einen schöpferischen Beitrag zur Herstellung des Filmwerks leisten in erster Linie Filmregisseur, Kameramann und Schnittmeister (Cutter).[199]

## b) Übertragung auf Computerspiele

Die für Filmwerke geltenden Grundsätze lassen sich auf Computerspiele, welche sowohl in der Herstellung als auch als fertiges Produkt eine erhebliche Nähe zum Film aufweisen, übertragen.[200] Autoren der Hintergrundgeschichte oder Komponisten der Computerspielmusik können demnach nicht als Urheber des Computerspiels angesehen werden, da die entsprechenden Werke selbstständig verwertbar sind.[201] Dies gilt auch für die Leistung von Grafikern, die Bilder, Hintergründe oder Figuren gestalten. Diese Elemente bestehen selbstständig, bevor sie im Computerspiel nach den Vorstellungen des Spielregisseurs zu einer Einheit zusammengefügt werden. Damit sind Grafiker zwar Urheber der von ihnen entworfenen Elemente, welche als Werke der angewandten Kunst geschützt sein können,[202] nicht aber entsteht eine Urheberschaft am ganzheitlichen Computerspiel.

Einen schöpferischen Beitrag zur Herstellung des Computerspiels an sich leisten hingegen der Spielregisseur[203] und die Programmierer, welche nicht nur fremde Ideen umsetzen, sondern bei der Programmierung schöpferische Freiheiten genießen. Diese Personen beeinflussen die Entstehung des Computerspiels unmittelbar, indem sie die einzelnen vorbestehenden Elemente konzeptionell und technisch zu einem komplexen Gesamtwerk zusammenfügen. Auf diese Weise wirken sie kreativ-gestalterisch auf den Entwicklungsprozess des Computerspiels als multimediales Werk ein und erwerben ein gemeinschaftliches Urheberrecht im Sinne von § 8 UrhG am Computerspiel selbst. Es bestehen insofern erhebliche Parallelen zum Film,

---

[196]  *Schack*, Urheberrecht, Rn. 300; *Rehbinder*, Urheberrecht, Rn. 274.

[197]  *Schack*, Urheberrecht, Rn. 300.

[198]  *Schack*, Urheberrecht, Rn. 298.

[199]  *Wandtke/Bullinger/Manegold*, Vor §§ 88 ff., Rn. 44; *Rehbinder*, Urheberrecht, Rn. 279; *Schack*, Urheberrecht, Rn. 299.

[200]  Vgl. hierzu C. II. 2. b).

[201]  Zur Filmurheberschaft *öst. OGH*, GRUR Int. 2004, 159, 160; *Rehbinder*, Urheberrecht, Rn. 274; *Schack*, Urheberrecht, Rn. 298.

[202]  Siehe hierzu C. II. 3. a).

[203]  Zur Filmurheberschaft des Regisseurs *Wandtke/Bullinger/Manegold*, Vor §§ 88 ff., Rn. 44.

bei dem auch der Regisseur oder der „Cutter" als Urheber des Filmwerks angesehen werden.[204] Grenzfälle sind die Sounddesigner und die Leveldesigner. Soweit die Sounddesigner lediglich Geräusche von Charakteren, Waffen oder Fahrzeugen entwerfen, macht sie dieses nicht zu Urhebern des Computerspiels, da die entworfenen Geräusche neben dem Computerspiel isoliert verwertbar sind. Anderes gilt dann, wenn die Sounddesigner die im Computerspiel entstehende Bildfolge durch eine sich am Spielablauf orientierende Geräuschkulisse ergänzen. Dann liegt ein eigener schöpferischer Beitrag zum Computerspiel selbst vor. Leveldesigner werden dann zu Urhebern des Computerspiels, wenn sie gestalterischen Einfluss auf die Einbindung der von ihnen entworfenen Spielumgebungen in den Spielablauf haben.

### c) Verwandtes Schutzrecht des Filmherstellers, § 94 UrhG

Der Produzent erbringt in der Regel keine schöpferische Leistung, sondern ist auf die wirtschaftliche, technische und organisatorische Leitung des Projekts beschränkt.[205] Zwar erwirbt der Produzent mangels eines schöpferischen Beitrages kein Urheberrecht am Werk, seine wirtschaftliche Investition wird jedoch bei Filmproduktionen über das verwandte Schutzrecht des Filmherstellers nach § 94 UrhG geschützt.[206] Die Entwicklung und Produktion komplexer Computerspiele ist strukturell und wirtschaftlich mit Filmproduktionen zu vergleichen.[207] Die Vorschrift des § 94 UrhG findet angesichts der Vergleichbarkeit mit Filmproduktionen auf filmähnliche Computerspiele analog Anwendung.[208] Die Rechtsprechung, welche Computerspiele ohnehin als Filmwerke oder Laufbilder einordnet, hält das Leistungsschutzrecht aus § 94 UrhG ebenfalls für auf Computerspiele anwendbar.[209] Dem Hersteller eines Computerspiels kommen zudem die gesetzlichen Vermutungen über Rechtseinräumungen der Urheber der benutzten Werke sowie der Urheber des Computerspiels analog §§ 88, 89 UrhG zu-

---

[204] *Rehbinder*, Urheberrecht, Rn. 279; *Schack*, Urheberrecht, Rn. 299.

[205] *Rehbinder*, Urheberrecht, Rn. 280.

[206] *Wandtke/Bullinger/Manegold*, § 94, Rn. 1.

[207] So hat der Spielentwickler *Blizzard* für das Online-Rollenspiel *World of Warcraft* in fünfeinhalb Jahren Entwicklungsdauer ca. 50 Millionen US-Dollar investiert; für die Kundenbetreuung und die Weiterentwicklung der Onlinewelten werden nach Schätzungen pro Jahr weitere 10 Millionen US-Dollar aufgewendet; vgl. *Pieper*, in: Spiegel-Online v. 4. Juli 2005, „Die Kapitalisten von Kalimdor", im Internet: http://www.spiegel.de/spiegel/0,1518,363363,00.html, (Stand: Januar 2008).

[208] Vgl. *Schricker/Katzenberger*, Vor §§ 88 ff., Rn. 46; *Schack*, Urheberrecht, Rn. 217; a.A. *Wandtke/Bullinger/Manegold*, § 95, Rn. 16.

[209] *OLG Köln*, GRUR 1992, 312, 313 – Amiga-Club; *BayObLG*, GRUR 1992, 508 – Verwertung von Computerspielen; *OLG Hamburg*, GRUR 1990, 127, 128 – Super Mario III.

gute.[210] Diese Vermutungen helfen dem Produzenten, für den oftmals nicht feststellbar ist, wer im Rahmen der Produktion einen schöpferischen Beitrag geleistet hat, die zur wirtschaftlichen Auswertung der Produktion erforderlichen Nutzungsrechte in einer Hand zu vereinen.[211]

Der Betreiber einer Entwicklungsplattform wie *Second Life* kann sich hingegen nicht auf das Leistungsschutzrecht des Filmherstellers aus § 94 UrhG berufen. Angesichts des Umstands, dass die Betreiber lediglich eine Plattform bereithalten, welche von den Teilnehmern in Eigenregie ausgestaltet wird, fehlt es an einer honorierbaren wirtschaftlichen und organisatorischen Leistung, welche die Anwendung des § 94 UrhG zugunsten des Betreibers rechtfertigen würde. Auch die gesetzlichen Vermutungen der §§ 88, 89 UrhG finden aus diesem Grund keine Anwendung.

## 2. Urheberschaft an virtuellen Gegenständen

### a) Nutzergenerierte Inhalte

Teilnehmer von Entwicklungsplattformen, die virtuelle Gegenstände in einem kreativ-gestalterischen Prozess nach ihren individuellen Vorstellungen entwerfen, erwerben nach dem allgemeinen Schöpfungsprinzip an den von ihnen gestalteten Elementen ein Alleinurheberrecht, wenn der erforderliche Schöpfungsgrad erreicht ist.[212] Auch wenn die virtuellen Gegenstände in eine einheitliche virtuelle Welt integriert werden, liegt keine Miturheberschaft aller Teilnehmer gemäß § 8 UrhG vor, da die einzelnen Elemente selbstständig verwertbar bleiben. Auch die Betreiber der Plattform erwerben keine (Mit-)Urheberrechte an den individuellen Gestaltungen der Teilnehmer. Sie stellen lediglich die Werkzeuge in Form von Programmen zur Verfügung, derer sich die Teilnehmer zur Gestaltung virtueller Elemente bedienen können. Darin ist lediglich eine Hilfeleistung zu sehen, die nicht zu einer Miturheberschaft an der Gestaltung führt.[213]

### b) Kombination vorgegebener Gestaltungselemente

Fraglich ist, ob der Nutzer ein Urheberrecht an seinem Avatar erwirbt, wenn er eine vom Betreiber vorgegebene Gestaltung anhand im Programm

---

[210]  *Schricker/Katzenberger*, Vor §§ 88 ff., Rn. 44.

[211]  *Rehbinder*, Urheberrecht, Rn. 280.

[212]  Vgl. *LG Köln*, JurPC Web-Dok. 77/2008, Abs. 1 ff.; *Rippert/Weimer*, ZUM 2007, 272, 276, 277.

[213]  Vgl. *Wandtke/Bullinger/Thum*, § 8, Rn. 3.

angelegter Parameter lediglich verändert und anpasst.[214] In Onlinespielen stehen dazu regelmäßig spezielle Eingabemasken zur Verfügung, mittels derer der Spieler zunächst das Geschlecht seines Avatars bestimmen kann. Anschließend kann er über bestimmte Regler das äußere Erscheinungsbild und besondere Körpermerkmale der Figur bis ins kleinste Detail festlegen. Dem Spieler steht somit eine nahezu endlose Anzahl von Kombinationsmöglichkeiten zur Veränderung des Aussehens seiner Figur zur Verfügung. Da die gestalterische Möglichkeit der Spieler jedoch darauf beschränkt ist, vorbestehende Elemente zu einem Gesamterscheinungsbild zusammenzufügen, kann die für den Urheberrechtsschutz erforderliche schöpferische Leistung allein in der Auswahl und Kombination dieser Gestaltungselemente zu sehen sein.[215] Dafür ist jedoch erforderlich, dass dem Spieler ein Spielraum verbleibt, der Gestaltung individuelle Züge zu verleihen.[216] Ein solcher Spielraum ist jedoch nicht gegeben, wenn sämtliche Gestaltungs- und Kombinationsmöglichkeiten von vornherein im Spiel angelegt sind und vom Spieler durch die Bedienung der Eingabemaske lediglich abgerufen werden. Eine individuelle, schöpferische Leistung ist damit nicht verbunden. Hat der Spieler oder Teilnehmer somit nur die Möglichkeit anhand vorgegebener Parameter das Aussehen seines Avatars zu bestimmen, so scheidet ein eigenes Urheberrecht des Nutzers an der Figur mangels eigener schöpferischer Leistung aus.[217]

## IV. Erschöpfung, § 17 Abs. 2 UrhG

Gegenstand der nachfolgenden Betrachtung ist, ob sich das Verbreitungsrecht des Urhebers an urheberrechtlich geschützten virtuellen Gegenständen nach § 17 Abs. 2 UrhG erschöpft, wenn die Gestaltungen innerhalb der virtuellen Umgebung eines Onlinespiels oder einer Entwicklungsplattform veräußert werden. Dabei geht es zunächst um die Frage, ob der Erschöpfungsgrundsatz überhaupt auf im Wege der Online-Übermittlung übertragene Werke Anwendung findet. Dann ist zu untersuchen, ob die virtuellen Gegenstände – wie dies von § 17 Abs. 2 UrhG als notwendige Voraussetzung für das Eintreten der Erschöpfungswirkung verlangt wird – „im Wege der Veräußerung in Verkehr gebracht" worden sind. Schließlich ist zu prüfen, ob sich die Erschöpfungswirkung neben dem Verbreitungsrecht auf weitere Verwertungsrechte erstreckt, die im Zuge der Weiterverbreitung

---

[214] Vgl. *Rippert/Weimer*, ZUM 2007, 272, 276f.

[215] Vgl. *Schricker/Loewenheim*, § 2, Rn. 13.

[216] Vgl. *Schricker/Loewenheim*, § 2, Rn. 13.

[217] So auch *Lober*, in: Lober, Virtuelle Welten, S. 145.

des virtuellen Gegenstandes an einen Zweiterwerber zwangsläufig betroffen sind.

## 1. Grundkonstellation

Nach §§ 15 Abs. 1 Nr. 2, 17 Abs. 1 UrhG hat der Urheber das ausschließliche Recht, das Original oder ein Vervielfältigungsstück des Werkes zu verbreiten. Dieses Recht ist jedoch erschöpft, sobald das Werkexemplar mit Zustimmung des zur Verbreitung Berechtigten im Gebiet der Europäischen Union oder eines anderen Vertragsstaates des Abkommens über den Europäischen Wirtschaftsraum im Wege der Veräußerung in Verkehr gebracht worden ist, § 17 Abs. 2 UrhG. Für Computerprogramme findet sich der Erschöpfungsgrundsatz in § 69c Nr. 3 S. 2 UrhG. Der Erschöpfungsgrundsatz dient zum einen der Sicherstellung der Verkehrsfähigkeit des Werkstücks.[218] Zum anderen wird dem Verwertungsinteresse des Urhebers ausreichend Rechnung getragen, wenn dieser seine Zustimmung zur erstmaligen Verbreitungshandlung von der Zahlung eines Entgelts abhängig machen kann.[219] Der Erwerber ist für die Folgeveräußerung des in Verkehr gebrachten Werkexemplars daher nicht mehr an die Zustimmung des Urhebers gebunden.[220] Unmittelbar findet der Erschöpfungsgrundsatz nur Anwendung auf die Übertragung körperlich fixierter Werkexemplare, wie beispielsweise einer auf einer CD oder einem anderen festen Datenträger gespeicherten Software, welche durch Übergabe des Datenträgers weiterveräußert wird.[221]

## 2. Online-Erschöpfung

Wird eine Kopie des Werks vom Urheber online an den Ersterwerber übertragen, so entsteht eine körperliche Fixierung des Werkes erst nach der Übertragung an den Erwerber auf dessen Speicherkapazität.[222] Der Urheber hat dann kein körperliches Vervielfältigungsstück veräußert, so dass eine

---

218  *LG München I*, MMR 2007, 328, 331; *Schricker/Loewenheim*, § 17, Rn. 36; *Wandtke/Bullinger/Heerma*, § 17, Rn. 13; *Berger*, GRUR 2002, 198, 199; siehe auch zur „Verkehrssicherungstheorie" *Joos*, Die Erschöpfungslehre im Urheberrecht, S. 53; *Koehler*, Erschöpfungsgrundsatz im Online-Bereich, S. 53 f.

219  *Schricker/Loewenheim*, § 17, Rn. 36; zur „Belohnungstheorie" vgl. *Joos*, Die Erschöpfungslehre im Urheberrecht, S. 55f.; *Koehler*, Erschöpfungsgrundsatz im Online-Bereich, S. 51 f.

220  *Berger*, GRUR 2002, 198, 199.

221  *Möhring/Nicolini/Hoeren*, § 69c, Rn. 14 f.; *Sosnitza*, K&R 2006, 206, 207.

222  *Wandtke/Bullinger/Heerma*, § 17, Rn. 16; *Sosnitza*, K&R 2006, 206, 207.

unmittelbare Anwendung des § 17 Abs. 2 UrhG ausscheidet.[223] Ob der Erschöpfungsgrundsatz analoge Anwendung auf durch Online-Übertragung übermittelte Werke findet, wird in Rechtsprechung und Literatur uneinheitlich beurteilt.[224] Diskutiert wird die Frage derzeit in erster Linie im Zusammenhang mit dem Erwerb „gebrauchter Softwarelizenzen",[225] sie stellt sich aber generell bei der Weitergabe jeglicher urheberrechtlich geschützter Produkte im Wege der Online-Übermittlung.[226]

Teilweise wird die Anwendbarkeit pauschal mit dem Argument abgelehnt, die Online-Übertragung stelle keine Verbreitung dar, sondern sei ausschließlich dem Recht auf öffentliche Zugänglichmachung aus § 19a UrhG zuzuordnen.[227] Diese Argumentation überzeugt jedoch nicht, da es nicht um die Fälle geht, in denen das Werk dem Nutzer nur ephemer zur Verfügung gestellt wird, sondern eine dauerhafte Kopie beim Erwerber verbleibt, auf die dieser unabhängig von einer Online-Anbindung zugreifen kann.[228] Das *LG München I* ist dennoch der Auffassung, die Anwendung des Erschöpfungsgrundsatzes auf den Erwerb eines online übertragenen Vervielfältigungsstückes sei vom Regelungszweck des Erschöpfungsgrundsatzes, der als Ausnahmevorschrift restriktiv auszulegen sei, nicht gedeckt.[229] Es fehle an einer Vergleichbarkeit der Sachverhalte, da bei vom Nutzer selbst hergestellten unkörperlichen Vervielfältigungsstücken anders als bei körperlichen Werkstücken kein vergleichbares Bedürfnis nach der Erhaltung der Verkehrsfähigkeit bestehe, da es bis zum Zeitpunkt der Weiterveräußerung noch nicht in den Verkehr gelangt sei.[230] Zudem werde auch im allgemeinen Zivilrecht zwischen dem Erwerb immaterieller Rechtsgüter und körperlicher Gegenstände unterschieden, da nur körperliche Gegenstände gutgläubig erworben werden könnten.[231] Schließlich bestünde eine Missbrauchsgefahr, wenn der Ersterwerber das Werk trotz der Veräußerung weiterhin nutze.[232]

---

[223] Vgl. *Sosnitza*, K&R 2006, 206, 207.

[224] Zum Streitstand vgl. die Übersicht bei *Schrader/Rautenstrauch*, K&R 2007, 251–253.

[225] Siehe *OLG München*, CR 2006, 655; *LG Müchen I*, CR 2006, 159 ff.; *LG München I*, MMR 2007, 328 ff.; *LG Hamburg*, CR 2006, 812 ff.; *Heydn/Schmiedl*, K&R 2006, 74 ff.; *Hoeren*, CR 2006, 573 ff.; *Sosnitza*, K&R 2006, 206 ff.

[226] *Wandtke/Bullinger/Heerma*, § 17, Rn. 16.

[227] *Schricker/Loewenheim*, § 17, Rn. 37; *Dreier/Schulze/Dreier*, § 19a, Rn. 11, § 17, Rn. 30; *Bergmann*, FS Erdmann, S. 17, 20f.

[228] *Dreier/Schulze/Dreier*, § 69c, Rn. 24; *Wandtke/Bullinger/Heerma*, § 17, Rn. 16; *Koehler*, Erschöpfungsgrundsatz im Online-Bereich, S. 174; *Berger*, GRUR 2002, 198, 201.

[229] *LG München I*, MMR 2007, 328, 330, 331; vgl. auch *OLG München*, CR 2006, 655; *LG München I*, CR 2006, 159, 160.

[230] *LG München I*, MMR 2007, 328, 331; *LG München I*, CR 2006, 159, 160.

[231] *LG München I*, MMR 2007, 328, 331; vgl. auch *OLG München*, CR 2006, 655.

[232] *LG München I*, MMR 2006, 175, 177; ähnlich *Schack*, GRUR 2007, 639, 644.

Die Konsequenz aus der Ablehnung einer analogen Anwendung des Erschöpfungsgrundsatzes ist, dass im Wege der Online-Übermittlung übertragene Werkexemplare nur mit Zustimmung des Urhebers vom Erst- an einen Folgeerwerber veräußert werden dürfen. Dies führt jedoch zu dem ungerechtfertigten Ergebnis, dass der Urheber durch die Wahl des Übertragungsweges selbst darüber bestimmen kann, ob Erschöpfung an dem vertriebenen Werkexemplar eintritt oder nicht.[233] Mit einer zunehmenden Anzahl von Stimmen in der Literatur sowie einem Teil der Rechtsprechung ist daher die Erschöpfungswirkung für online übertragene Werkexemplare zu bejahen, wenn die Online-Übertragung ein funktionales Äquivalent zur körperlichen Verbreitung von Werkexemplaren – beispielsweise durch die Veräußerung einer CD – darstellt.[234] In diesem Fall liegen die Voraussetzungen für die analoge Anwendung der §§ 17 Abs. 2, 69c Nr. 3 S. 2 UrhG vor.

Eine planwidrige Regelungslücke ist gegeben, da dem Gesetzgeber die Problematik bei der Formulierung der §§ 17 Abs. 2, 69c Nr. 3 S. 2 UrhG nicht bewusst war.[235] Dagegen wird zwar teilweise eingewandt, ein Ausschluss des Erschöpfungsgrundsatzes für im Wege der Online-Übermittlung übertragene Werkexemplare ergebe sich aus Erwägungsgrund 29 der Richtlinie 2001/29/EG (Info-Richtlinie).[236] Dort heißt es, dass sich die Frage der Erschöpfung „weder bei Dienstleistungen allgemein noch bei Online-Diensten im Besonderen" stellt. Jedoch ist die Formulierung an den Erwägungsgrund 33 der Datenbank-Richtlinie[237] angelehnt, welcher den Fall erfasst, in dem die Nutzung einer Datenbank nur im Wege einer bestehenden Verbindung zum Hersteller genutzt werden kann.[238] Die Erwägungen passen nicht auf die Online-Übertragung von Werken, auf die nach dem Download unabhängig von einer bestehenden Internet-Verbindung zugegriffen werden kann.[239] Die Vergleichbarkeit der Interessenlage ist ebenfalls gegeben, da der Erwerber ein identisches Nutzungs- und Verwertungsinteresse am Werkexemplar hat, unabhängig davon, ob er dieses in körperlich fixierter Form oder im Wege der Online-Übermittlung erworben hat.[240] Daher soll der Urheber auch nicht über die Reichweite der Erschöpfung und damit über die Verkehrsfähigkeit eines veräußerten Werkexemplars

233  LG Hamburg, CR 2006, 812, 814; Sosnitza, K&R 2006, 206, 207.

234  LG Hamburg, CR 2006, 812, 814; Möhring/Nicolini/Hoeren, § 69c, Rn. 16; Wandtke/Bullinger/Heerma, § 17, Rn. 16; Hoeren, CR 2006, 573; Sosnitza, K&R 2006, 206, 209.

235  Vgl. LG Hamburg, CR 2006, 812, 814; Hoeren, CR 2006, 573, 574; Sosnitza, K&R 2006, 206, 207.

236  LG München I, MMR 2007, 328, 330; Heydn/Schmiedl, K&R 2006, 74, 77.

237  RL 96/9/EG.

238  LG Hamburg, CR 2006, 812, 814; Hoeren, CR 2006, 573, 574; Sosnitza, K&R 2006, 206, 208.

239  LG Hamburg, CR 2006, 812, 814; Hoeren, CR 2006, 573, 574.

240  LG Hamburg, CR 2006, 812, 814; Hoeren, CR 2006, 573, 574; Sosnitza, K&R 2006, 206, 206.

durch die Wahl des Übertragungsweges bestimmen können.[241] Schließlich sprechen auch keine schwerwiegenden Urheberinteressen gegen die Erstreckung der Erschöpfung auf die Online-Weitergabe von Werkexemplaren.[242] Die Gefahr, dass der Ersterwerber unter Verstoß gegen das Verbreitungsrecht Vervielfältigungen des Werkexemplars an Dritte weitergibt, wird durch die Bejahung der Erschöpfungswirkung nicht erhöht.[243] Die Online-Erschöpfung analog §§ 17 Abs. 2, 69c Nr. 3 S. 2 UrhG ist daher zu bejahen.

## 3. Virtuelle Gegenstände und Erschöpfung

### a) Erschöpfung im Rahmen von Onlinespielen

Fraglich ist, ob Erschöpfung hinsichtlich eines urheberrechtlich geschützten virtuellen Gegenstandes eintritt, den ein Teilnehmer auf einem (spielinternen) virtuellen Marktplatz vom urheberrechtlich berechtigten Spielbetreiber erwirbt und der auf diese Weise erstmalig in die virtuelle Umgebung des Spiels eingebracht wird. Damit die Erschöpfungswirkung nach § 17 Abs. 2 UrhG analog eintritt, muss das Werkexemplar „im Wege der Veräußerung in Verkehr gebracht" worden sein.

### aa) „Inverkehrbringen"

Damit stellt sich zunächst die Frage, ob überhaupt ein „Inverkehrbringen" vorliegt, wenn der virtuelle Gegenstand in die in sich abgeschlossene virtuelle Umgebung des Onlinespiels eingebracht wird. Ein Werkexemplar ist in den Verkehr gebracht, wenn es die interne Betriebssphäre verlässt und der Öffentlichkeit zugeführt wird.[244] Die Weitergabe erfolgt an eine Öffentlichkeit, wenn die Personen nicht durch persönliche Beziehungen miteinander verbunden sind.[245] Dies trifft auf den Teilnehmerkreis eines Onlinespiels zu, da die einzelnen Nutzer weitestgehend anonym an dem Spielangebot teilnehmen. Es spricht auch nicht gegen die Annahme einer Öffentlichkeit, dass der Gegenstand in die in sich abgeschlossene virtuelle Spielumgebung eingebracht wird. Denn diese ist nicht mehr der internen Betriebssphäre des Spielbetreibers zuzurechnen.

---

[241]  Vgl. *LG Hamburg*, CR 2006, 812, 814; *Sosnitza*, K&R 2006, 206, 207.

[242]  *Berger*, GRUR 2002, 198, 200; *Sosnitza*, K&R 2006, 206, 209.

[243]  *Berger*, GRUR 2002, 198, 200.

[244]  *BGH*, GRUR 1985, 129, 130 – Elektrodenfabrik; *BGHZ* 113, 159, 161 – Einzelangebot; *Schricker/Loewenheim*, § 17, Rn. 12; *Wandtke/Bullinger/Heerma*, § 17, Rn. 11.

[245]  *Schricker/Loewenheim*, § 17, Rn. 13.

## bb) „Im Wege der Veräußerung"

Der virtuelle Gegenstand wird bei Onlinespielen jedoch nicht „im Wege der Veräußerung" in den Verkehr gebracht. Eine „Veräußerung" setzt die endgültige Aufgabe der Verfügungsmöglichkeit durch den urheberrechtlich Berechtigten voraus, ohne dass es auf den Charakter des zugrunde liegenden Kausalgeschäfts ankommt.[246] Dies ist bei der hier geschilderten Konstellation nicht der Fall, da der virtuelle Gegenstand nach dem Erwerb durch den Teilnehmer auf dem Server des Spielbetreibers gespeichert bleibt und dessen Verfügungsmöglichkeit weiterhin unterliegt. Es liegt lediglich eine vorübergehende Überlassung des Gegenstandes vor, die zeitlich begrenzt ist durch die Teilnahme des Spielers am Onlinespiel. Wie an anderer Stelle noch dargelegt wird, ist die Beziehung des Teilnehmers zur virtuellen Umgebung des Spiels und den sich darin befindlichen virtuellen Gegenständen mietvertraglich geprägt.[247] Die lediglich vorübergehende Überlassung des Werkexemplars etwa im Rahmen eines Mietverhältnisses führt jedoch nicht zur Erschöpfung, da der Urheber weiterhin die Kontrolle über das Werk behält.[248] Damit tritt hinsichtlich vom Spielbetreiber in die virtuelle Umgebung des Spiels eingebrachter urheberrechtlich geschützter virtueller Gegenstände keine Erschöpfung nach § 17 Abs. 2 UrhG analog ein.

### b) Erschöpfung im Rahmen von Entwicklungsplattformen

Werden virtuelle Gegenstände zwischen den Teilnehmern einer Entwicklungsplattform übertragen, stellt sich dies regelmäßig als „Veräußerung" im Sinne von § 17 Abs. 2 UrhG analog dar.

Ein Teilnehmer, der über eine virtuelle Präsenz mit urheberrechtlich geschützten Elementen auf einer Entwicklungsplattform verfügt, kann diese in ihrer Gesamtheit an einen Dritten veräußern, indem er dem Erwerber die Zugangsdaten für den Account mitteilt, so dass der Erwerber nach der Änderung der Daten dazu in der Lage ist, ausschließlich auf die Webpräsenz Zugriff zu nehmen.[249] Werden einzelne urheberrechtlich geschützte virtuelle Gegenstände auf Entwicklungsplattformen veräußert, vollzieht sich der Erwerb regelmäßig dadurch, dass der Erwerber im Wege des Datendownloads eine Kopie des Gegenstandes in sein virtuelles Besitzverzeichnis auf-

---

[246]  BGH, GRUR 1995, 673, 675 – Mauerbilder; *Schricker/Loewenheim*, § 17, Rn. 39; *Wandtke/Bullinger/Heerma*, § 17, Rn. 14.

[247]  Siehe F. II. 2.

[248]  Vgl. *BGH*, GRUR 1995, 673, 675f. – Mauerbilder; *Schricker/Loewenheim*, § 17, Rn. 39; *Wandtke/Bullinger/Heerma*, § 17, Rn. 14.

[249]  Siehe dazu E. I. 1. b).

nimmt.[250] In beiden Fällen verliert der Veräußerer endgültig die tatsächliche Herrschaftsmacht über den virtuellen Gegenstand. Nach der Übertragung kann nur noch der Erwerber entweder auf den Account oder auf einzeln übertragene virtuelle Gegenstände zugreifen. Auch der Betreiber der Plattform hat im Unterschied zum Anbieter eines Onlinespiels keine Verfügungsmacht, da er den Teilnehmern lediglich die Speicherkapazitäten zur Verfügung stellt, ohne jedoch selbst Zugriff auf die gespeicherten Inhalte zu nehmen.[251] Die virtuellen Gegenstände sind somit gemäß § 17 Abs. 2 UrhG analog im Wege der Veräußerung in Verkehr gebracht, so dass sich das Verbreitungsrecht des Urhebers an der Gestaltung erschöpft. Damit kann der Urheber dem Ersterwerber die Weiterverbreitung des virtuellen Gegenstandes an einen Zweiterwerber nicht unter Hinweis auf das Verbreitungsrecht aus § 17 Abs. 1 UrhG analog untersagen.

## 4. Erschöpfung weiterer Verwertungsrechte

Die Übertragung virtueller Gegenstände auf Entwicklungsplattformen führt dazu, dass neben dem Verbreitungsrecht nach § 17 Abs. 1 UrhG weitere Verwertungsrechte des Urhebers einhergehend mit dem Verbreitungsakt berührt werden. Wird der virtuelle Gegenstand vom Ersterwerber an einen Zweiterwerber übertragen, indem eine Kopie des Gegenstandes in das virtuelle Besitzverzeichnis des Zweiterwerbers wechselt, ist das Vervielfältigungsrecht aus § 16 Abs. 1 UrhG betroffen, da es im Zuge der Übertragung zu einer Verdoppelung des Datenbestandes kommt.[252] Zusätzlich ist das Recht auf öffentliche Zugänglichmachung aus § 19a UrhG berührt, wenn der Gegenstand vom Zweiterwerber weiterhin zum interaktiven Abruf auf der Plattform bereitgehalten wird.[253] Da sich die Erschöpfungswirkung des § 17 Abs. 2 UrhG grundsätzlich nur auf das Verbreitungsrecht bezieht, nicht hingegen auf andere Verwertungsrechte,[254] müsste sich der Zweiterwerber – bliebe es bei diesem Ergebnis – die erforderlichen weiteren Nutzungsrechte trotz der Erschöpfung des Verbreitungsrechts vom urheberrechtlich Berechtigten einräumen lassen. Dazu wäre der Ersterwerber nur als Inhaber eines ausschließlichen Nutzungsrechts nach § 31 Abs. 3 S. 1 UrhG befugt. Ist dem Ersterwerber vom Urheber hingegen nur ein einfaches Nutzungsrecht nach § 31 Abs. 2 UrhG eingeräumt worden, könnte der Urheber die Weiterverbreitung des virtuellen

---

[250] Siehe E. I. 1. a).

[251] Siehe hierzu F. III. 2. a).

[252] Siehe dazu C. V. 1.

[253] Siehe dazu C. V. 2.

[254] *BGH*, GRUR 2005, 940, 942 – Marktstudien; *BGH*, ZUM 2000, 1082, 1084 – Parfumflakon; *Wandtke/Bullinger/Heerma*, § 17, Rn. 19.

Gegenstandes verhindern, indem er seine Zustimmung zur Übertragung der Nutzungsrechte an den Zweiterwerber versagt, § 34 Abs. 1 UrhG. Da in der virtuellen Welt einer Entwicklungsplattform zwangsläufig die Rechte aus § 16 Abs. 1 UrhG und § 19a UrhG im Rahmen der Verbreitung betroffen sind, bliebe die Erschöpfung des Verbreitungsrechts letztlich ohne Wirkung, da der Urheber über das Zustimmungserfordernis aus § 34 Abs. 1 UrhG die weitere Verbreitung des virtuellen Gegenstandes kontrollieren könnte. Das Ziel der Erschöpfung, die Verkehrsfähigkeit des Werkexemplars zu erreichen,[255] würde verfehlt.

## a) Verallgemeinerung des Erschöpfungsgrundsatzes

Um die Verkehrsfähigkeit virtueller Gegenstände zu gewährleisten, muss die Erschöpfungswirkung auf die Verwertungsrechte erstreckt werden, welche mit der Verbreitung des virtuellen Gegenstands einhergehen. Dies ist zum einen das Vervielfältigungsrecht aus § 16 Abs. 1 UrhG, soweit eine einmalige Vervielfältigung im Wege der Verbreitung erforderlich ist. Zum anderen ist das Recht auf öffentliche Zugänglichmachung aus § 19a UrhG betroffen, soweit virtuelle Gegenstände zur Nutzung in der Online-Umgebung einer Entwicklungsplattform oder eines Onlinespiels bestimmt sind und somit automatisch zum interaktiven Abruf für andere Teilnehmer bereitstehen.

Eine derartige Verallgemeinerung des Erschöpfungsgedankens ist möglich. Schon der *BGH* hat in früherer Rechtsprechung tendenziell die Erschöpfungswirkung auf den gesamten Bereich der Verwertungsrechte erstreckt.[256] Er hat zum Ausdruck gebracht, dass es sich bei der Erschöpfung um einen allgemeinen Grundsatz handelt, nach dem das Urheberrecht gegenüber dem Interesse an der Verkehrsfähigkeit der mit Zustimmung des Urhebers in den Verkehr gebrachten Werkexemplare zurücktreten muss.[257] Vor diesem Hintergrund hat der *BGH* auch entschieden, dass die Abbildung eines Werkexemplars in einem Werbeprospekt im Ergebnis eine vom Erschöpfungsgrundsatz gedeckte Vervielfältigungshandlung ist, wenn mit der Ausübung des Verbreitungsrechts üblicherweise ein derartiger Eingriff in das Vervielfältigungsrecht verbunden ist.[258] Dies ist mit der Online-Übermittlung eines Werkexemplars zwar nicht unmittelbar zu vergleichen, da hier die Vervielfältigung mit der Verbreitungshandlung selbst einhergeht.

---

255 Siehe C. IV. 1.

256 *BGH*, GRUR 1981, 413, 416 – Kabelfernsehen in Abschattungsgebieten; *BGH*, GRUR 1995, 673, 675f. – Mauer-Bilder; *BGH*, GRUR 1981, 587, 589 – Schallplattenimport; vgl. auch *Dreier/Schulze/Schulze*, § 17, Rn. 30.

257 *BGH*, ZUM 2000, 1082, 1084 – Parfumflakon; *BGH*, GRUR 1986, 736, 737 – Schallplattenvermietung.

258 *BGH*, ZUM 2000, 1082, 1084 – Parfumflakon.

Ein Bedürfnis zur Erstreckung der Erschöpfungswirkung auf diese Vervielfältigung im Rahmen der Verbreitung besteht jedoch erst recht, da nur so das Werkexemplar überhaupt erst verkehrsfähig wird. Im Allgemeinen hat der Erwerber eines im Wege der Online-Übertragung übermittelten Werkexemplars ein starkes Interesse daran, die Kopie nach Belieben weiter verbreiten zu können.[259] Dies gilt ebenso beim Erwerb eines virtuellen Gegenstands, bei dem es sich um ein selbstständig verwertbares Wirtschaftsgut der realen Welt handelt.[260] Ohne eine Erstreckung des Erschöpfungsgrundsatzes auf die mit der Verbreitung einhergehenden Verwertungshandlungen würde eine Verkehrsfähigkeit online übermittelter Werkexemplare nicht bestehen und die analoge Anwendung des Erschöpfungsgrundsatzes nach § 17 Abs. 2 UrhG analog im Online-Bereich leer laufen.[261]

Auch den urheberrechtlichen Verwertungsinteressen ist bei der Annahme einer entsprechenden Online-Erschöpfung ausreichend Rechnung getragen.[262] Der Urheber einer virtuellen Gestaltung kann beim Verkauf derselben eine angemessene Vergütung berechnen, so dass der „Belohnungsgedanke", welcher der Erschöpfung dogmatisch zugrunde liegt,[263] auch im Online-Bereich sichergestellt ist.[264] Dagegen spricht auch nicht die vorübergehende Verdoppelung des Datenbestandes, die mit der Verbreitung eines Werkexemplars im Wege der Online-Übertragung einhergeht.[265] Durch die Veräußerung des virtuellen Gegenstandes an den Zweiterwerber verliert der Ersterwerber die Berechtigung zur Nutzung[266] und muss den zurückgebliebenen Datenbestand löschen.[267] Es kommt somit nicht zu einer doppelten Nutzung des Datenbestands, obwohl diese nur einmalig vergütet worden ist.

---

[259] *Knies*, GRUR Int. 2002, 314, 316; *Hoeren*, Ergänzungsgutachten in Sachen UsedSoft ./. Oracle, S. 10.

[260] Siehe hierzu D. I. 2. b).

[261] Vgl. *Hoeren*, Ergänzungsgutachten in Sachen UsedSoft ./. Oracle, S. 11f.; kritisch *Wandtke/Bullinger/Heerma*, § 17, Rn. 19.

[262] *Berger*, GRUR 2002, 198, 201; *Knies*, GRUR Int. 2002, 314, 316; *Hoeren*, Ergänzungsgutachten in Sachen UsedSoft ./. Oracle, S. 10; kritisch *Schack*, GRUR 2007, 639, 644.

[263] Zur Belohnungstheorie vgl. *Joos*, Die Erschöpfungslehre im Urheberrecht, S. 51 ff.

[264] Vgl. allgemein *Berger*, GRUR 2002, 198, 200; *Knies*, GRUR Int. 2002, 314, 316; *Hoeren*, Ergänzungsgutachten in Sachen UsedSoft ./. Oracle, S. 10.

[265] Kritisch *Koehler*, Erschöpfungsgrundsatz im Online-Bereich, S. 173 ff.

[266] Allgemein *Berger*, GRUR 2002, 198, 201.

[267] Vgl. allgemein zur Löschungspflicht bei der Online-Übertragung eines Computerprogramms *Dreier/Schulze/Dreier*, § 69c, Rn. 24; *Wandtke/Bullinger/Grützmacher*, § 69c, Rn. 36; *Mäger*, CR 1996, 522, 526; *Sosnitza*, K&R 2006, 206, 209.

## b) Ergebnis

Nach der hier vertretenen Auffassung erstreckt sich die Erschöpfungswirkung, die nach § 17 Abs. 2 UrhG analog hinsichtlich des Verbreitungsrechts eintritt, auch auf die Verwertungsrechte, die einhergehend mit der Verbreitung virtueller Gegenstände zwingend berührt werden. Bei der Verbreitung virtueller Gegenstände ist das Vervielfältigungsrecht nach § 16 Abs. 1 UrhG von der erschöpfenden Wirkung betroffen sowie das Recht auf öffentliche Zugänglichmachung aus § 19a UrhG, soweit der virtuelle Gegenstand zur Nutzung in einer Online-Umgebung bestimmt ist. Der Urheber kann somit nicht verhindern, dass der Ersterwerber den virtuellen Gegenstand an einen Zweiterwerber weiterveräußert. Die Vorschrift des § 34 Abs. 1 UrhG gilt nicht, § 17 Abs. 2 UrhG analog ist insoweit lex specialis.[268]

## V. Typische Urheberrechtsverletzungen auf Entwicklungsplattformen

Entwicklungsplattformen wie *Second Life*, deren Inhalte überwiegend von den teilnehmenden Nutzern eingestellt werden, sind besonders anfällig für Urheberrechtsverletzungen. Im Folgenden soll aufgezeigt werden, welche Urheberrechtsverletzungen typischerweise auf Internetplattformen wie *Second Life* begangen werden. Wer als Täter oder Teilnehmer[269] Urheberrechte Dritter verletzt, kann nach § 97 Abs. 1 UrhG auf Beseitigung, Unterlassung und bei Verschulden zusätzlich auf Schadensersatz in Anspruch genommen werden.[270] Das zivilrechtliche Sanktionssystem wird derzeit an die Richtlinie 2004/48/EG[271] zur Durchsetzung der Rechte des geistigen Eigentums angepasst.[272]

## 1. Vervielfältigungsrecht, § 16 Abs. 1 UrhG

Teilnehmer, die urheberrechtlich geschützte digitale Werke kopieren, ohne dass eine Zustimmung des Urhebers vorliegt oder die Vervielfältigung von der Erschöpfungswirkung des § 17 Abs. 2 UrhG analog gedeckt wird,[273] greifen in das Vervielfältigungsrecht nach §§ 15 Abs. 1 Nr. 1, 16 UrhG

---

[268] Vgl. *Wandtke/Bullinger/Grützmacher*, § 69c, Rn. 37; *Sosnitza*, K&R 2006, 206, 210.

[269] Vgl. *Schricker/Wild*, § 97, Rn. 35.

[270] Vgl. *Rehbinder*, Urheberrecht, Rn. 915.

[271] *Abl. L 195/16*.

[272] Siehe dazu die Übersicht bei *Spindler/Weber*, ZUM 2007, 257 ff.

[273] Siehe hierzu C. IV.

ein.[274] Beim Kopieren von geschützten Werken ist die maßgebliche Vervielfältigungshandlung in der Speicherung der abgerufenen Daten auf einer Festplatte oder auf einem zentralen Server zu sehen, keine Rolle spielt dabei, ob es sich um eigene oder fremde Speicherkapazitäten handelt.[275] Es stellt somit einen Eingriff in das Vervielfältigungsrecht des Urhebers dar, wenn einzelne urheberrechtlich geschützte Elemente, wie etwa fantasievolle Avatare oder künstlerisch gestaltete virtuelle Bedarfsgegenstände, ohne Zustimmung des Urhebers kopiert und auf einem Datenträger gespeichert werden. Ebenfalls ist das Vervielfältigungsrecht betroffen, wenn Teilnehmer geschützte Musiktitel oder Filmsequenzen in ihre Internetpräsenz integrieren und diese ohne Zustimmung des Berechtigten auf dem zentralen Server oder ihrer Festplatte speichern. Das bloße Sichtbarmachen von geschützten Werken auf dem Bildschirm ist hingegen keine urheberrechtlich relevante Vervielfältigungshandlung.[276] Zwar findet vor der Anzeige des Bildes auf dem Bildschirm eine Speicherung der relevanten Informationen im Arbeitsspeicher (sog. RAM = Random Access Memory) statt.[277] Dabei handelt es sich jedoch um eine bloße Nutzung des Werks, die nach umstrittener Auffassung[278] urheberrechtlich unerheblich ist.[279]

## 2. Recht auf öffentliche Zugänglichmachung, § 19a UrhG

Wer unberechtigt urheberrechtlich geschützte Gestaltungen in seiner Internetpräsenz zum interaktiven Abruf bereithält, verletzt zudem das Recht auf öffentliche Zugänglichmachung aus §§ 15 Abs. 2 Nr. 2, 19a UrhG. Als ein Unterfall des Rechts auf öffentliche Wiedergabe[280] gewährt es das Recht, das Werk drahtgebunden oder drahtlos der Öffentlichkeit in einer Weise zugänglich zu machen, dass es Mitgliedern der Öffentlichkeit von Orten und zu Zeiten ihrer Wahl zugänglich ist. Damit wird insbesondere das Bereithalten eines Werkes zum interaktiven Abruf im Internet erfasst, auf das die Nutzer zu jeder Zeit und von jedem Ort beliebig Zugriff nehmen können.[281] Die maßgebliche Verwertungshandlung ist im Bereitstellen des Werkes zum interaktiven Abruf zu sehen.[282] Nicht hingegen ist erforder-

---

[274] Vgl. *Wandtke/Bullinger/Heerma*, § 16, Rn. 14.

[275] Vgl. *Wandtke/Bullinger/Heerma*, § 16, Rn. 8; *Hoeren*, Internetrecht, Rn. 153.

[276] BGHZ 112, 264, 278; *Wandtke/Bullinger/Heerma*, § 16, Rn. 13; *Wandtke/Bullinger/Bullinger*, § 19a, Rn. 12.

[277] *Hoeren*, Internetrecht, Rn. 153.

[278] Zum Streitstand vgl. die Übersicht bei *Hoeren*, CR 2006, 573 576 f.

[279] *Möhring/Nicolini/Hoeren*, § 69c, Rn. 5; *Hoeren/Schumacher*, CR 2000, 137, 144.

[280] *Wandtke/Bullinger/Bullinger*, § 19a, Rn. 1.

[281] OLG Hamburg, ZUM-RD 2005, 273, 276; *Wandtke/Bullinger/Bullinger*, § 19a, Rn. 2, 10f.

[282] *Wandtke/Bullinger/Bullinger*, § 19a, Rn. 10.

lich, dass es tatsächlich zum Abruf des Werkes kommt.[283] Ein Teilnehmer, der ein urheberrechtlich geschütztes Werk auf einer Entwicklungsplattform zum Abruf bereithält, macht das Werk einer „Öffentlichkeit" zugänglich, auch wenn der Teilnehmerkreis einer Entwicklungsplattform durch das Erfordernis der vorherigen Anmeldung beschränkt ist. Denn zur Öffentlichkeit im Sinne von § 19a UrhG gehört jeder, der nicht mit demjenigen, der das Werk wiedergibt, durch persönliche Beziehungen verbunden ist.[284] Eine persönliche Verbundenheit besteht nicht zwischen den Nutzern einer Entwicklungsplattform, so dass eine öffentliche Wiedergabe des Werkes zu bejahen ist.[285] Der Nutzer, der einen urheberrechtlich geschützten Avatar, virtuelle (Bedarfs-)Gegenstände, geschützte Musiktitel, Filmsequenzen oder ein anderes geschütztes Werk ohne Zustimmung des urheberrechtlich Berechtigten zum Abruf für andere Teilnehmer bereitstellt, greift somit in das Recht auf öffentliche Zugänglichmachung nach § 19a UrhG ein.

### 3. Senderecht, § 20 UrhG

Das Recht auf öffentliche Zugänglichmachung nach §§ 15 Abs. 2 Nr. 2, 19a UrhG ist vom Senderecht gemäß §§ 15 Abs. 2 Nr. 3, 20 UrhG abzugrenzen. Auch beim Senderecht wird das Werk der Öffentlichkeit an verschiedenen Orten zugänglich gemacht, der Übertragungsakt erfolgt jedoch nicht auf Initiative des Nutzers, sondern zu fest vorgegebenen Zeiten, welche nicht zur Disposition des Nutzers stehen.[286] Der Hauptanwendungsfall des Senderechts ist der herkömmliche Rundfunk.[287] Unbeachtlich ist, ob eine analoge oder digitale Sendetechnik angewandt wird.[288] Unter das Senderecht des § 20 UrhG fallen auch durch technische Entwicklungen bedingte neue Sendeformen wie das Internetradio, bei dem über das Internet mit Hilfe der „Streaming-Technik"[289] ein laufendes Programm in Echtzeit an eine Öffentlichkeit übertragen werden kann.[290] Der Nutzer schaltet sich durch den Abruf der Streaming-Daten – vergleichbar mit dem Einschalten eines Radios – in einen laufenden Übertragungsvorgang ein, dessen Ablauf er nicht

---

[283] *Wandtke/Bullinger/Bullinger,* § 19a, Rn. 10f.

[284] *Dreier/Schulze/Dreier,* § 15, Rn. 43f.; *Schricker/v. Ungern-Sternberg,* § 15, Rn. 73; *Wandtke/Bullinger/Bullinger,* § 19a, Rn. 6.

[285] Vgl. *Trump/Wedemeyer,* K&R 2006, 397, 401.

[286] *Dreier/Schulze/Dreier,* § 19a, Rn. 9; *Wandtke/Bullinger/Bullinger,* § 19a, Rn. 16.

[287] *Schricker/v. Ungern-Sternberg,* § 20, Rn. 3.

[288] *Schricker/v. Ungern-Sternberg,* § 20, Rn. 6; *Eberle,* GRUR 1995, 790, 797.

[289] Vgl. *Bortloff,* GRUR Int. 2003, 669, 670.

[290] *Schricker/v. Ungern-Sternberg,* Vor §§ 20 ff., Rn. 7; *Sasse/Waldhausen,* ZUM 2000, 837, 842.

beeinflussen kann.[291] Sobald dem Nutzer aber die Möglichkeit eröffnet wird, bestimmte Rundfunkinhalte zu einem selbst gewählten Zeitpunkt abzurufen, ist nicht mehr das Senderecht aus § 20 UrhG, sondern das Recht auf öffentliche Zugänglichmachung gemäß § 19a UrhG betroffen.[292] Zahlreiche Teilnehmer bieten Musikdienste in *Second Life* an, welche als Internetradiodienste einzuordnen sind. So werden, sobald ein Teilnehmer eine Internetpräsenz in *Second Life* aufsucht, automatisch Musiktitel im Hintergrund abgespielt. Je nach Ausgestaltung hat der Nutzer auch die Möglichkeit, sich mittels einer „Play"-Taste in einen laufenden Abspielvorgang einzuschalten. Wie beim herkömmlichen Rundfunk ist der Übertragungsablauf in der Regel zeitlich fest vorgegeben und kann vom Nutzer nicht beeinflusst werden. Wer derartige Musikdienste ohne Zustimmung des Urhebers anbietet, verletzt das Senderecht des urheberrechtlich Berechtigten aus § 20 UrhG.

## VI. Neue Nutzungsart, § 31 Abs. 4 UrhG/§ 31a UrhG-E

Fraglich ist, ob es sich bei der Nutzung eines Werkes in der virtuellen Umgebung einer Entwicklungsplattform wie *Second Life* um eine neue Nutzungsart im Sinne von § 31 Abs. 4 UrhG handelt, oder ob diese Verwendungsform nicht bereits allgemein durch die Online-Nutzung eines Werkes erfasst wird. Nach § 31 Abs. 4 UrhG sind die Einräumung von Nutzungsrechten für noch nicht bekannte Nutzungsarten sowie Verpflichtungen hierzu unwirksam. Die Vorschrift dient dem Schutz des Urhebers, dem die wirtschaftliche Verwertung seines Werkes auch hinsichtlich der Nutzungsrechte vorbehalten bleiben soll, deren wirtschaftlichen Wert er zum Zeitpunkt der Rechtseinräumung noch nicht abschätzen kann.[293] Es muss sich um eine neu geschaffene Nutzungsart handeln, die sich so sehr von den bisherigen Nutzungsarten unterscheidet, dass eine entsprechende Werkverwertung nur nach einer erneuten Entscheidung des Urhebers zulässig erscheint.[294] Liegt eine neue Nutzungsart vor, müssen bei Bedarf die entsprechenden Nutzungsrechte zwischen dem Urheber und dem Nutzer des Werkes nachverhandelt werden. Mit der Novellierung des Urheberrechts

---

[291] *Schricker/v. Ungern-Sternberg*, § 20, Rn. 45; *Castendyk*, MMR 2000, 294, 295; kritisch zur Einordnung des „Streaming" unter § 20 UrhG *Wandtke/Bullinger/Erhardt*, §§ 20–20b, Rn. 14.

[292] *Schricker/v. Ungern-Sternberg*, § 20, Rn. 46; vgl. *Sasse/Waldhausen*, ZUM 2000, 837, 842.

[293] *BGH*, GRUR 2005, 937, 939 – Zauberberg; *Wandtke/Bullinger/Wandtke/Grunert*, § 31, Rn. 38.

[294] Vgl. *BGH* GRUR 2005, 937, 938 – Zauberberg.

im Rahmen des „Zweiten Korbs"[295] wird § 31 Abs. 4 UrhG durch § 31a UrhG-E ersetzt.[296] Der Urheber kann dann Rechte auch für unbekannte Nutzungsarten einräumen. Als Ausgleich erhält er einen kompensatorischen Vergütungsanspruch, wenn die Vertragspartei das Werk auf die neue Nutzungsart verwertet.[297]

Eine zulässige Nutzungsart ist nur eine nach der Verkehrsauffassung konkrete technisch und wirtschaftlich eigenständige Verwendungsform des Werkes.[298] Diese Einschränkung dient dem Verkehrsinteresse und verhindert, dass ein Nutzungsrecht beliebig aufgesplittert wird.[299] Die Online-Nutzung eines Werkes wird als eigenständige Nutzungsart angesehen.[300] Allerdings wird nach der konkreten Nutzungshandlung weiter unterschieden, da das Internet eigenständige Nutzungshandlungen ermöglicht, die ihrerseits auf ihre Selbstständigkeit als Nutzungsart zu untersuchen sind.[301] So sind zum Beispiel On-Demand-Dienste, mit denen urheberrechtlich geschützte Musiktitel oder Filme auf Anforderung im Internet abgerufen werden können, als eigenständige Nutzungsart zu qualifizieren, da sie eine technische Neuerung darstellen, über die eigene Verbraucherkreise erschlossen werden.[302] Die Nutzung eines Werkes in einer virtuellen Welt wie *Second Life* unterscheidet sich von der herkömmlichen Werknutzung im Internet zunächst dadurch, dass eine Präsentation der Inhalte in einer dreidimensionalen virtuellen Umgebung erfolgt. Es handelt sich dabei um eine Darstellungstechnik, die sich von bisherigen Darstellungsformen herkömmlicher Webseiten unterscheidet. Damit gehen jedoch nicht zwangsläufig neue Vermarktungsmöglichkeiten einher. Das Angebot eines Video-On-Demand-Dienstes bleibt gleich, unabhängig davon, ob es in der virtuellen Welt von *Second Life* oder über eine herkömmliche Webseite angeboten wird. Demzufolge werden durch die neue Darstellungsform keine neuen Kundenkreise erschlossen. Die Teilnehmer einer Entwicklungsplattform sind „herkömmliche" Internetnutzer, die auf der Suche nach bestimmten

---

[295]  Regierungsentwurf eines Zweiten Gesetzes zur Regelung des Urheberrechts in der Informationsgesellschaft vom 22.3.2006.

[296]  Siehe die Übersicht bei *Hoeren*, MMR 2007, 615f.; *Hoeren*, Internetrecht, Rn. 270.

[297]  Vgl. *Hoeren*, MMR 2007, 615, 616; *Hoeren*, Internetrecht, Rn. 270.

[298]  *BGHZ* 95, 274, 283 – GEMA-Vermutung I; *BGH*, GRUR 2005, 937, 939 – Zauberberg; *Schricker/Schricker*, § 31, Rn. 7; *Wandtke/Bullinger/Wandtke/Grunert*, Vor §§ 31ff., Rn. 25; *Rehbinder*, Urheberrecht, Rn. 309; *Schack*, Urheberrecht, Rn. 535.

[299]  *Schack*, Urheberrecht, Rn. 535.

[300]  *Wandtke/Bullingner/Wandtke/Grunert*, § 31, Rn. 40; *Schack*, Urheberrecht, Rn. 551; *Hoeren*, CR 1995, 710, 713.

[301]  *Möhring/Nicolini/Spautz*, § 31, Rn. 36; *Wandtke/Bullinger/Wandtke/Grunert*, § 31, Rn. 40; *Wandtke/Schäfer*, GRUR Int. 2000, 187.

[302]  *Wandtke/Bullinger/Wandtke/Grunert*, § 31, Rn. 61; *Hoeren*, Internetrecht, Rn. 268; *Schack*, JZ 1998, 753, 759; *Wandtke/Schäfer*, GRUR Int. 2000, 187, 188f.

Online-Inhalten und Informationen sind. Diese finden sie sowohl auf Webseiten als auch in einer dreidimensionalen Welt wie *Second Life*. Hinzu kommt, dass neue und alte Möglichkeiten zur Präsentation von Online-Inhalten miteinander verschwimmen. In vielen Webpräsenzen in *Second Life* werden herkömmliche Webseiten durch eine entsprechende Verlinkung in den dreidimensionalen Internetauftritt eingebunden, so dass eine Abgrenzung beider Präsentationsformen künstlich wirkt. Die Nutzung eines Werks in der virtuellen Welt von *Second Life* stellt somit keine neue Nutzungsart im Sinne von § 31 Abs. 4 UrhG/§ 32a UrhG-E dar.

## VII. Zusammenfassung

Die unterschiedlichsten Elemente eines Onlinespiels oder einer Entwicklungsplattform können urheberrechtlichen Schutz genießen. Geschützt sind sowohl die zugrunde liegende Software, die audio-visuelle Darstellung der Anwendung als Ganzes, als auch einzelne Elemente wie etwa virtuelle Gegenstände. Da virtuelle Gegenstände überwiegend als Werke der angewandten Kunst nach § 2 Nr. 4 UrhG einzuordnen sind, gelten besondere Anforderungen an die Schutzuntergrenzen. Nur virtuelle Gegenstände, deren Gestaltung auf ein überdurchschnittliches Können jenseits des Handwerklichen und Alltäglichen hinweist, sind als urheberrechtliche Werke geschützt. Da die Teilnehmer einer Entwicklungsplattform die virtuellen Gegenstände in einem gestalterischen Prozess selbst entwerfen, können sie eigene Urheberrechte an den virtuellen Gestaltungen erlangen. Eine schöpferische Leistung liegt hingegen nicht vor, wenn das Aussehen einer Figur lediglich anhand vom Spielbetreiber vorgegebener Parameter verändert wird, da sämtliche Kombinationsmöglichkeiten bereits im Spiel angelegt sind. Der Erschöpfungsgrundsatz nach § 17 Abs. 2 UrhG findet analog Anwendung auf die Übertragung virtueller Gegenstände in Onlinespielen und Entwicklungsplattformen. Da es jedoch in Onlinespielen regelmäßig an einer Veräußerung im Sinne von § 17 Abs. 2 UrhG fehlt, kommt der Erschöpfungsgrundsatz hier nicht zur Anwendung. Für den Handel mit virtuellen Gegenständen auf Entwicklungsplattformen ist die Geltung des Erschöpfungsgrundsatzes jedoch von zentraler Bedeutung. Der Urheber kann dem berechtigten Ersterwerber nicht untersagen, den virtuellen Gegenstand an einen Zweiterwerber zu veräußern. Um die Verkehrsfähigkeit des virtuellen Gegenstandes sicherzustellen, erstreckt sich die Erschöpfungswirkung auch auf das im Wege der Verbreitung betroffene Vervielfältigungsrecht aus § 16 Abs. 1 UrhG sowie auf das Recht auf öffentliche Zugänglichmachung aus § 19a UrhG. Obwohl eine Entwicklungsplattform wie *Second Life* es ermöglicht, Inhalte im Internet auf eine neue Art und Weise zu präsentieren, handelt es sich dabei nicht um eine gegenüber der herkömmlichen Online-Nutzung abgrenzbare unbekannte Nutzungsart.

# D. Rechtliche Qualifikation virtueller Gegenstände

Virtuelle Gegenstände sind (gestalterische) Elemente, die in einer computergenerierten virtuellen Umgebung wahrnehmbar und innerhalb dieser virtuellen Umgebung in ihrer Wirkung einer real existierenden Sache gleichartig sind. Als virtuelle Gegenstände sind beispielsweise virtuelle Spielfiguren (Avatare), Waffen, Ausrüstungen, Goldstücke, besondere Eigenschaften und Fähigkeiten vermittelnde Objekte (Zaubertrunk, Schutzschild) etc. anzusehen, die in Onlinespielen vom Nutzer erworben oder erspielt werden können. In der Umgebung einer Entwicklungsplattform wie *Second Life* existieren typischerweise virtuelle Güter, welche ihre Entsprechung in der realen Welt finden. Dazu gehören etwa virtuelle Bedarfsgegenstände wie Kleidung für Avatare, Modeaccessoires, Möbel oder andere Einrichtungsgegenstände, virtuelle Autos oder Häuser. Die virtuellen Güter existieren innerhalb einer virtuellen Welt und sind in ihrer Existenz abhängig von der technischen Realisierung durch den jeweiligen Betreiber. Es stellt sich mithin die Frage, wie virtuelle Gegenstände rechtlich zu qualifizieren sind, ob sie in die Kategorien des BGB eingeordnet werden können und ob sie dem Berechtigten eine absolute Rechtsposition vermitteln.

## I. Einordnung virtueller Gegenstände in die Kategorien des BGB

Bei der rechtlichen Beurteilung von virtuellen Gegenständen sind zwei Betrachtungsweisen denkbar.[303] Zum einen kann im Rahmen einer technischen Betrachtungsweise allein auf die hinter dem virtuellen Gut liegenden Softwaredaten abgestellt werden. In Betracht kommt aber auch eine abstrakte Betrachtung des virtuellen Gegenstandes an sich, als geldwertes Wirtschaftsgut der virtuellen und realen Welt.

### 1. Technische Betrachtungsweise

Die rechtliche Qualifikation virtueller Güter kann anhand einer technischen Betrachtungsweise vorgenommen werden, bei der allein auf die hinter der audiovisuellen Darstellung des virtuellen Gegenstands liegenden Softwaredaten abgestellt wird.[304] Jeder virtuelle Gegenstand ist vor seiner audiovisuellen Wahrnehmbarkeit Ergebnis eines Programmiervorganges und befindet sich auf technischer Ebene in Form von Softwaredaten auf einem

---

[303] Vgl. *Wemmer/Bodensiek*, K&R 2004, 432, 435.
[304] *Wemmer/Bodensiek*, K&R 2004, 432, 435.

Server oder einem anderen Datenträger. Die Softwaredaten, die technische Grundlage für die Wahrnehmbarkeit des virtuellen Gegenstandes in der audiovisuellen Umgebung des Spiels oder der Simulation sind, sind dabei Teil der Programmdaten eines einheitlichen Computerprogramms. Ein Computerprogramm zeichnet sich allgemein durch Steuerungsbefehle aus, die einen Computer zu Ausführung einer bestimmten Funktion oder Aufgabe veranlassen sollen.[305]

## a) Sacheigenschaft von Computerprogrammen

Umstritten ist, ob Computersoftware als bewegliche Sache im Sinne von § 90 BGB eingeordnet werden kann.[306] Streitpunkt ist dabei, ob Software die für das Vorliegen einer Sache im Sinne von § 90 BGB erforderliche Körperlichkeit aufweist, die das entscheidende Merkmal für die Sacheigenschaft darstellt.[307] Ein körperlicher Gegenstand ist nur dann gegeben, wenn eine Materie (fest, flüssig, gasförmig) vorhanden ist, die im Raum abgrenzbar und technisch beherrschbar ist.[308] Die Beurteilung, ob ein körperlicher Gegenstand vorliegt, richtet sich dabei in erster Linie nach der Verkehrsanschauung.[309]

Unstreitig ist insoweit, dass der Datenträger, unabhängig davon, ob es sich um ein Wechselspeichermedium (Diskette, CD, USB-Stick) oder um eine Festplatte handelt, aufgrund seiner Körperlichkeit stets als Sache im Sinne des § 90 BGB einzuordnen ist.[310] Teile der Literatur unterscheiden bei der rechtlichen Beurteilung von Software jedoch zwischen dem Datenträger und dem Programm als solchem.[311] Hiernach sei der Datenträger nur als „das Mittel zum Transport des Programms", das Programm hingegen als Immaterialgut zu qualifizieren, für dessen rechtliche Einordnung es allein auf den geistigen Inhalt und nicht auf den Datenträger ankomme.[312] Immateriell sei ein Computerprogramm deswegen, weil es sich – anders als der Datenträger, auf dem es verkörpert ist – nicht anfassen ließe.[313] Unbe-

---

[305]   *Marly*, BB 1991, 432, 433; vgl. auch *König*, NJW 1989, 2604.

[306]   Vgl. zum Meinungsstand *Soergel/Marly*, § 90, Rn. 3.

[307]   Zum Erfordernis der Körperlichkeit *Erman/L. Michalski*, § 90, Rn. 1; *Holch*, in: MüKo, § 90, Rn. 8; *Palandt/Heinrichs*, § 90, Rn. 1.

[308]   *Erman/L. Michalski*, § 90, Rn. 1; *Holch*, in: MüKo, § 90, Rn. 8; *Palandt/Heinrichs*, § 90, Rn. 1.

[309]   *Erman/L. Michalski*, § 90, Rn. 4; *Palandt/Heinrichs*, § 90, Rn. 1.

[310]   Vgl. *BGHZ* 102, 135, 144; *OLG Stuttgart*, NJW 1989, 2635, 2636; *Soergel/Marly*, § 90, Rn. 3; *Staudinger/Dilcher*, § 90, Rn. 2; *König*, NJW 1989, 2604, 2605.

[311]   *Diedrich*, CR 2002, 473, 475; *Müller-Hengstenberg*, CR 2004, 161, 164; *Redeker*, NJW 1992, 1739, 1740.

[312]   *Staudinger/Jickeli/Stieper*, § 90 Rn. 13; *Müller-Hengstenberg*, CR 2004, 161, 164 f.; *Redeker*, NJW 1992, 1739 f.

[313]   *Redeker*, NJW 1992, 1739.

achtlich sei auch der Umstand, dass das Computerprogramm ohne Verkörperung auf einem Datenträger nicht ausführbar ist.[314]

In der Rechtsprechung und der mittlerweile herrschenden Meinung im Schrifttum wird Software dagegen zutreffend als bewegliche Sache im Sinne von § 90 BGB eingeordnet.[315] Die Sacheigenschaft von Software wird damit begründet, dass die der Steuerung des Computers dienenden Programme nur dann ihre Funktion erfüllen können und nutzbar sind, wenn sie in verkörperter Form entweder auf einem Wechselspeichermedium oder einer Festplatte vorhanden sind.[316] Ein Computerprogramm, das keine derartige Verkörperung aufweist und nur in nichtmaterieller Form vorhanden ist – etwa weil es als geistiger Inhalt nur im Kopf des Schöpfers existiert – kann einen Computer nicht zur Ausführung einer bestimmten Funktion oder Aufgabe veranlassen. Wenn aber die Verkörperung von Software auf einem Datenträger stets notwendige Voraussetzung für die funktionsgemäße Nutzbarkeit des Computerprogramms ist, dann ist der Datenträger nicht bloßes Transportmittel für die Verkehrsfähigkeit eines immateriellen Gutes.[317] Der Datenträger  kann vielmehr mit einem Buch verglichen werden, welches ebenfalls Sachqualität aufweist. Auch das Buch ist Ergebnis einer schöpferischen Geistestätigkeit und wird ausschließlich zum Zwecke der Informationserlangung und nicht wegen seines Informationsträgers erworben, ohne dass es dabei seine Sachqualität verliert.[318] Aufgrund der für die funktionsgemäße Nutzung notwendigen Verkörperung eines Computerprogramms auf einem Datenträger sind Computerprogramme daher als bewegliche Sachen im Sinne von § 90 BGB zu qualifizieren.[319]

## b) Sacheigenschaft virtueller Gegenstände (technische Betrachtungsweise)

Mit der Qualifikation eines Computerprogramms als bewegliche Sache im Sinne von § 90 BGB ist jedoch noch nichts darüber gesagt, ob ein virtueller Gegenstand als Teil der Programmdaten einer einheitlichen Computersoftware für sich genommen als Sache beurteilt werden kann. Dabei ist zu berücksichtigen, dass ein virtueller Gegenstand in der audiovisuellen Umgebung des Spiels oder der Entwicklungsplattform zwar durch den Be-

---

[314]  *Staudinger/Jickeli/Stieper*, § 90 Rn. 13.

[315]  *BGH*, CR 2007, 75 f. – ASP-Vertrag; *BGH*, NJW 1993, 2436, 2437; *BGH*, NJW 2000, 1415; *OLG Stuttgart*, NJW 1989, 2635, 2636; *Erman/L. Michalski*, § 90, Rn. 3; *Holch*, in: MüKo, § 90, Rn. 27; *Soergel/Marly*, § 90, Rn. 3; *König*, NJW 1993, 3121, 3124; *Marly*, BB 1991, 432, 433.

[316]  *BGH*, CR 2007, 75 f. – ASP-Vertrag; *Marly*, BB 1991, 432, 433 f.

[317]  Vgl. *BGH*, CR 2007, 75 f. – ASP-Vertrag; *Marly*, BB 1991, 432, 433 f.

[318]  *BGH*, CR 2007, 75 f. – ASP-Vertrag; *Marly*, BB 1991, 432, 434.

[319]  Vgl. die Nachweise in Fn. 312.

trachter visuell abgegrenzt werden kann, dies aber nicht gleichermaßen für die hinter dem Gegenstand liegenden Softwaredaten gilt, auf die es bei einer rein technischen Betrachtungsweise maßgeblich ankommt. Die Sachqualität eines virtuellen Gegenstandes kann nur dann angenommen werden, wenn die Softwaredaten, die einem virtuellen Gegenstand technisch zugeordnet werden können, in dem Sinne von der restlichen Computersoftware räumlich abgrenzbar sind, dass sie für sich genommen als bewegliche Sache angesehen werden können. Entscheidend für die Beurteilung der Sacheigenschaft ist dabei die Verkehrsauffassung.[320] Von einem Verkehrsverständnis dergestalt, dass der Verkehr den hinter einem virtuellen Gegenstand liegenden Softwaredaten eine Sachqualität beimisst, kann jedoch nicht ausgegangen werden. Der Verkehr wird regelmäßig eine einheitliche Sache nur in dem Computerprogramm sehen, nicht aber einzelnen Teilen der Software eine eigenständige und vom Rest des Programms losgelöste Sacheigenschaft beimessen, da einzelne Softwaredaten gegenüber dem auf einem Datenträger verkörperten ganzheitlichen Computerprogramm weder räumlich abgrenzbar noch körperlich fassbar sind. Festzuhalten ist daher, dass zwar einem Computerprogramm Sachqualität im Sinne von § 90 BGB zukommt, ein virtueller Gegenstand hingegen bei einer rein technischen Betrachtungsweise nicht als bewegliche Sache eingeordnet werden kann.

## 2. Abstrakte Betrachtungsweise

Die rechtliche Einordnung von virtuellen Gegenständen kann auch im Wege einer abstrakten Betrachtung des virtuellen Gegenstandes an sich – losgelöst von der Computersoftware und der Einbindung in eine virtuelle Umgebung – erfolgen.[321] Eine solche Betrachtungsweise trägt dem Umstand Rechnung, dass es dem Verkehr weniger auf die hinter einem virtuellen Gegenstand liegenden Softwaredaten ankommt, als auf den virtuellen Gegenstand an sich, der – wie nachstehend noch dargelegt wird – ein zumindest teilweise verkehrsfähiges und vermögenswertes Wirtschaftsgut der realen Welt darstellt.[322] Unter Zugrundelegung einer entsprechenden Verkehrsauffassung ist eine isolierte Betrachtung des virtuellen Gegenstandes möglich. Ausgangspunkt der rechtlichen Einordnung ist dabei der Gegenstandsbegriff des BGB.

---

[320] Siehe die Nachweise in Fn. 308.

[321] So auch *Koch*, JurPC Web-Dok. 57/2006, Abs. 1 ff.; *Krasemann*, MMR 2006, 351 f.; *Lober/Weber*, MMR 2005, 653, 654 f.; *Wemmer/Bodensiek*, K&R 2004, 432, 435.

[322] Vgl. *Wemmer/Bodensiek*, K&R 2004, 432, 435.

## a) Der Begriff des „Gegenstands" im BGB

Der Begriff des „Gegenstands" ist im BGB nicht näher definiert, er wird aber in unterschiedlichen Zusammenhängen verwendet. Bei der Bestimmung des Begriffs der Sache im Sinne von § 90 BGB geht das Gesetz vom Oberbegriff „Gegenstand" aus, als Objekt von Verfügungen taucht der Begriff in den §§ 135, 161, 185, 719, 747, 816, 1419, 2040, 2205 BGB auf, als Objekt von schuldrechtlichen Verpflichtungen in den §§ 256, 260, 273, 292, 453, 463, 581, 743, 2149, 2374 BGB.[323] Der diesen Normen zu Grunde liegende Gegenstandsbegriff unterscheidet sich inhaltlich.[324] Bei einer Betrachtung von § 90 BGB lassen sich Gegenstände in unkörperliche Gegenstände (Rechte, Forderungen, Immaterialgüter) und körperliche Gegenstände (Sachen) einteilen.[325] Soweit es um die dingliche Beherrschung oder Verfügung über einen Gegenstand geht, können zu den Gegenständen Sachen, Forderungen, Immaterialgüterrechte und sonstige Vermögensrechte (z.B. Grundpfandrechte, Mitgliedschaftsrechte an Kapital- und Personengesellschaften) gezählt werden, ohne dass es auf eine Unterscheidung zwischen körperlichen und unkörperlichen Gegenständen ankommt.[326] Zum Gegenstandsbegriff in Vorschriften, welche sich mit Gegenständen als Objekte des schuldrechtlichen Verkehrs befassen, gehören zusätzlich Vermögenswerte rein tatsächlicher Art wie das Unternehmen, Kundschaft, Know-How, Werbeideen, beherrschbare Energien etc.[327]

Auch wenn der Begriff des Gegenstandes im BGB uneinheitlich gebraucht wird, kann er anhand formaler und materialer Kriterien verallgemeinert werden.[328] Nach einer rein formalen Definition wird der Rechtsgegenstand als inhaltlicher Bezugspunkt objektiver Rechtssätze verstanden.[329] Sowohl ein Rechtsverhältnis – als eine rechtlich geordnete Beziehung zwischen Personen – als auch ein subjektives Recht, als ein von der Rechtsordnung anerkanntes und geschütztes Eigeninteresse der Person, gewährt Schutz, bestehend aus Geboten, Verboten oder Erlaubnissen.[330] Diese Gebote, Verbote oder Erlaubnisse bedürfen eines inhaltlichen Bezugspunktes, welcher in dem Rechtsgegenstand zu sehen ist.[331] Allgemein werden dem-

---

[323]  *Holch*, in: MüKo, § 90, Rn. 1; *Soergel/Marly*, Vor § 90, Rn. 1.

[324]  *Erman/L. Michalski*, § 90, Rn. 2; *Soergel/Marly*, Vor § 90, Rn. 1 f.

[325]  *Erman/L. Michalski*, Vor § 90, Rn. 1.

[326]  *Erman/L. Michalski*, Vor § 90, Rn. 2; *Palandt/Heinrichs*, Überbl v § 90, Rn. 2.

[327]  *Erman/L. Michalski*, Vor § 90, Rn. 2.

[328]  Vgl. zum Ganzen *Staudinger/Jickeli/Stieper*, Vorbem zu §§ 90–103, Rn. 3 ff.

[329]  *Staudinger/Jickeli/Stieper*, Vorbem zu §§ 90–103, Rn. 3; *Zitelmann*, Internationales Privatrecht I, S. 51.

[330]  Vgl. *Enneccerus/Nipperdey*, BGB AT, § 71 (S. 427, 428), § 72 (S. 428–432); zu den subjektiven Rechten siehe *Larenz/Wolf*, BGB AT, § 16, Rn. 1.

[331]  Vgl. *Staudinger/Jickeli/Stieper*, Vorbem zu §§ 90–103, Rn. 3.

nach vom Gegenstandsbegriff Objekte erfasst, auf die sich ein Recht beziehen kann.[332] Nach einem weiteren materialen Ansatz werden unter den Begriff des Gegenstandes diejenigen Rechtsgüter gefasst, die beherrschbar, ökonomisch wertvoll und wirtschaftlich nutzbar sind.[333] Teilweise wird aus dieser Definition die Beschränkung des Gegenstandes auf geldwerte Güter herausgenommen, da der Geldwert nicht das charakteristische Merkmal eines Gegenstandes sein soll.[334] Nach einem weiteren Ansatz kommt es maßgeblich darauf an, ob über das Objekt verfügt werden kann.[335] Die unterschiedlichen Ansätze zur Bestimmung des Gegenstandsbegriffs schließen sich nicht gegenseitig aus, sondern ergänzen sich.[336] Ein Rechtsgegenstand im Sinne des BGB kann daher allgemein als ein individualisierbares (vermögenswertes) Objekt der natürlichen Welt begriffen werden, dem Rechte zugeordnet werden können und über das daher ein durch die Rechtsordnung Berechtigter Rechtsmacht ausüben kann.[337]

**b) Virtuelle Gegenstände als Rechtsgegenstände**

Virtuelle Güter sind individualisierbar.[338] Zwar existieren virtuelle Güter innerhalb der virtuellen Umgebung des Computerspiels oder der Simulation, gleichwohl sind sie von dieser abgrenzbar.[339] Der Nutzer, der sich mittels eines Avatars durch die virtuelle Welt etwa eines Onlinespiels bewegt, kann auf virtuelle Items wie beispielsweise Gold, Waffen, Kleidung, besondere Fähigkeiten etc. zugreifen und mit diesen im Rahmen der Spielmodalitäten nach seinen Vorstellungen verfahren. Er schließt damit gleichzeitig andere Nutzer vom Zugriff auf seinen Avatar und die von ihm erworbenen virtuellen Gegenstände aus, da ein in der virtuellen Welt existierendes Gut jeweils nur von einem Teilnehmer nutzbar ist. Hinzu kommt, dass virtuelle Güter innerhalb der Online-Umgebung frei übertragbar sind.[340] Virtuelle

---

[332] Vgl. *Palandt/Heinrichs*, Überbl v § 90, Rn. 2; *Larenz*, BGB AT, § 20 Rn. 1.

[333] *Holch*, in: MüKo, § 90, Rn. 1; *Soergel/Marly*, Vor § 90, Rn. 2; *Binder*, ZHR 59, 1, 16; *Wieacker*, AcP 148, 57, 65.

[334] *Erman/L. Michalski*, Vor § 90, Rn. 2; *Staudinger/Jickeli/Stieper*, Vorbem zu §§ 90–103, Rn. 6.

[335] *Sohm*, Der Gegenstand, S. 1 ff.; vgl. auch *Staudinger/Jickeli/Stieper*, Vorbem zu §§ 90–103, Rn. 5.

[336] *Staudinger/Jickeli/Stieper*, Vorbem zu §§ 90–103, Rn. 6.

[337] *Staudinger/Jickeli/Stieper*, Vorbem zu §§ 90–103, Rn. 6; vgl. auch *Erman/L. Michalski*, Vor § 90, Rn. 2; *Holch*, in: MüKo, § 90, Rn. 1; *Palandt/Heinrichs*, Überbl v § 90, Rn. 2; *Soergel/Marly*, Vor § 90, Rn. 2; *Binder*, ZHR 59, 1, 16; *Wieacker*, AcP 148, 57, 65.

[338] *Koch*, JurPC Web-Dok. 57/2006, Abs. 31, 32; *Lober/Weber*, MMR 2005, 653, 655.

[339] *Lober/Weber*, MMR 2005, 653, 655.

[340] Siehe hierzu E. I. 3.

Güter weisen daher eine auf die Existenz in der virtuellen Umgebung beschränkte Verkehrsfähigkeit auf.[341]

Die Abgrenzbarkeit der virtuellen Güter vom Rest der Spielsoftware
führt dazu, dass diese selbst Objekt und Beziehungspunkt von Rechten sein
können. Rechte, welche sich auf einzelne virtuelle Güter beziehen, ergeben
sich insbesondere bei Onlinespielen aus dem Rechtsverhältnis zwischen
Nutzer und Spielanbieter und berechtigen den Nutzer dazu, den virtuellen
Gegenstand nach Maßgabe der Nutzungsbestimmungen für einen bestimmten Zeitraum ausschließlich zu nutzen oder auch übertragen zu dürfen.[342] Denkbar ist aber auch, dass dem einzelnen virtuellen Gut eine absolute Rechtsposition durch die Rechtsordnung zugewiesen wird. So können
einzelne virtuelle Güter im Einzelfall urheberrechtlichen Schutz genießen
und damit Objekt von Immaterialgüterrechten sein.[343] Unabhängig davon,
ob die Rechte an dem virtuellen Gut relativer oder absoluter Natur sind,
befähigen sie den Berechtigten dazu, Rechtsmacht über das virtuelle Objekt
auszuüben.[344]

Der Position des Nutzers an einem virtuellen Gut kommt ein eigenständiger Vermögenswert zu.[345] Sowohl ganze (Spiel-)Accounts als auch einzelne virtuelle Objekte werden kommerzialisiert, indem sie als Wirtschaftsgut der realen Welt gegen echtes Geld gehandelt werden.[346] Bei Onlinespielen kommt auch der vertraglich eingeräumten Befugnis zur Nutzung
virtueller Gegenstände ein eigenständiger Vermögenswert zu.[347] Bestehen
zusätzlich Urheberrechte oder gewerbliche Schutzrechte an einem virtuellen Gegenstand, sind diese ebenfalls wirtschaftlich verwertbar.[348] Die
Rechtsposition des Nutzers an einem virtuellen Gut ist somit insgesamt
vermögensrechtlicher Natur.

Zusammenfassend ist festzuhalten, dass virtuelle Güter als vom Rest
der Spielsoftware abgrenzbare, vermögenswerte Objekte eingeordnet werden können, über die Rechtsmacht ausgeübt werden kann. Sie können als
Rechtsgegenstand im Sinne des BGB qualifiziert werden.[349] Der Gegen-

---

[341]  Ähnlich *Koch*, JurPC Web-Dok. 57/2006, Abs. 32; siehe auch *Klickermann*, MMR 2007,
766, 768.

[342]  *Lober/Weber*, MMR 2005, 653, 655.

[343]  Siehe hierzu C. II. 3.

[344]  So auch *Lober/Weber*, MMR 2005, 653, 655.

[345]  *Koch*, JurPC Web-Dok. 57/2006, Abs. 21; *Lober/Weber*, MMR 2005, 653, 655; *Lober/Weber*,
CR 2006, 837, 838.

[346]  Siehe dazu B. I. 2. c), II 2.

[347]  Siehe hierzu F. II. 4. b) dd) (1).

[348]  Dies folgt aus der Verkehrsfähigkeit dieser Rechte, vgl. §§ 29 Abs. 2, 31 UrhG, § 27 MarkenG.

[349]  So im Ergebnis auch *Koch*, JurPC Web-Dok. 57/2006, Abs. 21 f.; *Krasemann*, MMR 2006,
351, 352; *Lober/Weber*, MMR 2005, 653, 655; *Wemmer/Bodensiek*, K&R 2004, 432, 435.

standsqualität steht dabei auch nicht entgegen, dass virtuelle Güter in ihrer Existenz von der technischen Realisierung durch den (Spiel-)Betreiber abhängig sind.[350] Es ist kein konstitutives Merkmal des Gegenstandsbegriffs, dass der Gegenstand der faktischen Einflussnahme oder den Rechten Dritter entzogen ist. So verliert auch eine Sache ihre Gegenstandsqualität nicht dadurch, dass sie durch Dritte zerstört werden oder zum Beispiel mit einem Pfandrecht belastet sein kann.[351] Auch eine Forderung ist in ihrer Existenz abhängig von der Person des Schuldners und büßt dadurch nicht ihre Eigenschaft als Gegenstand ein.[352] Virtuelle Güter können daher, unabhängig von der technischen Realisierung durch den Betreiber der Plattform, als Gegenstände im Sinne des BGB eingeordnet werden.

### aa) Virtuelle Gegenstände als Sachen

Sachen sind nach der Legaldefinition in § 90 BGB nur körperliche Gegenstände. Die Körperlichkeit verlangt, dass der Gegenstand räumlich abgrenzbar ist, entweder durch eine eigene körperliche Begrenzung oder aber durch künstliche Begrenzungsmittel.[353] Anders als bei einer Computersoftware, die auf einem Datenträger gespeichert und damit verkörpert ist, weisen virtuelle Gegenstände bei Zugrundelegung einer abstrakten Betrachtungsweise die erforderliche körperliche Begrenzung nicht auf.[354] Virtuelle Gegenstände können allein vor dem Auge des Betrachters – und damit nicht körperlich verfestigt – von ihrer Umgebung abgegrenzt werden. Dies entspricht dem Wesen virtueller Gegenstände, real vorhandenen Sachen zwar in ihrer Funktionalität oder Wirkung zu gleichen, nicht hingegen deren physische Existenz aufzuweisen. Demnach kann auch nicht davon ausgegangen werden, dass der Verkehr, auf dessen Verständnis es bei der Beurteilung der Körperlichkeit maßgeblich ankommt,[355] virtuellen Gegenständen eine Körperlichkeit und damit eine Sacheigenschaft zumisst.[356] Virtuelle Gegenstände sind daher mangels Körperlichkeit keine Sachen im Sinne von § 90 BGB.[357]

---

[350] *Lober/Weber*, MMR 2005, 653, 655.

[351] Zur Gegenstandsqualität von Sachen *Palandt/Heinrichs*, § 90, Rn. 1.

[352] Zur Gegenstandsqualität von Forderungen *Palandt/Heinrichs*, Überbl v § 90, Rn. 2; vgl. auch *Lober/Weber*, MMR 2005, 653, 655.

[353] *Palandt/Heinrichs*, § 90, Rn. 1.

[354] *Lober/Weber*, MMR 2005, 653, 655.

[355] Siehe hierzu D. I. 1. a).

[356] *Lober/Weber*, MMR 2005, 653, 655.

[357] So auch *Klickermann*, MMR 2007, 766, 767; *Koch*, JurPC Web-Dok. 57/2006, Abs. 21; *Krasemann*, MMR 2006, 351, 352; *Lober/Weber*, MMR 2005, 653, 655; *Wemmer/Bodensiek*, K&R 2004, 432, 435.

## bb) Virtuelle Gegenstände als Immaterialgüter

Bei Immaterialgütern, die begrifflich scharf von den Immaterialgüterrechten zu trennen sind,[358] handelt es sich um unkörperliche Gegenstände, die einen ideellen oder materiellen Nutzen haben.[359] Zu den Immaterialgütern, die es in großer Anzahl gibt und die einen hohen wirtschaftlichen Wert haben können, zählen zum Beispiel Ideen, Erfindungen, Methoden, Know-How, Kundschaft oder beherrschbare Energien.[360] Da auch virtuelle Gegenstände sowohl einen ideellen und als Wirtschaftsgüter der realen Welt auch einen materiellen Wert für ihren Nutzer haben können,[361] sind sie aufgrund ihrer fehlenden Körperlichkeit den Immaterialgütern zuzurechnen.[362]

Immaterialgüter, die Ergebnis einer geistigen Leistung sind, werden vergleichbar mit einer urheberrechtlichen Werkschöpfung existent mit dem faktischen „Schaffensakt".[363] Dieses bedeutet jedoch nicht, dass ein Immaterialgut demjenigen, der die geistige Leistung erbracht hat, auch automatisch rechtlich zugeordnet wird und es somit als Rechtsobjekt verfügbar ist.[364] Vielmehr sind die Immaterialgüter zunächst gemeinfrei und für jedermann nutzbar.[365] Trotz ihrer wirtschaftlichen Verwertbarkeit kann jeder entschädigungslos auf sie zugreifen.[366] Sie sind als geistige Güter ubiquitär.[367] Die Qualifikation virtueller Gegenstände als Immaterialgüter sagt somit noch nichts darüber aus, welche Rechte an virtuellen Gegenständen erworben werden können und wem die Rechte zuzuordnen sind.

## II. Absolutes Recht an virtuellen Gegenständen

Fraglich ist, ob an virtuellen Gegenständen eine absolute Rechtsposition erworben werden kann. Als „absolut" bezeichnet man Herrschaftsrechte,

---

[358] *Schack,* Urheberrecht, Rn. 19; *Schönherr,* FS Troller, S. 62 f.

[359] *Merkl,* Immaterialgüterrecht, S. 23; *Schack,* Urheberrecht, Rn. 20; *Schönherr,* FS Troller, S. 62.

[360] Vgl. *Erman/L. Michalski,* Vor § 90, Rn. 2; *Schack,* Urheberrecht, Rn. 20.

[361] Siehe hierzu D. I. 2. b).

[362] So im Ergebnis auch *Krasemann,* MMR 2006, 351, 352; *Lober/Weber,* MMR 2005, 653, 655; *Wemmer/Bodensiek,* K&R 2004, 432, 435.

[363] *Troller,* Kurzlehrbuch des Immaterialgüterrechts, S. 26; *Koch,* JurPC Web-Dok. 57/2006, Abs. 26; zum urheberrechtlichen Schöpfungsakt *Wandtke/Bullinger/Thum,* § 7, Rn. 3.

[364] *Troller,* ImGR I, S. 43.

[365] *Schack,* Urheberrecht, Rn. 20; *Schönherr,* FS Troller, S. 63.

[366] *Schack,*Urheberrecht, Rn. 20.

[367] *Schack,*Urheberrecht Rn. 20; *Troller,* ImGR I, S. 49.

die dem Berechtigten einen Freiheitsbereich zuweisen, in dem er allein und unter Ausschluss Dritter über sein Recht bestimmen kann.[368] Während das Eigentum sich mit der Herrschaft über körperliche Gegenstände befasst, geht es im Immaterialgüterrecht um die rechtliche Zuordnung unkörperlicher Güter an den Berechtigten.[369] Die Rechtsordnung kennt nur eine beschränkte Anzahl von kodifizierten Immaterialgüterrechten. Dazu gehören etwa gewerbliche Schutzrechte wie das Marken-, Patent-, Gebrauchs- oder Geschmacksmusterrecht sowie das Urheberrecht.[370] Das Gesetz stellt auf diese Weise besondere geistige Leistungen oder wirtschaftliche Positionen unter Schutz und weist Inhabern dieser Rechte insbesondere die Befugnis zu, Dritte von der Rechtsposition auszuschließen.[371] Gleichzeitig werden bestimmte Immaterialgüter wie Ideen, Methoden oder Forschungsergebnisse gemeinfrei gehalten, um geistige oder technische Entwicklungsprozesse in der Wissensgesellschaft nicht unnötig zu behindern oder zu blockieren.[372] Nur ausgewählte Immaterialgüter werden somit durch die Rechtsordnung geschützt, dem Zugriff der Allgemeinheit entzogen und ihrem Inhaber als Immaterialgüterrechte ausschließlich zugeordnet.

Damit stellt sich die Frage, ob auch virtuelle Gegenstände – in ihrer Eigenschaft als vermögenswerte Gegenstände der virtuellen und realen Welt – durch die Rechtsordnung als Immaterialgüterrechte anzuerkennen sind und ihrem Inhaber ein absolutes, von jedermann zu beachtendes Recht gewähren. In der Literatur wird dies teilweise bejaht.[373]

## 1. Immaterialgüterrecht *sui generis* an virtuellen Gegenständen

Es existiert keine sondergesetzliche Regelung, welche virtuellen Gegenständen den Status eines Immaterialgüterrechts verleiht. Fraglich ist somit, ob nicht ein Immaterialgüterrecht *sui generis* an virtuellen Gegenständen entstehen kann. Dies hängt maßgeblich davon ab, ob an virtuellen Gegenständen eine durch die Rechtsordnung anerkannte Rechtsposition begründbar ist, welche die charakteristischen Merkmale eines Immaterialgüterrechts aufweist.

Immaterialgüterrechte werden als Rechte definiert, die an unkörperlichen, geistigen und verkehrsfähigen Gütern bestehen und welche vor allem

---

[368] *Palandt/Bassenge*, Einl v § 854, Rn. 2; *Baur/Stürner*, Sachenrecht, § 2,Rn. 2; *Schellhammer*, Sachenrecht, Rn. 1450; *Troller*, ImGR I, S. 66 ff.

[369] *Ohly*, FS Schricker, S. 105, 106.

[370] Siehe die Übersicht bei *Götting*, Gewerblicher Rechtsschutz, Rn. 10–14.

[371] *Schönherr*, FS Troller S. 64.

[372] Vgl. *Schack*, Urheberrecht, Rn. 21; *Troller*, ImGR I S. 59.

[373] *Koch*, JurPC Web-Dok. 57/2006, Abs. 41ff.

der Befriedigung von Vermögensinteressen desjenigen dienen, dem das Recht aufgrund seiner schutzwürdigen Leistung von der Rechtsordnung zugewiesen ist.[374] Immaterialgüterrechte sind zudem gegen jedermann wirkende absolute Rechte, die auf Dritte übertragen oder zumindest lizenziert werden können.[375] Während das (geistige) Immaterialgut durch eine reale Tathandlung existent wird, entfaltet das Immaterialgüterrecht – losgelöst von am Geisteswerk bestehenden unterschiedlichen, subjektiven Interessen von Personen – als Objekt der Rechtsordnung Eigenständigkeit.[376] Damit ist wesentliche Voraussetzung für die Anerkennung eines Immaterialgüterrechts, dass eine Verobjektivierung stattfinden kann, welche eine Zuordnung des Objekts zu unterschiedlichen Personen ermöglicht.[377] Hinzu kommt als charakteristisches Merkmal eines Immaterialgüterrechts, dass dieses eine ausschließliche (absolute) Rechtsposition vermittelt.[378] Ausschließlichkeitsrechte sind in erster Linie Verbotsrechte, aufgrund derer der Berechtigte Dritten die Einwirkung auf das Immaterialgut im Rahmen seiner gesetzlichen Befugnisse untersagen kann, sie vermitteln zugleich aber auch ein positives Benutzungsrecht.[379] Der Inhalt des Ausschließlichkeitsrechts wird maßgeblich durch die materiellen Interessen des Berechtigten bestimmt; diesem soll insbesondere die wirtschaftliche Verwertung des Immaterialguts vorbehalten bleiben.[380] Zentrale Voraussetzung für die Entstehung eines Immaterialgüterrechts ist schließlich, dass dieses durch die Rechtsordnung anerkannt wird. Umstritten ist dabei, ob ein strenger *numerus clausus* der Immaterialgüterrechte anzunehmen ist und Immaterialgüterrechte nur durch eine positive (sonder-)gesetzliche Regelung entstehen können,[381] oder aber, ob Immaterialgüterrechte sich auch *sui generis* aus der (ungeschriebenen) Rechtsordnung entwickeln können.[382] Ausgehend von den charakteristischen Merkmalen eines Immaterialgüterrechts sind virtuelle Gegenstände somit im Wesentlichen auf ihre Verobjektivierung, Absolutheit und positive Anerkennung durch die Rechtsordnung zu untersuchen.

---

[374] *Schack*, Urheberrecht, Rn. 19; *Schönherr*, FS Troller, S. 59; prägend für den Begriff des Immaterialgüterrechts *Kohler*, AcP 82 (1894), 141 ff.

[375] *Schack*, Urheberrecht, Rn. 21; *Troller*, ImGR I S. 66; *Schönherr*, FS Troller, S. 63.

[376] *Troller*, ImGR I, S. 45ff; vgl. auch *Koch*, JurPC Web-Dok. 57/2006, Abs. 26.

[377] *Schack*, Urheberrecht, Rn. 21; *Koch*, JurPC Web-Dok. 57/2006, Abs. 28 f.

[378] *Schack*, Urheberrecht, Rn. 21; *Troller*, ImGR I, S. 66ff; *Schönherr*, FS Troller, S. 63 f.

[379] *Troller*, ImGR I, S. 68.

[380] *Troller*, ImGR I, S. 67.

[381] So *BGH*, GRUR 2005, 969, 970 – Domain-Pfändung, mit Anm. *Hartig*, GRUR 2006, 299 ff.; *Schack*, Urheberrecht, Rn. 21; *Troller*, ImGR I, S. 53; *Schönherr*, FS Troller, S. 62 f.; *Hartig*, GRUR 2006, 299, 300.

[382] *Fezer*, MarkenR, § 3, Rn. 301; *Koch*, JurPC Web-Dok. 57/2006, Abs. 27; *Koos*, MMR 2004, 359, 361.

## a) Verobjektivierung virtueller Gegenstände

Virtuelle Gegenstände sind individualisierbar und können, losgelöst von der Software und der virtuellen Umgebung, als (vermögenswerte) Rechtsgegenstände im Sinne des BGB eingeordnet werden.[383] Sie sind daher soweit verobjektiviert, dass sie auch Gegenstand eines Immaterialgüterrechts sein können.[384]

## b) Absolutheit der Rechtsposition

Betrachtet man virtuelle Gegenstände in der Umgebung von Onlinespielen oder Entwicklungsplattformen, ist Ansatzpunkt für die Begründung eines absoluten Charakters, dass der Nutzer über einen passwortgeschützten Spiel-Account alleinigen Zugriff auf seinen Avatar hat und andere Spieler daher faktisch von der Nutzung ausschließen kann.[385] Gleiches gilt für virtuelle Items, die der Nutzer in der virtuellen Welt erschafft, erspielt, gefunden oder sonst irgendwie erworben hat und die somit der Einwirkungsbefugnis anderer Nutzer entzogen sind.[386] Gleichwohl besteht die Einwirkungsmöglichkeit des Nutzers nicht uneingeschränkt. Sie ist zum einen abhängig von der technischen Realisierung der virtuellen Umgebung durch den Betreiber der Plattform, zum anderen besteht sie nur im Rahmen des Vertragsverhältnisses zwischen Nutzer und Betreiber, welches maßgeblich von Privatautonomie geprägt ist. Beide Gesichtspunkte sind miteinander verzahnt. Über eine vertragliche Beziehung[387] wird dem Teilnehmer die Nutzung der virtuellen Umgebung einschließlich der Inanspruchnahme der dahinter liegenden technischen Ressourcen gestattet, ohne die ein virtueller Gegenstand letztlich nicht existieren kann. Fraglich ist somit, ob die Abhängigkeit von der technischen Realisierung und einem von Privatautonomie geprägten Rechtsverhältnis mit der Anerkennung einer absoluten Rechtsposition an einem virtuellen Gegenstand überhaupt zu vereinbaren ist.

---

[383] Siehe dazu D. I. 2. b).

[384] *Koch*, JurPC Web-Dok. 57/2006, Abs. 29.

[385] *Koch*, JurPC Web-Dok. 57/2006, Abs. 44.

[386] Zwischen Avataren und anderen virtuellen Gegenständen differenzierend *Koch*, JurPC Web-Dok. 57/2006, Abs. 44 f.; siehe auch *Klickermann*, MMR 2007, 766, 768.

[387] Siehe hierzu F. II. 2., III. 2.

## aa) Abhängigkeit von technischer Realisierung

Virtuelle Gegenstände sind in Entstehung und Fortbestand abhängig von ihrer technischen Realisierung. Ein virtueller Gegenstand entsteht nicht schon als geistige Leistung im Kopf seines Schöpfers, sondern erst, sobald er innerhalb einer virtuellen Umgebung als Ergebnis eines technischen Vorgangs gegenständlich wahrnehmbar geworden ist. Die Abhängigkeit von einer technischen Realisierung allein steht der Anerkennung einer absoluten Rechtsposition an virtuellen Gegenständen jedoch nicht entgegen.[388] Auch für die Entstehung von Urheberrechtsschutz ist erforderlich, dass die Werkschöpfung eine wahrnehmbare Formgestaltung aufweist, die abhängig von der technischen Verwirklichung durch Dritte sein kann.[389] So genießt die audiovisuelle Darstellung eines Computerprogramms erst dann urheberrechtlichen Schutz, wenn sie unter Zuhilfenahme technischer Einrichtungen auf einem Bildschirm sichtbar gemacht wird oder aber die zu Grunde liegenden Programmdaten auf einem Datenträger gespeichert sind und vom Nutzer nur noch ausgeführt werden müssen.[390] Ähnlich verhält es sich mit virtuellen Gegenständen. Diese sind in Entstehung und Fortbestand zwar abhängig von ihrer technischen Realisierung, dies schließt die Anerkennung einer absoluten Rechtsposition aber nicht aus.

## bb) Abhängigkeit von relativer Vertragsbeziehung

Im Zusammenhang mit Onlinespielen spricht jedoch das relativ wirkende Vertragsverhältnis zwischen Spielbetreiber und Teilnehmer gegen die Anerkennung einer absoluten Rechtsposition an virtuellen Gegenständen.[391] Durch die von Privatautonomie geprägte vertragliche Beziehung werden Umfang und Inhalt der Rechtsposition des Nutzers an den virtuellen Gegenständen maßgeblich bestimmt, was mit dem Charakter einer absoluten Rechtsposition nicht zu vereinbaren ist.[392] So legen die Betreiber über die Nutzungsbedingungen fest, wie mit dem virtuellen Gegenstand innerhalb und außerhalb der virtuellen Umgebung verfahren werden darf.[393] Dem Nutzer, der an einem Onlinespiel teilnehmen möchte, verbleibt auch kein Entscheidungsspielraum, ob er sich den vertraglichen Bedingungen der Betreiber unterwirft. Erklärt er sich nicht mit den Nutzungsbestimmungen

---

[388]  *Koch*, JurPC Web-Dok. 57/2006, Abs. 42 f.

[389]  *Schricker/Loewenheim*, § 2, Rn. 21.

[390]  BGHZ 37, 1, 7 – AKI; *Schricker/Loewenheim*, § 2, Rn. 21.

[391]  Nicht eindeutig *Lober/Weber*, MMR 2005, 653, 655; vgl. auch *Koos*, MMR 2004, 359, 361; a.A. *Koch*, JurPC Web-Dok. 57/2006, Abs. 44 ff.; zum Vertrag zwischen Spielbetreiber und Teilnehmer siehe F. II.

[392]  Vgl. dazu auch *Kleespies*, GRUR 2002, 764, 766.

[393]  Siehe dazu F. IV.

einverstanden, so bleibt er von der Teilnahme an dem Angebot ausgeschlossen. Die Abhängigkeit der Rechtsposition eines Nutzers an einem virtuellen Gegenstand von einer durch Privatautonomie geprägten Vertragsbeziehung verhindert, dass dieser losgelöst von der Einwirkung eines Dritten über den Gegenstand Rechtsmacht ausüben kann. Dieser Umstand ist mit der Anerkennung eines absoluten Rechts an einem virtuellen Gegenstand nicht zu vereinbaren. Dem Erwerb eines Immaterialgüterrechts *sui generis* an virtuellen Gegenständen aus Onlinespielen steht somit das von Privatautonomie geprägte Vertragsverhältnis zum Spielbetreiber entgegen.

Anders stellt sich die Situation bei virtuellen Gegenständen aus einer Entwicklungsplattform wie *Second Life* dar. Zwar besteht auch hier eine vertragliche Beziehung zum Plattformbetreiber.[394] Jedoch fungiert der Betreiber lediglich als Host-Provider, der den Teilnehmern den erforderlichen Speicherplatz zur Verfügung stellt.[395] Durch die vertragliche Beziehung nimmt der Plattformbetreiber keinen Einfluss darauf, wie der Nutzer mit seinen selbst erschaffenen virtuellen Gegenständen zu verfahren hat. Darüber kann allein der Teilnehmer bestimmen, so dass mit der vertraglichen Regelung des Rechtsverhältnisses keine Einschränkung der Rechtsmacht verbunden ist, die der Nutzer über den virtuellen Gegenstand ausüben kann. Die Abhängigkeit von einer relativen Vertragsbeziehung spricht daher nicht gegen die Anerkennung eines Immaterialgüterrechts *sui generis* an virtuellen Gegenständen aus der Umgebung einer Entwicklungsplattform.

### c) *Numerus clausus* der Immaterialgüterrechte

Der Anerkennung eines Immaterialgüterrechts *sui generis* an virtuellen Gegenständen – insbesondere aus der Umgebung einer Entwicklungsplattform – steht jedoch der *numerus clausus* der Immaterialgüterrechte entgegen. Dieser besagt, dass Immaterialgüterrechte allein durch den Gesetzgeber im Wege einer positiven (sonder-)gesetzlichen Regelung geschaffen werden können.[396] Der Gesetzgeber hat dies bewusst nur für eine begrenzte Anzahl von Immaterialgütern getan.[397] Ein Sondergesetz, welches die rechtliche Regelung virtueller Gegenstände übernimmt, gibt es indes nicht.

Der *numerus clausus* stammt ursprünglich aus dem Sachenrecht und liegt diesem als grundlegendes Prinzip zugrunde.[398] Er gewährleistet, dass

---

[394] Siehe dazu F. III. 2.

[395] Siehe dazu F. III. 1.

[396] *BGH*, GRUR 2005, 969, 970 – Domain-Pfändung; *Schack*, Urheberrecht, Rn. 21; *Troller*, ImGR I, S. 53; *Hartig*, GRUR 2006, 299, 300; *Schönherr*, FS Troller, S. 62 f.

[397] *Schack*, Urheberrecht, Rn. 21; *Troller*, ImGR I, S. 53.

[398] *Baur/Stürner*, Sachenrecht, § 1 Rn. 7; *Schellhammer*, Sachenrecht, Rn. 1145; vgl. auch *Ohly*, FS Schricker, S. 105.

zumindest in den wesentlichen Zügen im Vorhinein gesetzlich festgelegt ist, welche Berechtigungen an einem Gegenstand überhaupt in Betracht kommen und welchen Inhalt sie haben.[399] Die durch das Sachenrecht geregelten dinglichen Berechtigungen an einer Sache weisen eine strukturelle Gemeinsamkeit mit dem Immaterialgüterrecht auf.[400] Auch im Immaterialgüterrecht geht es um die absolute Zuordnung eines Gegenstandes, der im Fall der Immaterialgüterrechte unkörperlicher Natur ist, zu einer Person.[401] In diesem Zusammenhang dient der *numerus clausus* sowohl im Sachen- als auch im Immaterialgüterrecht in erster Linie der Sicherheit des Rechtsverkehrs, der über die Existenz und den Inhalt eines absolut wirkenden Rechts informiert sein muss.[402] Anders als im Schuldrecht unterliegt es nicht der privatautonomen Entscheidung des Betroffenen, ob er eine vertragliche Bindung mit den daraus folgenden Rechten und Pflichten eingeht, sondern das gegen ihn durchsetzbare Immaterialgüterrecht besteht, ohne dass er auf dessen Entstehung und Inhalt Einfluss nehmen kann.[403] Damit ihm eine Beachtung des Rechts aber überhaupt möglich ist, müssen Inhalt und Grenzen des Rechts durch eine positive gesetzliche Regelung, jedenfalls in den wesentlichen Umrissen, klar definiert sein.[404] Schließlich beruht die gesetzliche Anerkennung ausgewählter Immaterialgüterrechte auf einer Abwägung des Gesetzgebers zwischen dem Bestreben einen angemessenen Schutz des Rechtsinhabers zu gewährleisten sowie über die Ausgestaltung der Schutzvoraussetzungen und Schranken Immaterialgüter zur Förderung eines geistigen Entwicklungsprozesses für die Allgemeinheit freizuhalten.[405] Diese Gesichtspunkte machen den *numerus clausus* auch im Immaterialgüterrecht unverzichtbar. Sie sprechen gegen Ansätze in der Literatur, welche die Geltung des *numerus clausus* im Immaterialgüterrecht in Frage oder sogar in Abrede stellen.[406] Die Anerkennung von sich *sui generis* entwickelnden Immaterialgüterrechten mit absoluter Wirkung, die übertragbar und gegen Dritte durchsetzbar sind, deren Schutzvoraussetzungen, Schranken und Konkurrenzen zu anderen Immaterialgüterrechten jedoch allein auf richterlicher Rechtsfortbildung beruhen, würde ein hohes Maß an Rechtsunsicherheit schaffen und zudem die erhebliche Gefahr der Ausuferung eines

---

[399] *Baur/Stürner*, Sachenrecht, § 1 Rn. 7.

[400] *Ohly*, FS Schricker, S. 105, 106.

[401] *Ohly*, FS Schricker, S. 105, 106.

[402] *Baur/Stürner*, Sachenrecht, § 1, Rn. 10; *Schellhammer*, Sachenrecht, Rn. 1145; *Ohly*, FS Schricker, S. 105, 116 f.

[403] Vgl. *Baur/Stürner*, Sachenrecht, § 1, Rn. 10.

[404] *Baur/Stürner*, Sachenrecht, § 1, Rn. 7.

[405] *Ohly*, FS Schricker, S. 105, 107.

[406] So etwa *Fezer*, MarkenR, § 3, Rn. 301; *Forkel*, NJW 1993, 3181, 3183; *Koch*, JurPC Web-Dok. 57/2006, Abs. 27; *Koos*, MMR 2004, 359, 361f; *Ohly*, FS Schricker, S. 105 ff.

formlosen Leistungsschutzes in sich bergen.[407] Gänzlich ungeklärt wäre auch das Verhältnis eines Immaterialgüterrechts *sui generis* zu den bestehenden kodifizierte Immaterialgüterrechten. Immaterialgüterrechte *sui generis* können daher weder durch Parteivereinbarung, noch durch richterliche Rechtsfortbildung sondern allein durch eine positive gesetzgeberische Entscheidung geschaffen werden.

Auch die auf technischen Begebenheiten beruhende rein faktische Ausschließlichkeit eines immateriellen Gutes kann daher kein Immaterialgüterrecht mit absoluter Wirkung begründen. Entsprechend haben Bundesverfassungsgericht und Bundesgerichtshof zur Internetdomain entschieden, dass an dieser kein absolutes Recht erworben werden kann, welches ähnlich der Inhaberschaft an einem Immaterialgüterrecht verdinglicht ist.[408] Der *BGH* hat in seinem Beschluss zur Pfändbarkeit einer Internetdomain ausgeführt, dass die ausschließliche Stellung, die sich daraus ergibt, dass eine Domain von der *DENIC*[409] nur einmal vergeben wird, nicht dazu geeignet ist, ein absolutes Recht im Sinne von § 857 Abs. 1 ZPO zu begründen.[410] Eine vergleichbare Situation besteht bei einem persönlichen Spiel-Account, welcher dem Teilnehmer eines Onlinespiels oder einer Entwicklungsplattform den alleinigen Zugriff auf seine Spielfigur und andere virtuelle Objekte vermittelt. Die ausschließliche Stellung des Nutzers ist auch hier allein technisch bedingt und führt nicht zur Anerkennung eines gegen jedermann wirkenden absoluten Rechts.[411] Ein eigenständiges Immaterialgüterrecht *sui generis* an virtuellen Gegenständen ist somit aufgrund der Geltung des *numerus clausus* der Immaterialgüterrechte nicht begründbar.

## 2. Eigentum im Sinne von § 903 BGB an virtuellen Gegenständen

Die Qualifikation virtueller Gegenstände als unkörperliche Immaterialgüter schließt es aus, dass an diesen Eigentum im Sinne von § 903 BGB erworben werden kann.[412] Der Eigentumsbegriff des BGB ist als absolutes Herrschaftsrecht an körperlichen Sachen abschließend definiert.[413] Schon der

---

[407]  Vgl. *Ohly*, FS Schricker, S. 105, 116, 121.

[408]  *BVerfG*, GRUR 2005, 261 – ad-acta.de; *BGH*, GRUR 2005, 969, 970 – Domain-Pfändung, mit Anm. *Hartig*, GRUR 2006, 299 ff.; vgl. auch *OLG Köln*, MMR 2006, 469, 470; *Kleespies*, GRUR 2002, 764, 766; a.A.: *Koos*, MMR 2004, 359, 360 ff.; *Fezer*, MarkenR, § 3, Rn. 301.

[409]  *Deusches Network Information Center*, im Internet: http://www.denic.de (Stand: Januar 2008).

[410]  *BGH*, GRUR 2005, 969, 970 – Domain-Pfändung.

[411]  A.A. *Koch*, JurPC Web-Dok. 57/2006, Abs. 44, 48.

[412]  *Wemmer/Bodensiek*, K&R 2004, 432, 436; zum Eigentum an einer Internetdomain vgl. *BVerfG*, GRUR 2005, 261- ad-acta.de.

[413]  *Palandt/Bassenge*, § 903, Rn. 2; *Götting*, GRUR 2006, 353, 355 f.; *Ohly*, JZ 2003, 545, 547.

Verfasser des Vorentwurfs zum Sachenrecht des BGB kam zu dem Schluss, dass unter Berücksichtigung des römisch-rechtlichen Eigentumsbegriffs die Rechte des Urhebers oder Erfinders nicht unter das sachenrechtliche Eigentum zu fassen seien, da es an der Herrschaft über eine körperliche Sache fehle.[414] Diese Haltung wurde auch im weiteren Verlauf des Gesetzgebungsverfahrens bekräftigt und fand schließlich in den §§ 903, 90 BGB ihren Ausdruck.[415] Eigentum im Sinne von § 903 BGB kann demnach ausschließlich an körperlichen Sachen im Sinne von § 90 BGB erworben werden, immaterielle Rechtsgüter dagegen fallen nicht unter den zivilrechtlichen Eigentumsbegriff des § 903 BGB.[416] In Bezug auf virtuelle Gegenstände kann sich somit das Eigentum im Sinne von § 903 BGB immer nur auf den Datenträger beziehen, auf dem die Gegenstände gespeichert sind. Auch wenn virtuelle Gegenstände innerhalb ihrer virtuellen Umgebung in ihrer Wirkung einer real existierenden Sache gleichartig sind, ist ein „virtuelles Eigentum" an virtuellen Gegenständen oder Räumen[417] nicht anzuerkennen.[418]

### 3. Besitz im Sinne der §§ 854 ff. BGB an virtuellen Gegenständen

Eine mit einem absoluten Recht vergleichbare Rechtsposition an virtuellen Gegenständen lässt sich auch nicht über die besitzrechtlichen Vorschriften der §§ 854 ff. BGB begründen. Zwar ist der Besitz als tatsächliches Herrschaftsverhältnis über die Abwehrrechte der §§ 859 ff. BGB gleich einem absoluten Recht gegenüber jedermann geschützt.[419] Besitz im Sinne der §§ 854 ff. BGB kann jedoch nur an körperlichen Gegenständen (§ 90 BGB) begründet werden, nicht hingegen an Rechten oder unkörperlichen Gegenständen.[420] Damit kann auch kein Besitz im Sinne der §§ 854 ff. BGB an virtuellen Gegenständen erworben werden.[421]

Eine analoge Anwendung der §§ 854 ff. BGB auf virtuelle Gegenstände muss aufgrund der zwischen realen und virtuellen Gegenständen bestehenden Wesensverschiedenheit ausscheiden. Der unmittelbare Besitz an

---

[414] *Johow*, in: Vorlage für die erste Kommission zur Ausarbeitung des Entwurfs eines Bürgerlichen Gesetzbuchs, SachenR I, S. 494 f. = *Schuber*, Vorlagen BGB, S. 614 f.; vgl. auch *Götting*, GRUR 2006, 353, 356.

[415] *Jänich*, Geistiges Eigentum, S. 103–105. m.w.N.; *Götting*, GRUR 2006, 353, 356.

[416] *Rehbinder*, Urheberrecht, Rn. 97; *Schack*, Urheberrecht, Rn. 23; *Götting*, GRUR 2006, 353, 356; *Ohly*, JZ 2003, 545, 547.

[417] Siehe zum virtuellen Hausrecht des Spielbetreibers F. II. 3. b).

[418] A.A. *Koch*, JurPC Web-Dok. 57/2006, Abs. 17 ff.; *Ladeur*, MMR 2001, 787.

[419] *Wagner*, in: MüKo, § 823, Rn. 151.

[420] *Palandt/Bassenge*, Überbl v 854, Rn. 3; *Schellhammer*, Sachenrecht, Rn. 22.

[421] Für die Annahme eines „Quasi-Besitz" *Lober/Weber*, MMR 2005, 653, 656.

einer Sache knüpft an eine tatsächliche Sachherrschaft an, die nicht mit der Position des Nutzers eines Onlinespiels oder einer Entwicklungsplattform zu vergleichen ist, welche dieser an einem virtuellen Gegenstand innehat. Die tatsächliche Gewalt über eine Sache ist gekennzeichnet durch eine nahe räumliche Beziehung zu der Sache, die eine jederzeitige, ungehinderte Einwirkung auf die Sache ermöglicht.[422] Diese Sachbeziehung, welche eine gewisse Festigkeit und Dauer aufweisen muss,[423] setzt weiter voraus, dass sie für jeden, der sich dafür interessiert, erkennbar ist.[424] Schon das Merkmal der nahen räumlichen Beziehung fehlt beim Teilnehmer eines Onlinespiels oder einer Entwicklungsplattform, der über einen Spiel-Account Zugriff auf den virtuellen Gegenstand nimmt, dessen Daten sich unter Umständen auf einem mehrere tausend Kilometer entfernten Server befinden. Die zum Server bestehende Internetverbindung kann lediglich die bestehende Distanz überbrücken, ohne diese – wie etwa bei einem Download von Daten auf den eigenen Rechner – zu überwinden. Zudem ist auch keine direkte und ungehinderte Einwirkung auf den virtuellen Gegenstand durch den Teilnehmer möglich, welche mit dem physischen Zugriff auf eine Sache vergleichbar wäre. Zwar kann der Nutzer über den Spiel-Account auf den virtuellen Gegenstand Zugriff nehmen. Diese Einwirkungsmöglichkeit kann jedoch jederzeit vom (Spiel-)Anbieter durch die Sperrung des Accounts unterbunden werden. Die Beziehung des Nutzers zu einem virtuellen Gegenstand weist daher keine besondere Verfestigung auf, sondern ist gekennzeichnet durch eine lediglich temporär bestehende, von der andauernden Gestattung und technischen Realisierung durch den (Spiel-)Anbieter abhängige Zugriffsmöglichkeit. Die tatsächliche Herrschaftsmacht, die ein Nutzer über einen virtuellen Gegenstand ausübt, ist somit nicht annähernd so stark wie die des Besitzers über eine Sache. Eine analoge Anwendung der §§ 854 ff. BGB auf virtuelle Gegenstände kommt daher nicht in Betracht. Damit gilt auch der besondere Schutz des Sachbesitzes, der in den Besitzschutzansprüchen der §§ 859 ff. BGB seinen Ausdruck findet,[425] nicht für virtuelle Gegenstände.

### III. Ergebnis

Virtuelle Gegenstände können losgelöst von der zu Grunde liegenden Software und ihrer Einbindung in eine virtuelle Umgebung als unkörperli-

---

[422] *Palandt/Bassenge*, § 854, Rn. 3; *Schellhammer*, Sachenrecht, Rn. 35.

[423] *OLG München*, NJW 1970, 667; *Palandt/Bassenge*, § 854, Rn. 3; *Schellhammer*, Sachenrecht, Rn. 35.

[424] *BGH*, NJW 79, 714, 715; *Schellhammer*, Sachenrecht, Rn. 35.

[425] Vgl. *Wagner*, in: MüKo, § 823, Rn. 151.

che Gegenstände im Sinne des BGB qualifiziert werden. Mangels Körperlichkeit sind sie den Immaterialgütern zuzurechnen. Ein absolutes Recht an einem virtuellen Gegenstand, welches in dessen Eigenschaft als vermögenswertes Objekt der virtuellen und realen Welt begründet ist, ist nicht anzuerkennen. Unvereinbar mit der Anerkennung einer absoluten Rechtsposition an virtuellen Gegenständen eines Onlinespiels ist das zwischen Nutzer und Betreiber bestehende Vertragsverhältnis, welches maßgeblich von Privatautonomie geprägt ist. Schließlich steht der *numerus clausus* der Immaterialgüterrechte der Anerkennung eines Immaterialgüterrechts *sui generis* an virtuellen Gegenständen entgegen. Auch Eigentum im Sinne von § 903 BGB oder Besitz nach § 854 BGB kann an virtuellen Gegenständen nicht erworben werden, da sich sowohl das Eigentum als auch der Besitz abschließend nur auf körperliche Gegenstände bezieht. Es existiert daher auch kein „virtuelles Eigentum". Absolute Rechtspositionen an virtuellen Gegenständen sind allein über die anerkannten Immaterialgüterrechte nach Maßgabe der entsprechenden Sondergesetze begründbar. So ist es beispielsweise möglich, im Einzelfall ein Urheberrecht an virtuellen Gegenständen zu erwerben.[426] Geschützt ist dann aber nicht der virtuelle Gegenstand an sich, sondern die zu Grunde liegende geistige und schöpferische Leistung. Virtuelle Gegenstände, welche die für den Urheberrechtsschutz erforderliche Schöpfungshöhe nicht erreichen und auch sonst nicht durch ein kodifiziertes Immaterialgüterrecht geschützt sind, bleiben als Immaterialgüter gemeinfrei und ubiquitär. Gleichwohl können sie als Rechtsgegenstände im Sinne des BGB Objekt schuldrechtlicher Verpflichtungen sein.[427]

---

[426] Siehe hierzu C. II. 3., III. 2. a).
[427] Siehe dazu E. II.

# E. Virtuelle Gegenstände im Rechtsverkehr

## I. Übertragbarkeit virtueller Gegenstände/ des (Spiel-)Accounts

### 1. Tatsächlicher Übertragungsvorgang

#### a) Übertragung einzelner virtueller Gegenstände

Die Übertragung einzelner virtueller Gegenstände vollzieht sich auf unterschiedliche Art und Weise. In Onlinespielen wird der virtuelle Gegenstand meist von Avatar zu Avatar innerhalb der virtuellen Umgebung des Spiels übergeben. Mit der Übertragung geht ein Wechsel in der tatsächlichen Einwirkungsmöglichkeit auf den Gegenstand einher, welche der veräußernde Teilnehmer verliert und der Erwerber gewinnt. Zu einer Vervielfältigung des Gegenstandes kommt es dabei nicht, da der Gegenstand weiterhin auf dem zentralen Server des Spielanbieters gespeichert bleibt. Der Teilnehmer kann den Gegenstand auch auf spielinternen virtuellen Handelsplattformen erwerben. Dort wechselt der Gegenstand, der entweder vom Spielbetreiber selbst oder anderen Spielern angeboten wird, im Rahmen des Erwerbs in das virtuelle Besitzverzeichnis des Teilnehmers. In der virtuellen Umgebung einer Entwicklungsplattform können virtuelle Gegenstände ebenso wie in Onlinespielen zwischen den Teilnehmern wechseln. Typischerweise geschieht dies jedoch dadurch, dass der Erwerber eine Kopie des angebotenen virtuellen Gegenstandes erhält. Der Veräußerer bedient sich dabei meist automatischer Verfahren, die den Erwerb eines virtuellen Gegenstandes durch einfachen „Mausklick" ermöglichen.

#### b) Übertragung des (Spiel-)Accounts

Von der Übertragung einzelner virtueller Gegenstände ist die Übertragung eines (Spiel-)Accounts zu unterscheiden. Dazu kommt es typischerweise dann, wenn ein Spielcharakter als Ganzes, einschließlich der erworbenen Ausstattungselemente und dem innerhalb der virtuellen Welt erworbenen Spielstand, an einen Dritten veräußert werden soll. Der Spiel-Account vermittelt dem Nutzer den Zugang zum Online-Angebot des Betreibers der virtuellen Welt im Rahmen einer vertraglichen Gestattung. Der Anbieter speichert die Daten und Spielvorgänge des Teilnehmers auf einem zentralen Server, so dass dieser mit seinem Avatar jederzeit wieder dort in die virtuelle Welt einsteigen kann, wo er diese zuletzt verlassen hat.[428] Der aktuelle Spielstand stellt ein eigenständiges, rechtlich nicht besonders ge-

---

[428] Vgl. *Wemmer/Bodensiek*, K&R 2004, 432, 434.

schütztes Immaterialgut dar.[429] Die Besonderheit bei der Veräußerung eines ganzen (Spiel-)Accounts liegt somit darin, dass der Avatar einschließlich des aktuellen Spielstands übertragen wird. Die Übertragung des Accounts geschieht in tatsächlicher Hinsicht dadurch, dass der Veräußerer dem Erwerber die persönlichen Zugangsdaten für den (Spiel-)Account mitteilt. Der Erwerber ändert die Zugangsdaten und kann anschließend über den Account auf die Gesamtheit der virtuellen Gegenstände des Veräußerers zugreifen.

## 2. Übertragung als bloße Spielmodalität

Wird ein virtueller Gegenstand innerhalb der virtuellen Welt eines Onlinespiels von Avatar zu Avatar übertragen, stellt dies zunächst eine bloße, vom Betreiber des Spiels vorgegebene Spielmodalität dar, die sich außerhalb des Rechtsverkehrs abspielt.[430] Es fehlt den Beteiligten bei der Übertragung des Gegenstandes an dem für eine Würdigung unter rechtsgeschäftlichen Gesichtspunkten erforderlichen Rechtsbindungswillen.[431] Die Übertragung ist zunächst nichts anderes als eine von vielen spielerischen Möglichkeiten, mit der Figur im Spiel zu agieren, ohne dass die Herbeiführung rechtlicher Folgen gewollt ist. Der fehlende Rechtsbindungswille wird auch an dem Umstand deutlich, dass es bei der Übertragung eines virtuellen Gegenstandes innerhalb der Spielumgebung eines Onlinespiels keiner Abtretung von Nutzungsrechten bedarf.[432] Denn sowohl dem Veräußerer als auch dem Erwerber sind bei Spielbeginn im Rahmen des Onlinespielvertrags Nutzungsrechte an allen sich im Spiel befindlichen virtuellen Gegenständen vom Betreiber eingeräumt worden.[433] Wechselt also ein virtueller Gegenstand von Spieler zu Spieler, ist der Erwerber ohnehin kraft des ihm eingeräumten Nutzungsrechts zum Gebrauch des Gegenstandes im Onlinespiel berechtigt, ohne dass er sich noch ein weiteres Recht vom Veräußerer abtreten lassen müsste.

---

[429] Zur urheberrechtlichen Schutzfähigkeit von Spielständen *OLG Hamburg*, Urt. v. 12.03.1998, Az.: 3 U 226/97, JurPC Web-Dok. 31/1999; *LG Düsseldorf*, Urt. v. 03.03.1999, Az.: 12 O 56/99, JurPC Web-Dok. 79/1999.

[430] Ähnlich *Koch*, JurPC Web-Dok. 57/2006, Abs. 49.

[431] Allgemein zum Rechtsbindungswillen *BGH*, NJW 1974, 1705, 1706; *Medicus*, BGB AT, § 18, Rn. 191 f.

[432] Eine Abtretung für erforderlich haltend *Wemmer/Bodensiek*, K&R 2004, 432, 436.

[433] Siehe hierzu F. II. 2. b).

# 3. Übertragung im Rechtsverkehr

Die Übertragung eines virtuellen Gegenstandes findet jedoch im Rechtsverkehr statt, sobald der Gegenstand gegen reales Geld gehandelt und somit als vermögenswertes Wirtschaftsgut der realen Welt verfügbar gemacht wird. Dies ist dann der Fall, wenn der Erwerber für den virtuellen Gegenstand einen Geldbetrag an den Veräußerer zahlt. Entweder der Gegenstand wird auf externen Handelsplattformen wie beispielsweise *eBay* gegen die Zahlung eines Geldbetrages erworben oder der Erwerb vollzieht sich im Austausch einer Spielwährung, die vom Veräußerer anschließend in echtes Geld umgetauscht werden kann.[434] Den Beteiligten kommt es dann auf die Herbeiführung rechtlicher Bindungen an, die es ihnen ermöglicht, gegenseitig Primär- und Sekundäransprüche rechtlich durchsetzen zu können.

## a) Übertragung durch Realakt

Virtuelle Gegenstände, die nicht durch ein Immaterialgüterrecht besonders geschützt sind, sind als bloße Immaterialgüter gemeinfrei; an ihnen kann keine dingliche Rechtsposition erworben werden.[435] Dieser Umstand hat Auswirkungen auf die Art der Übertragung virtueller Gegenstände. Eine Übertragung im Rechtssinne stellt stets eine Verfügung über ein Recht dar.[436] Verfügungen können allgemein definiert werden als Rechtsgeschäfte, die unmittelbar darauf gerichtet sind, auf ein bestehendes Recht einzuwirken, es zu verändern, zu übertragen oder aufzuheben.[437] So wird das Eigentum an einer beweglichen Sache durch Einigung und Übergabe nach §§ 929 ff. BGB übertragen, die Verfügung über eine Forderung erfolgt durch Abtretung nach Maßgabe der §§ 398 ff. BGB.[438] Das „ob" und „wie" der Übertragung von Immaterialgüterrechten richtet sich nach den entsprechenden Sondergesetzen.[439] An virtuellen Gegenständen, die als Immaterialgüter gemeinfrei sind, besteht hingegen kein dingliches Recht, auf welches durch ein Verfügungsgeschäft eingewirkt werden könnte.[440] Eine Änderung der dinglichen Rechtslage wird somit durch die Übertragung des virtuellen Gegenstandes nicht herbeigeführt. Dies ist jedoch notwendige

---

[434]  Siehe dazu  B. I. 2. c), II. 2.

[435]  Siehe dazu D. I. 2. b) bb), II 1.

[436]  *Palandt/Heinrichs*, Überbl v § 104, Rn. 16.

[437]  BGHZ 1, 294, 304; BGHZ 75, 221, 226; *Palandt/Heinrichs*, Überbl v § 104, Rn. 16; *Flume*, BGB AT II, § 11, Nr. 5a; *Larenz/Wolf*, § 23, Rn. 35.

[438]  *Palandt/Heinrichs*, Überbl v § 104, Rn. 16; *Palandt/Grüneberg*, § 398, Rn. 3.

[439]  Z.B. § 27 MarkenG, § 29 GeschmMG, §§ 29, 31 UrhG; vgl. auch *Lober/Weber*, MMR 2005, 653, 655.

[440]  Siehe hierzu D. I. 2. b) bb).

Voraussetzung einer Verfügung.[441] Wird daher von einer „Übertragung" virtueller Gegenstände gesprochen, ist damit keine Übertragung im Sinne einer Verfügung über den Gegenstand gemeint. Vielmehr erfolgt eine Übertragung als bloßer Realakt, indem über einen Softwarebefehl entweder der virtuelle Gegenstand selbst oder eine Kopie der Gestaltung in das virtuelle Besitzverzeichnis des Erwerbers wechselt.[442] Mit der Übertragung virtueller Gegenstände geht somit kein Rechtsübergang einher, sondern allein ein Wechsel der realen Einwirkungsmöglichkeit auf den Gegenstand, welche der Veräußerer verliert und der Erwerber gewinnt.

## b) Übertragung analog § 929 S. 1 BGB

In der Literatur wird teilweise vorgeschlagen, die Regeln über den Eigentumsübergang beweglicher Sachen nach § 929 S. 1 BGB auf die Übertragung virtueller Gegenstände analog anzuwenden.[443] Dagegen spricht jedoch, dass die §§ 929 ff. BGB abschließend auf die Übertragung von Eigentum an einer Sache zugeschnitten sind, welche anderen Regeln folgt als die Übertragung eines Immaterialgutes.[444] So ist eine „Einigung" im Sinne von § 929 S. 1 BGB stets auf eine dingliche Rechtsänderung gerichtet,[445] die bei der Übertragung eines gemeinfreien Immaterialgutes gerade nicht eintritt. Eine analoge Anwendung von § 929 S. 1 BGB kommt somit allenfalls hinsichtlich der „Übergabe" in Betracht.[446] Damit ist aber nichts gewonnen, da die Übergabe im Sinne von § 929 S. 1 BGB nichts anderes ist als ein tatsächlicher Vorgang.[447] Die Übertragung eines virtuellen Gegenstandes wäre demnach ebenfalls als Realakt zu beurteilen.

## c) Vertragsübernahme bei der Übertragung eines (Spiel-)Accounts

Wird ein (Spiel-)Account veräußert, muss der Erwerber in das Vertragsverhältnis zwischen Veräußerer und Anbieter eintreten.[448] Dies geschieht im Wege einer Vertragsübernahme, mit der alle Rechten und Pflichten aus dem Vertrag zwischen Veräußerer und (Spiel-)Anbieter auf den Erwerber

---

[441] *Baur/Stürner*, Sachenrecht, § 5 Rn. 6.

[442] Zum technischen Vorgang vgl. *Krasemann*, MMR 2006, 351, 353.

[443] *Lober/Weber*, MMR 2005, 653, 655f.; zustimmend *Krasemann*, MMR 2006, 351, 352f; kritisch *Wemmer/Bodensiek*, K&R 2004, 432, 435.

[444] Gegen eine Analogie auch *Wemmer/Bodensiek*, K&R 2004, 432, 435.

[445] *Baur/Stürner*, Sachenrecht, § 5 Rn. 2.

[446] Nicht eindeutig insoweit *Lober/Weber*, MMR 2005, 653, 656.

[447] *Schellhammer*, Sachenrecht, Rn. 37.

[448] *Wemmber/Bodensiek*, K&R 2004, 432, 434.

übergehen.[449] Die Rechtssprechung qualifiziert die Vertragsübernahme als einheitliches Rechtsgeschäft.[450] Die Vertragsübernahme umfasst eine Abtretung der Ansprüche nach § 398 BGB sowie eine Übernahme der Schuld durch den Erwerber nach § 415 BGB.[451] Der Veräußerer muss somit die ihm vom Betreiber eingeräumten schuldrechtlichen Nutzungsrechte an der virtuellen (Spiel-)Umgebung an den Erwerber abtreten. Insbesondere die häufig in den Nutzungsbedingungen vereinbarten Abtretungsverbote nach § 399 Alt. 2 BGB können hier zum Hindernis werden.[452] Die erfolgreiche Vertragsübernahme hängt zudem von der Zustimmung des Gläubigers ab, § 415 Abs. 1 BGB.[453] Widerspricht der Betreiber der Übernahme des Accounts durch den Erwerber, ist eine wirksame Übertragung des Accounts nicht möglich.[454]

### d) Übertragung urheberrechtlich geschützter Gestaltungen

Werden urheberrechtlich geschützte virtuelle Gegenstände übertragen, kann zusätzlich zur Übertragung des Gegenstandes die Einräumung urheberrechtlicher Nutzungsbefugnisse erforderlich werden. Dies gilt jedoch nur, soweit die Rechte des Urhebers an dem virtuellen Gegenstand nicht der Erschöpfung unterliegen.[455] Die Rechtseinräumung vollzieht sich nach § 31 UrhG i.V.m. §§ 398, 413 BGB analog durch formlosen Abtretungsvertrag.[456]

### aa) Onlinespiele

Die Urheberrechte an den virtuellen Gestaltungen in Onlinespielen liegen regelmäßig bei den Betreibern des Spiels, da die Spieler selbst nicht gestalterisch tätig werden.[457] Bei der Übertragung urheberrechtlich geschützter virtueller Gegenstände im Spiel bleiben die Urheberrechte des Spielanbieters jedoch unberührt, da es zu keiner urheberrechtlich relevanten Ver-

---

[449] *Wemmer/Bodensiek*, K&R 2004, 432, 434.

[450] *BGH*, NJW 1985, 2528, 2530; *Palandt/Heinrichs*, § 398, Rn. 38.

[451] *Fikentscher/Heinemann*, SR, Rn. 759.

[452] Siehe hierzu F. IV. 3.

[453] *BGHZ* 96, 302; *Fikentscher/Heinemann*, SR, Rn. 759; *Musielak*, BGB, Rn. 930.

[454] *Krasemann*, MMR 2006, 351, 353; *Wemmer/Bodensiek*, K&R 2004, 432, 434 f.; eine Zustimmung des Spielbetreibers für nicht erforderlich haltend *Lober/Weber*, MMR 2005, 653, 656.

[455] Siehe dazu C. IV.

[456] *Wandtke/Bullinger/Wandtke/Grunert*, Vor §§ 31 ff., Rn. 22; Rehbinder, Urheberrecht, Rn. 299; Schack, Urheberrecht, Rn. 536.

[457] Siehe dazu C. III.

wertungshandlung kommt. Insbesondere das Vervielfältigungsrecht nach § 16 Abs. 1 UrhG ist nicht betroffen, da die zum virtuellen Gegenstand gehörigen Daten weiterhin auf dem zentralen Server des Spielanbieters gespeichert bleiben und für die Übertragung keine weiteren vervielfältigenden Speicherungen durch die Teilnehmer notwendig sind. Es tritt lediglich ein Wechsel in der tatsächlichen Zuordnung des virtuellen Gegenstandes innerhalb der virtuellen Spiel-Umgebung ein.

### bb) Entwicklungsplattformen

Urheberrechtliche Verwertungsrechte können hingegen berührt sein, wenn urheberrechtlich geschützte virtuelle Gegenstände zwischen den Teilnehmern einer Entwicklungsplattform ausgetauscht werden. Werden diese übertragen, indem eine Kopie des Gegenstandes in das virtuelle Besitzverzeichnis des Erwerbers wechselt, ist das Vervielfältigungsrecht des Urhebers aus § 16 Abs. 1 UrhG betroffen. Werden die Gegenstände weiterhin zum interaktiven Abruf auf der Plattform bereitgehalten, ist zusätzlich das Recht aus § 19a UrhG berührt. Diese Rechte unterliegen bei der dauerhaften Veräußerung des Gegenstandes der Erschöpfung, so dass keine weitere Rechtseinräumung erforderlich ist.[458] Das Vervielfältigungsrecht des Urhebers erschöpft sich jedoch nur hinsichtlich der Vervielfältigungshandlung, die zur Verbreitung des Gegenstandes erforderlich ist. Möchte der Erwerber den virtuellen Gegenstand darüber hinaus vervielfältigen oder anderweitig nutzen, so muss er sich die entsprechenden Nutzungsrechte vom urheberrechtlich Berechtigten einräumen lassen.

## II. Schuldrechtliche Einordnung

### 1. Mietvertrag, § 535 BGB/Pachtvertrag, § 581 BGB

Die Anwendbarkeit des Mietvertragsrechts nach § 535 ff. BGB scheidet aus, da Gegenstand eines Mietvertrags nur eine körperliche Sache sein kann.[459] Virtuelle Gegenstände sind als bloße Immaterialgüter zu qualifizieren[460] und können daher nicht vermietet werden.[461] Der Übertragung virtueller Gegenständen zwischen den Teilnehmern eines Onlinespiels oder einer Entwicklungsplattfom kann jedoch ein Pachtvertrag nach § 581 BGB zu

---

[458] Siehe dazu C. IV.

[459] *Palandt/Weidenkaff*, § 535, Rn. 2.

[460] Siehe dazu D. I. 2. b) bb).

[461] A.A. *Krasemann*, MMR 2006, 351, 353.

Grunde liegen. Die Pacht kann sich gegenständlich auf Sachen, Rechte sowie immaterielle Güter beziehen.[462] Ist Vertragsgegenstand ein Immaterialgüterrecht oder bloßes Immaterialgut, wird zwar teilweise auch von einem „Lizenzvertrag" gesprochen.[463] Es ist jedoch zweckgemäß, begrifflich und inhaltlich eine Einordnung anhand der Vertragstypen des BGB vorzunehmen.[464] Erfolgt die Überlassung des immateriellen Guts lediglich für einen begrenzten Zeitraum, so liegt ein Pachtvertrag im Sinne von § 581 BGB vor.[465] Da virtuelle Gegenstände jedoch regelmäßig dauerhaft dem Erwerber überlassen werden, kommt eine Einordnung als Pachtvertrag nur selten in Betracht. Etwas anderes ergibt sich auch nicht daraus, dass die Nutzung des virtuellen Gegenstandes durch die aktive Teilnahme an dem Onlinespiel oder an der Entwicklungsplattform zeitlich begrenzt ist. Maßgeblich ist das Rechtsverhältnis zwischen Veräußerer und Erwerber. In diesem Verhältnis erlangt der Erwerber den virtuellen Gegenstand endgültig und muss ihn nicht wieder an den veräußernden Teilnehmer zurückgeben. Nur für den Fall, dass ausdrücklich die nur zeitweise Überlassung des Gegenstandes vereinbart worden ist, ist vom Vorliegen eines Pachtvertrags nach § 581 BGB auszugehen.

## 2. Kaufvertrag, § 433 BGB

Werden virtuelle Gegenstände endgültig dem Erwerber gegen Entgelt überlassen, findet Kaufvertragsrecht nach §§ 453 Abs. 1 Alt. 2, 433 ff. BGB analog Anwendung.[466] Eine unmittelbare Anwendung der kaufrechtlichen Vorschriften kommt nicht in Betracht, da es sich bei virtuellen Gegenständen mangels Körperlichkeit nicht um Sachen im Sinne von § 90 BGB handelt.[467] Nach § 453 Abs. 1 BGB finden die Vorschriften über den Kauf von Sachen jedoch auf den Kauf von Rechten und „sonstigen Gegenständen" entsprechend Anwendung. Zu den „sonstigen Gegenständen" im Sinne von § 453 Abs. 1 BGB zählen auch die bloßen Immaterialgüter,[468] zu denen die virtuellen Gegenstände gehören.[469] Ein Rechtskauf nach § 453 Abs. 1

---

[462] *Palandt/Weidenkaff*, § 581, Rn. 3.

[463] Vgl. *Bamberger/Roth/C. Wagner*, Vor § 581, Rn. 9, 10; *Harke*, in: MüKo, § 581, Rn. 18; *Palandt/Weidenkaff*, Einf v § 581, Rn. 7, 8; *Stumpf/Groß*, Lizenzvertrag, Rn. 19 ff.

[464] Für eine klare Zuordnung als Kauf- oder Pachtvertrag *Harke*, in: MüKo, § 581, Rn. 18.

[465] *Harke*, in: MüKo, § 581, Rn. 18.

[466] Vgl. *Klickermann*, MMR 2007, 766, 768; *Krasemann*, MMR 2006, 351, 352; *Lober/Weber*, MMR 2005, 653, 656, 657; *Lober/Weber*, CR 2006, 837, 840; *Rippert/Weimer*, ZUM 2007, 272, 278; *Wemmer/Bodensiek*, K&R 2004, 432, 435.

[467] Siehe dazu D. I. 1. b), 2. b) aa).

[468] *Palandt/Putzo*, § 453, Rn. 9.

[469] Siehe hierzu D. I. 2. b) bb).

Alt. 1 BGB liegt vor, wenn ein ganzer Spiel-Account, einschließlich der dem Veräußerer eingeräumten schuldrechtlichen Nutzungsrechte an den Erwerber veräußert wird.[470] Ebenfalls von einem Rechtskauf ist auszugehen, wenn im Rahmen der Übertragung virtueller Gegenstände dem Erwerber urheberrechtliche Nutzungsbefugnisse eingeräumt werden müssen.[471] Unabhängig von der Einordnung als Rechtskauf oder Kauf eines sonstigen Gegenstandes findet über den Verweis in § 453 Abs. 1 BGB Kaufvertragsrecht entsprechend Anwendung.

### a) Vertragspflichten

Nach § 433 Abs. 1 BGB analog verpflichtet sich der Verkäufer zur Übertragung des virtuellen Gegenstandes auf den Käufer.[472] Für den Fall, dass urheberrechtliche Verwertungsrechte durch die Veräußerung berührt werden, besteht die Verpflichtung zur Einräumung der entsprechenden Nutzungsrechte. Der Käufer ist im Gegenzug nach § 433 Abs. 2 BGB analog zur Abnahme des Gegenstandes und zur Zahlung des vereinbarten Kaufpreises verpflichtet.[473] Wird ein ganzer Spiel-Account übertragen, verpflichtet sich der Verkäufer zur Übertragung des mit dem jeweiligen Anbieter bestehenden Vertragsverhältnisses und zur Übermittlung der erforderlichen Zugangsdaten.

Ein Kaufvertrag über virtuelle Gegenstände kann vertragliche Nebenpflichten für die Parteien begründen.[474] Wird ein Spielcharakter eines Online-Rollenspiels veräußert, kann für den Verkäufer die Verpflichtung bestehen, den Erwerber nicht unmittelbar nach der Übergabe des Gegenstandes im Spiel anzugreifen, auszurauben oder sonst zu schädigen.[475] Dies gilt insbesondere dann, wenn der Verkäufer dabei besondere Schwachstellen der Figur ausnutzt, die ihm bekannt sind, weil er die Figur selbst aufgebaut hat. Allerdings ist nicht von einer Verpflichtung des Verkäufers auszugehen, sich dauerhaft gegenüber dem Erwerber neutral zu verhalten.[476] Zu berücksichtigen sind insbesondere die maßgeblichen Spielregeln und Verkehrssitten. Zu vielen Spielen gehört es als Spielmodalität dazu, dass Spieler ihre „Feinde" angreifen, ausrauben und eliminieren.[477] Auch der Käufer

---

470   *Wemmer/Bodensiek*, K&R 2004, 432, 436.

471   Vgl. allgemein *Schack*, Urheberrecht, Rn. 1137.

472   *Lober/Weber*, MMR 2005, 653, 657.

473   *Lober/Weber*, MMR 2005, 653, 656 f.

474   Allgemein zu den Nebenpflichten beim Kaufvertrag *Palandt/Putzo*, § 433, Rn. 22.

475   *Lober/Weber*, MMR 2005, 653, 657.

476   *Lober/Weber*, MMR 2005, 653, 657.

477   Vgl. die Nutzungsbestimmungen von *World of Warcraft* unter 4. (World of Warcraf-Verhaltenskodex), C. (Regeln für das Spiel selbst), „*So gilt es als zum Spiel gehörend, wenn Spieler Feinde ihrer Art und/oder ihrer Verbündeten eliminieren und sich um Grabsteine (grave-*

eines Charakters oder eines anderen virtuellen Gegenstandes muss daher damit rechnen, dass er im Rahmen der Spielregeln von anderen Teilnehmern, zu denen auch der Verkäufer gehören kann, angegriffen wird. Anderes kann in der „sozialen Welt" einer Entwicklungsplattform wie *Second Life* gelten, in der das Ausrauben von Mitspielern nicht als sozialadäquat angesehen werden kann.

## b) Gewährleistung

Der Verkäufer eines virtuellen Gegenstandes haftet über § 453 Abs. 1 Alt. 2 BGB i.V.m. §§ 437, 434, 435 BGB analog sowohl für Sach- als auch für Rechtsmängel.

## aa) Vorliegen eines Mangels

Dem Käufer stehen die Rechte aus § 437 BGB analog zu, wenn der verkaufte Gegenstand mangelhaft ist, § 434 BGB analog. Eine analoge Anwendung von § 434 BGB auf sonstige Gegenstände im Sinne von § 453 Abs. 1 BGB setzt voraus, dass der Mangel auf die Beschaffenheit bezogen werden kann.[478] Wie bei einer körperlichen Sache umfasst die Beschaffenheit eines virtuellen Gegenstandes alle dem Gegenstand mittelbar oder unmittelbar anhaftenden Eigenschaften, die für den Käufer von Bedeutung sind.[479] Zur Beschaffenheit von Gegenständen in Onlinespielen gehört beispielsweise dazu, dass diese von vornherein nur innerhalb der virtuellen Umgebung des Spiels nutzbar sind. Für den Käufer ist dies mit einer Einschränkung seiner tatsächlichen Herrschaftsmacht verbunden, die er über den virtuellen Gegenstand ausüben kann. Diese ist auf die zeitlich befristete Nutzung des Gegenstandes in der virtuellen Umgebung des Spiels nach Maßgabe der vom Spielbetreiber vorgegebenen Spielregeln beschränkt. Die Beschaffenheit eines virtuellen Gegenstandes kann sich auch auf „physische" Merkmale beziehen. Ist Gegenstand des Kaufvertrages zum Beispiel eine Flasche mit „Zaubertrunk", so gehört es zur Beschaffenheit des Kaufgegenstandes, dass sich nach dem Genuss des Trunks die vereinbarten (vgl. § 434 Abs. 1 S. 2 BGB analog) oder zumindest nach dem Vertrag vorausgesetzten (§ 434 Abs. 1 S. 2 BGB analog) Zauberkräfte tatsächlich entfalten. Werden

---

stone) und/oder Körper von Gefallenen (corpse camping) scharen. World of Warcraft ist ein Spiel „Mann gegen Mann" und in Gegenden, in denen Sie von feindlichen Völkern angegriffen werden könnten, sollten Sie sich verteidigen, anstatt die spielinternen Kundendienstmitarbeiter von Blizzard Entertainment, nachstehend als "Game Master" bezeichnet, um Hilfe zu bitten, wenn Sie von einem Feind Ihres Volkes getötet worden sind", im Internet: http://www.wow-europe.com/de/legal/termsofuse.html, (Stand: Januar 2008).

[478] *Palandt/Putzo*, § 453, Rn. 21b.

[479] Zum Begriff der Beschaffenheit *Palandt/Putzo*, § 434, Rn. 9–11.

virtuelle Schuhe verkauft, so gehört die vereinbarte Farbe zur Beschaffenheit der Schuhe.[480] Ein Rechtsmangel nach § 435 BGB analog liegt vor, wenn beim Verkauf eines Spiel-Accounts die Vertragsübernahme an der verweigerten Zustimmung des Spielanbieters scheitert, § 415 BGB.[481] Von einem Rechtsmangel ist ebenso auszugehen, wenn der Verkäufer eines urheberrechtlich geschützten virtuellen Gegenstandes nicht dazu in der Lage ist, dem Erwerber die für den vertraglich vereinbarten Nutzungsumfang erforderlichen Nutzungsrechte nach § 31 UrhG einzuräumen.

## bb) Rechtsfolgen

Liegt ein Mangel vor, stehen dem Käufer die Mängelrechte aus § 437 BGB analog zu. Hat das vorrangige Nacherfüllungsverlangen des Käufers nach §§ 437 Nr. 1, 439 Abs. 1 BGB keinen Erfolg, kann der Käufer vom Vertrag zurücktreten (§§ 437 Nr. 2, 440, 323, 326 Abs. 5 BGB analog), die Minderung des Kaufpreises geltend machen (§§ 437 Nr. 2, 441 BGB analog) oder bei Verschulden des Verkäufers diesen auf Schadensersatz nach §§ 437 Nr. 3 i.V.m. §§ 280 ff., 311a BGB analog in Anspruch nehmen. Der Umfang des Schadensersatzes für mangelhafte virtuelle Gegenstände richtet sich nach §§ 249 ff. BGB. Ist etwa Schadensersatz statt der Leistung geschuldet, bemisst sich das Erfüllungsinteresse nach dem Marktpreis, der für eine vergleichbare virtuelle Gestaltung auf den einschlägigen Handelsplattformen erzielt werden kann.[482] Ersatzfähig ist auch der entgangene Gewinn, § 252 BGB. Die Ersatzfähigkeit virtueller Gegenstände nach §§ 249 ff. BGB wird noch an anderer Stelle im Zusammenhang mit der gegenüber dem Teilnehmer bestehenden Haftung des (Spiel-)Betreibers umfassend erörtert.[483]

## 3.) Werkvertrag/Dienstvertrag, §§ 631, 611 BGB

Ein Werkvertrag nach § 631 BGB liegt beim so genannten „Power-Levelling"[484] eines Spiel-Accounts vor.[485] Hierbei geht es dem Besteller darum, einen mit bestimmten Eigenschaften und Fähigkeiten ausgestatteten Avatar gegen Zahlung einer Vergütung zu erhalten, mit dem er unmittelbar in ein

---

[480] Siehe auch die Beispiele bei *Rippert/Weimer*, ZUM 2007, 272, 279.

[481] Zur Vertragsübernahme siehe E. 3. c).

[482] *Lober/Weber*, CR 2006, 837, 842.

[483] Siehe dazu F. II. 4. b).

[484] Siehe den Power-Levelling-Service im Internet: http://www.topgameseller.com, (Stand: Januar 2008).

[485] *Klickermann*, MMR 2007, 766, 768; *Krasemann*, MMR 2006, 351, 353; *Rippert/Weimer*, ZUM 2007, 272, 278.

fortgeschrittenes Spiellevel einsteigen kann.[486] Der Unternehmer verpflichtet sich im Rahmen des Werkvertrags dazu, einen Charakter nach den vereinbarten Maßgaben in ein bestimmtes Spiellevel „hochzuspielen". Geschuldet ist in diesen Fällen ein konkreter Erfolg, nicht hingegen ein bloßes Tätigwerden, so dass eine dienstvertragliche Qualifikation ausscheidet.[487] Ein Werkvertrag nach § 631 BGB liegt schließlich auch vor, wenn Vertragsgegenstand der Aufbau einer Webpräsenz in der virtuellen Welt ist und damit ein bestimmter Programmierungserfolg geschuldet wird.[488] Ein Dienstvertrag nach § 611 BGB ist anzunehmen, wenn lediglich die Betreuung eines Charakters, Accounts oder einer Webpräsenz vereinbart wird, ohne dass jedoch bestimmte, zuvor definierte Zielvorgaben erreicht werden müssen.[489] Hinsichtlich der Sekundäransprüche bestehen beim Werk- und Dienstvertrag über virtuelle Gegenstände keine Besonderheiten.[490] Ist das Werk mangelhaft, etwa weil das vereinbarte Spiellevel nicht erreicht worden ist, stehen dem Besteller die Rechte aus § 634 BGB zu. Auch die Verletzung einer vertraglichen Leistungs- oder Nebenpflicht eines Dienstvertrages kann Schadensersatzansprüche nach §§ 280 ff. BGB nach sich ziehen.[491]

### III. Zusammenfassung

Virtuelle Gegenstände sind übertragbar. Die Übertragung ist zunächst eine reine Spielmodalität. Allerdings liegt eine Übertragung im Rechtsverkehr vor, sobald die Gegenstände gegen reales Geld gehandelt und somit als Wirtschaftsgüter der realen Welt verfügbar gemacht werden. Da an virtuellen Gegenständen keine dingliche Berechtigung erworben werden kann, ist über diese eine Verfügung im Rechtssinne nicht möglich. Die Übertragung ist vielmehr als bloßer Realakt zu beurteilen. Schuldrechtlich liegt der Übertragung meist ein Kaufvertrag zugrunde, §§ 453 Abs. 1 Alt. 2, 433 BGB analog. Der Verkäufer eines virtuellen Gegenstandes haftet sowohl für Sach- als auch für Rechtsmängel. Im Umfeld von Onlinespielen und Entwicklungsplattformen werden zudem Leistungen angeboten wie etwa „Power-Levelling-Services" oder Angebote zum Ausbau und der Betreuung einer Webpräsenz, die werk- oder dienstvertraglich zu qualifizieren sind.

---

[486]  Vgl. *Rippert/Weimer*, ZUM 2007, 272, 278.

[487]  Zur Abgrenzung von Werk- und Dienstvertrag *Palandt/Sprau*, Einf v § 631, Rn. 8.

[488]  *Rippert/Weimer*, ZUM 2007, 272, 278; vgl. auch *Cichon*, Internetverträge, Rn. 422.

[489]  *Krasemann*, MMR 2006, 351, 353; *Rippert/Weimer*, ZUM 2007, 272, 278.

[490]  *Rippert/Weimer*, ZUM 2007, 272, 279.

[491]  *Rippert/Weimer*, ZUM 2007, 272, 279.

# F. Rechtsbeziehungen zwischen (Spiel-)Betreiber und Teilnehmer

Bei der Einordnung des zwischen Anbieter und Teilnehmer bestehenden Rechtsverhältnisses kann im Wesentlichen zwischen zwei unterschiedlichen Verträgen unterschieden werden. Zum einen muss der Teilnehmer eine Zugangs- oder Spielsoftware vom Anbieter erwerben, die ihm nach der Installation des so genannten „Spiel-Clienten"[492] den Online-Zugang zur virtuellen Umgebung des Spiels ermöglicht. Zum anderen muss sich der Teilnehmer vom Anbieter das Recht zur Nutzung der virtuellen Umgebung des Spiels oder der Entwicklungsplattform vertraglich einräumen lassen. Beide Verträge werden im Folgenden isoliert auf ihre rechtliche Qualifikation hin untersucht. Weitere Unterschiede ergeben sich im Hinblick auf die Nutzung der Online-Umgebung eines Onlinespiels (Onlinespielvertrag) oder einer Entwicklungsplattform.

## I. Softwareüberlassung

## 1. Typologisierung

### a) Kaufvertrag, § 433 BGB

Wird Standardsoftware gegen ein einmaliges Entgelt dem Nutzer endgültig überlassen, dann liegt ein Kaufvertrag nach § 433 BGB vor, welcher den Verkäufer zur Übereignung des Datenträgers und gegebenenfalls zur Übertragung der erforderlichen urheberrechtlichen Nutzungsrechte verpflichtet.[493] Wegen § 453 Abs. 1 BGB ist für die Einordnung als Kaufvertrag unbeachtlich, ob die Software auf einem Datenträger oder als Download aus dem Internet bezogen wird.[494] Wird Standardsoftware lediglich auf Zeit überlassen, dann kommt eine Einordnung als Miet- oder Pachtvertrag nach § 581 BGB in Betracht.[495] Jedoch ist die nur zeitweise Überlassung von standardisierter Spielsoftware unüblich, so dass regelmäßig ein Kaufvertrag vorliegen wird.

---

[492] Siehe dazu B. I. 1.

[493] Vgl. *BGHZ* 102, 135, 140 ff.; *BGH*, NJW 1990, 3011, 3012; *Schack*, Urheberrecht, Rn. 1137; *Hoeren*, IT Vertragsrecht, Rn. 126; *Redeker*, IT-Recht, Rn. 529; *Rehbinder*, Urheberrecht, Rn. 771.

[494] *Palandt/Heinrichs*, § 90 Rn. 2.

[495] *BGHZ* 143, 307, 309; *BGHZ* 109, 97, 100 f.; *BGH*, NJW 2007, 2394 – ASP-Vertrag; *Palandt/Heinrichs*, § 90, Rn. 2; *Rehbinder*, Urheberrecht, Rn. 771.

## b) Urheberrechtlicher Nutzungsvertrag

Umstritten ist, ob sich der Erwerber die zur bestimmungsgemäßen Nutzung des Computerprogramms erforderlichen urheberrechtlichen Nutzungsrechte im Rahmen eines weiteren Nutzungsvertrages vom urheberrechtlich Berechtigten einräumen lassen muss. Bei einer dauerhaften Speicherung des Programms auf der Festplatte des Nutzers ist das Vervielfältigungsrecht nach § 69c Nr. 1 UrhG betroffen.[496] Nach umstrittener Ansicht stellt auch das Laden eines Computerprogramms in den Arbeitsspeicher eine relevante Vervielfältigungshandlung dar.[497] Die herrschende Meinung hält den Abschluss einer zusätzlichen Nutzungsvereinbarung mit dem urheberrechtlich Berechtigten jedoch für nicht erforderlich.[498] Zutreffend wird darauf hingewiesen, dass § 69d UrhG eine gesetzliche Lizenz enthält, welche die Einräumung vertraglicher Rechtseinräumungen zur bestimmungsgemäßen Nutzung des Computerprogramms entbehrlich macht.[499] Nach § 69d Abs. 1 UrhG bedürfen Vervielfältigungen i.S. von § 69c Nr.1, 2 UrhG keiner Zustimmung des Rechtsinhabers, wenn sie für eine bestimmungsgemäße Benutzung des Computerprogramms durch einen zur Verwendung Berechtigten erforderlich sind. Zur Verwendung des Vervielfältigungsstücks „berechtigt" sind sowohl der Käufer oder sonstige Erwerber des Computerprogramms als auch der Lizenznehmer.[500] Dennoch wird in der Literatur teilweise für erforderlich gehalten, dass dem Erwerber eines Vervielfältigungsstücks zusätzlich ein vertragliches Nutzungsrecht an dem Computerprogramm eingeräumt werden muss, da § 69d UrhG nicht als gesetzliche Lizenz einzuordnen sei, sondern durch die Norm nur Mindestrechte konkretisiert würden.[501] Diese Lesart des § 69d Abs. 1 UrhG ist jedoch unter Wertungsgesichtspunkten nicht mit dem für Computerprogramme in § 69c Nr. 3 S. 2 UrhG verankerten Erschöpfungsgrundsatz zu vereinbaren.[502] Die Erschöpfung würde durch die Hintertür abgeschwächt, wenn der Erst- oder Zweiterwerber nur nach dem Abschluss eines (weiteren) Vertrages mit dem urheberrechtlich Berechtigten befugt wäre, das

---

[496]  *Dreier/Schulze/Dreier*, § 69c, Rn. 7; *Hoeren*, CR 2006, 573, 575.

[497]  Vgl. zum Streitstand *Hoeren*, CR 2006, 573, 575 ff.

[498]  *Dreier/Schulze/Dreier*, § 69d, Rn. 6; *Möhring/Nicolini/Hoeren*, § 69d, Rn. 4; *Rehbinder*, Urheberrecht, Rn. 392; *Baus*, MMR 2002, 14, 16; *Hoeren/Schumacher*, CR 2000, 137, 139; *Sahin/ Haines*, CR 2005, 241, 244 f.

[499]  Siehe die Übersicht bei *Wandtke/Bullinger/Grützmacher*, § 69d, Rn. 24 ff.

[500]  *Dreier/Schulze/Dreier*, § 69d, Rn. 6; *Schricker/Loewenheim*, § 69d, Rn. 4; *Wandtke/Bullinger/ Grützmacher*, § 69d, Rn. 24.

[501]  *Haberstumpf*, in: Lehmann, Rechtsschutz, Kap. II, Rn. 159; *Marly*, Softwareüberlassungsverträge, Rn. 485; vgl. auch *Wandtke/Bullinger/Grützmacher*, § 69d, Rn. 25.

[502]  Zum Erschöpfungsgrundsatz siehe C. IV. 1.

Computerprogramm zu nutzen.[503] Insofern wird von der Gegenansicht zutreffend darauf hingewiesen, dass die in § 69d Abs. 1 UrhG verankerte gesetzliche Lizenz der Absicherung des Erschöpfungsgrundsatzes dient.[504] Gegen diese Argumentation spricht nicht, dass ein erheblicher Teil der Software im Wege der Online-Übertragung vertrieben wird.[505] Denn der Erschöpfungsgrundsatz nach § 69c Nr. 3 S. 2 UrhG, der sich auf körperliche Vervielfältigungsstücke bezieht,[506] findet nach umstrittener aber zutreffender Auffassung auch bei der Online-Übermittlung von Software analoge Anwendung.[507] Unabhängig davon, ob ein Computerprogramm auf einem festen Datenträger oder im Wege der Online-Übertragung verbreitet wird, greift daher für die bestimmungsgemäße Nutzung der Software die gesetzliche Lizenz des § 69d Abs. 1 UrhG ein. Zusätzliche Nutzungsvereinbarungen mit dem urheberrechtlich Berechtigten können jedoch dann erforderlich werden, wenn es um Verwertungshandlungen geht, welche nicht durch die gesetzliche Lizenz des § 69d UrhG erfasst werden. Dazu kann beispielsweise die Berechtigung gehören, das Computerprogramm nicht nur als Einzelplatzlizenz, sondern auf unterschiedlichen Rechnern oder im Netzwerkbetrieb ausführen zu dürfen.[508] Solange der Käufer der Spielsoftware diese jedoch nur auf einem Rechner nutzt, bedarf es neben dem Kauf der Software keiner gesonderten Einräumung urheberrechtlicher Nutzungsbefugnisse.

## 2. Gewährleistung

Hinsichtlich der Gewährleistung bestehen beim Softwarekauf keine Besonderheiten. Ist der Datenträger oder das Programm fehlerhaft, finden die Vorschriften der Sachmängelgewährleistung nach §§ 437, 434 BGB Anwendung.[509] Der Käufer kann zunächst Nachbesserung oder die Lieferung einer mangelfreien Sache verlangen, §§ 437 Nr. 1, 439 Abs. 1 BGB. Kleinere Programmfehler werden dabei oftmals durch vom Softwareanbieter im Internet zum kostenlosen Download bereitgestellte „Updates" und „Patches"

---

[503]  *Baus*, MMR 2002, 14, 16.

[504]  *Dreier/Schulze/Dreier*, § 69d, Rn. 6; *Wandtke/Bullinger/Grützmacher*, § 69d, Rn. 26; *Baus*, MMR 2002, 14, 16; *Hoeren*, CR 2006, 573, 575.

[505]  So aber *Mestmäcker/Schulze/Haberstumpf*, § 69d, Rn. 3.

[506]  *Dreier/Schulze/Dreier*, § 69c, Rn. 24.

[507]  LG *Hamburg*, CR 2006, 812, 814; *Berger*, GRUR 2002, 198, 199; *Grützmacher*, ZUM 2006, 302, 304; *Hoeren*, CR 2006, 573; *Mäger*, CR 1996, 522 ff.; *Sosnitza*, K&R 2006, 206 ff.; a.A. OLG *München*, K&R 2006, 469; LG *München I*, MMR 2006, 175, 177; *Heyn/Schmidl*, K&R 2006, 74, 76; *Koch*, CR 2002, 629, 631; siehe dazu insbesondere auch C. IV. 2.

[508]  *Dreier/Schulze/Dreier*, § 69d, Rn. 2.

[509]  *Rehbinder*, Urheberrecht, Rn. 771; *Redeker*, IT-Recht, Rn. 545.

behoben.[510] Bei mangelnden Nutzungsrechten finden die Vorschriften über die Haftung für Rechtsmängel gemäß § 435 BGB Anwendung.[511]

## II. Online-Nutzung der virtuellen Umgebung eines Onlinespiels

### 1. Leistungsbeschreibung

Die Leistung des Anbieters eines Onlinespiels besteht darin, dem Teilnehmer die Online-Nutzung einer funktionierenden virtuellen Spielumgebung zu ermöglichen, innerhalb derer der Nutzer nach Maßgabe der jeweiligen Spielbeschreibung mit seinem Avatar agieren kann. Neben der virtuellen Spielumgebung gehört zur Leistungsverpflichtung des Spielanbieters die Bereitstellung und Wartung der zentralen Server- und Softwaretechnologie, die für ein online nutzbares Spielangebot erforderlich ist. Schließlich gehören Maßnahmen der Datensicherung und Datenspeicherung zum vertragstypischen Kern eines Onlinespielangebots. Nutzerprofile und Spielstände, die dem Teilnehmer während der Vertragsdauer eine dauerhafte Identität in der virtuellen Welt verschaffen und es diesem erlauben, nach dem Verlassen des Spiels an gleicher Stelle wieder in das laufende Spielgeschehen einsteigen zu können, müssen gespeichert werden. Typischerweise nicht zum Leistungsversprechen des Spielanbieters gehört die Sicherung einer funktionierenden Anbindung des Teilnehmers an das Internet. Die Herstellung einer Internetverbindung ist allein Sache des Nutzers.[512] Jedoch muss der Spielanbieter genügend Server- und Verbindungskapazitäten zur Verfügung stellen, so dass sämtliche Teilnehmer online auf die virtuelle Umgebung des Spiels zugreifen können. Im Synallagma zu den Leistungen des Spielanbieters steht die Vergütungspflicht des Teilnehmers. Dieser hat für die Nutzung des Angebots in meist monatlichen Abständen einen bestimmten Geldbetrag an den Betreiber zu entrichten.

---

[510] Vgl. *Redeker*, IT-Recht, Rn. 553.

[511] *Hoeren*, IT Vertragsrecht, Rn. 166; *Rehbinder*, Urheberrecht, Rn. 771.

[512] Vgl. die Nutzungsbedingungen von *World of Warcraft*, Punkt 10., *„Die Sicherung einer Internetverbindung unterliegt Ihrer alleinigen Verantwortung, und Sie allein kommen für alle dadurch anfallenden Kosten auf"*, im Internet: http://www.wow-europe.com/de/legal/ termsofuse.html, (Stand: Januar 2008).

## 2. Typologisierung

### a) Onlinespielvertrag als Dauerschuldverhältnis

Bevor die unterschiedlichen Leistungsversprechen des Spielanbieters im Einzelnen auf ihre vertragliche Einordnung hin untersucht werden, ist vorab festzuhalten, dass der Onlinespielvertrag als Dauerschuldverhältnis ausgestaltet ist. Das Vertragsverhältnis erschöpft sich nicht im einmaligen Austausch von Leistung und Gegenleistung, sondern ist charakterisiert durch einen für ein Dauerschuldverhältnis typischen ständigen Leistungsaustausch.[513] Der Spielanbieter schuldet über einen längeren Vertragszeitraum hinweg die Bereitstellung einer virtuellen Spielumgebung und der dazu erforderlichen technischen Infrastruktur, der Teilnehmer schuldet im Gegenzug eine Vergütung für die Online-Nutzung. Mit der Einordnung einer vertraglichen Beziehung als Dauerschuldverhältnis geht einher, dass während der gesamten Vertragslaufzeit gesteigerte Vertrauens- und Abhängigkeitsverhältnisse zwischen den Beteiligten bestehen, die in Abgrenzung zu einmaligen Austauschverhältnissen besondere Rücksichtnahmepflichten entstehen lassen können.[514]

### b) Online-Nutzung als Miete, §§ 535 ff. BGB

Der Spielanbieter schuldet als typische Leistung die Bereitstellung einer für den Teilnehmer online erreichbaren, funktionierenden virtuellen Spielumgebung, einschließlich der für die technische Umsetzung erforderlichen zentralen Software und Serverkapazitäten. Die vom Spielanbieter bereit gehaltene virtuelle Umgebung – einschließlich sämtlicher sich darin befindlicher virtueller Gegenstände – wird vom Teilnehmer genutzt, indem dieser online auf die virtuelle Umgebung zugreifen und innerhalb dieser mit seinem Avatar agieren kann. Die so gewährte Nutzungsmöglichkeit eines „virtuellen Raums" legt die Klassifizierung des Onlinespielvertrags als Mietvertrag nach §§ 535 ff. BGB nahe.[515] Charakteristisch für den Mietvertrag ist die zum Zwecke der Gebrauchsgewährung entgeltliche Überlassung beweglicher oder unbeweglicher Sachen im Sinne von § 90 BGB an einen Dritten, § 535 BGB.[516]

---

[513]  Allgemein zum Dauerschuldverhältnis *Musielak*, BGB, Rn. 172.

[514]  *Palandt/Grüneberg*, § 314, Rn. 2; *Bettinger/Scheffelt*, CR 2001, 729, 731.

[515]  Ähnlich *Koch*, JurPC Web-Dok. 57/2006, Abs. 16; *Krasemann*, MMR 2006, 351, 352; *Lober/Weber*, MMR 2005, 653, 656.

[516]  *Palandt/Weidenkaff*, § 535, Rn. 2, 14.

### aa) Virtuelle Umgebung als tauglicher Vertragsgegenstand

Es stellt sich die Frage, ob der Teilnehmer beim Zugriff auf die virtuelle Umgebung des Onlinespiels eine Sache im Sinne von § 90 BGB – als tauglichen Gegenstand eines Mietvertrages – nutzt. Daran könnten Zweifel bestehen, würde man allein auf die Nutzung der audiovisuellen Darstellung des Spiels auf dem Bildschirm des Teilnehmers abstellen. Denn die Sachqualität dieser Darstellung wäre mangels körperlicher Verfestigung zu verneinen.[517] Diese Betrachtungsweise wird jedoch nicht dem Umstand gerecht, dass der Teilnehmer mit der Nutzung der Spielumgebung letztlich die dahinter liegende, vom Spielanbieter bereitgestellte Software und Serverkapazität nutzt. Eine vergleichbare Situation besteht beim Gebrauch eines beliebigen anderen Computerprogramms, dessen Benutzeroberfläche das Programm für den Anwender erst nutzbar macht. Notwendigerweise in Anspruch genommen werden dabei auch die für den Nutzer nicht sichtbaren Datenverarbeitungsvorgänge, die beim Gebrauch der auf einem Datenträger gespeicherten Software ausgelöst werden. Damit ist Gegenstand der Nutzung die Software selbst, deren Sachqualität aufgrund ihrer notwendigen Verkörperung auf einem Speichermedium in Rechtsprechung und dem überwiegenden Teil der Literatur anerkannt ist.[518] Dementsprechend wird auch das so genannte „Application Service Providing" (ASP), eine Möglichkeit des Nutzers online auf eine zentrale Software zuzugreifen und diese im Wege der Fernübertragung zu nutzen, mietvertraglich qualifiziert.[519] Nichts anderes gilt beim Online-Zugriff auf die virtuelle Umgebung eines Onlinespiels, so dass die Spielumgebung, einschließlich der dazugehörigen Software und Serverkapazitäten, als tauglicher Gegenstand eines Mietvertrages nach §§ 535 ff. BGB anzusehen ist.

### bb) Überlassung des Gebrauchs

Nach § 535 Abs. 1 S. 2 BGB hat der Vermieter dem Mieter die Mietsache zu überlassen. Eine „Überlassung" der Mietsache an den Teilnehmer scheitert vorliegend nicht daran, dass der Nutzer lediglich Zugriff auf das auf dem Server gespeicherte Spielangebot nimmt, ohne dass er im Sinne einer Besitzverschaffung die tatsächliche Gewalt über den Mietgegenstand erlangt.[520] Denn auf eine Besitzüberlassung kommt es für eine mietvertragli-

---

[517] Allgemein zur Sachqualität siehe D. 1. a).

[518] Siehe hierzu D. I. 1. a).

[519] *BGH*, NJW 2007, 2394 – ASP-Vertrag; *Bettinger/Scheffelt*, CR 2001, 729, 731 f.; *Röhrborn/Sinhart*, CR 2001, 69, 71; *Sedlmeier/Kolk*, MMR 2002, 75, 78.

[520] Vgl. zur Überlassung einer Software im Rahmen eines ASP-Vertrages *BGH*, NJW 2007, 2394, 2395 – ASP-Vertrag; *Bettinger/Scheffelt*, CR 2001, 729, 731; *Röhrborn/Sinhart*, CR 2001, 69, 71; *Sedlmeier/Kolk*, MMR 2002, 75, 78.

che Qualifikation nicht an. Die Vorschrift des § 535 Abs. 1 S. 1 BGB lässt die Gewährung des vertragsgemäßen Gebrauchs genügen, die auch ohne Besitzüberlassung möglich ist.[521] Ausreichend für die Überlassung der Mietsache ist vielmehr, dass der Vermieter dem Mieter den Zugang zur Sache ermöglicht – der auch online erfolgen kann[522] – sofern der vertragsgemäße Gebrauch der Sache keine Besitzübertragung erfordert.[523] Damit genügt es, wenn der Spielanbieter es dem Teilnehmer ermöglicht, über eine Internetverbindung Zugriff auf die virtuelle Umgebung des Spiels zu nehmen. Gegen eine mietvertragliche Qualifikation des Onlinespielvertrags spricht auch nicht, dass der Teilnehmer nicht während der gesamten Vertragsdauer Zugriff auf die Mietsache nimmt, sondern nur im Zeitraum der von ihm initiierten Online-Nutzung.[524] Schließlich ist für die mietvertragliche Qualifikation unschädlich, dass neben dem Teilnehmer weitere Nutzer Zugriff auf das Spielangebot haben. Die Anwendung des Mietrechts setzt nicht voraus, dass dem Mieter ein ausschließlicher Gebrauch an der Mietsache gewährt wird.[525]

## cc) Abgrenzung zu anderen Vertragstypen

Weder durch das Dienst-, Werk- oder Pachtvertragsrecht können die Rechtsbeziehungen des Teilnehmers zum Spielbetreiber sachgerecht erfasst werden. Für die Anwendung des Dienstvertragsrechts nach §§ 611 ff. BGB ließe sich anführen, dass der Spielanbieter als vertragliche Hauptpflicht die Dienste eines Programms schulde, statt dessen Überlassung. Hiergegen spricht jedoch, dass die Bereitstellung einer funktionierenden virtuellen Spielumgebung bei einer rein dienstvertraglichen Qualifikation des Rechtsverhältnisses nicht gewährleistet ist, da der dienstverpflichtete Spielanbieter dann nur zum bloßen Tätigwerden verpflichtet wäre.[526] Dies gilt insbesondere auch hinsichtlich der Online-Erreichbarkeit des Spielangebots, die der Spielanbieter durch das Vorhalten einer ausreichenden Anzahl von Schnittstellen zum Internet und genügend Serverkapazitäten zu gewährleisten hat.[527] Eine dienstvertragliche Einordnung würde weiterhin zu dem Ergebnis führen, dass selbst bei einer langfristigen Nicht-Erreichbarkeit des

---

[521] Vgl. *BGH*, NJW-RR 1989, 589, 590; *BGH*, NJW 2002, 3322, 3323; *BGH*, NJW 2007, 2394, 2395 – ASP-Vertrag; *Palandt/Weidenkaff*, § 535, Rn. 35; *Bettinger/Scheffelt*, CR 2001, 729, 731; *Röhrborn/Sinhart*, CR 2001, 69, 71; *Sedlmeier/Kolk*, MMR 2002, 75, 78.

[522] *BGH*, NJW 2007, 2394, 2395 – ASP-Vertrag.

[523] *BGH*, NJW-RR 1989, 589, 590; *BGH*, NJW 2002, 3322, 3323; *BGH*, NJW 2007, 2394, 2395 – ASP-Vertrag; *Palandt/Weidenkaff*, § 535, Rn. 35.

[524] Vgl. *BGH*, NJW 2007, 2394, 2395 – ASP-Vertrag; *Bettinger/Scheffelt*, CR 2001, 729, 731.

[525] *Palandt/Weidenkaff*, § 535, Rn. 35; *Bettinger/Scheffelt*, CR 2001, 729, 731 f.

[526] Zum Inhalt eines Dienstvertrags vgl. *Palandt/Weidenkaff*, Einf v § 611, Rn. 1.

[527] Siehe dazu auch F. III. 2. c).

Spielangebots ein in voller Höhe bestehender Vergütungsanspruch des Spielanbieters gegenüber dem Teilnehmer bestände.[528] Dies würde jedoch eine unangemessene Benachteiligung des Teilnehmers darstellen.

Eine Einordnung als Werkvertrag im Sinne von § 631 BGB scheidet ebenfalls aus, da beim Onlinespielvertrag die dauerhafte Nutzung des Spielangebots im Vordergrund steht und nicht die punktuelle Herstellung eines bestimmten Werkes.[529]

Ein Pachtvertrag im Sinne der §§ 581 ff. BGB ist ebenfalls nicht anzunehmen. Im Vergleich zum Mietvertrag besteht die Besonderheit des Pachtvertrages darin, dass der Verpächter dem Pächter den Bezug der Früchte (§ 99 BGB) gestatten muss, die sich aus der Pachtsache gewinnen lassen.[530] Die Möglichkeit der Fruchtziehung ist dabei selbstständiger Vertragsbestandteil neben der Gebrauchsüberlassung und nicht nur Nebenfolge.[531] Fraglich ist bereits, ob sich die Nutzung eines Onlinespielangebots zur „Fruchtziehung" eignet. Unmittelbare Früchte einer Sache sind nach § 99 Abs. 1 BGB die Erzeugnisse und sonstige Ausbeute, welche aus der Sache ihrer Bestimmung gemäß gewonnen werden.[532] Während die Erzeugnisse organische Boden- und Tierprodukte umfassen,[533] kann die sonstige Ausbeute in materiellen und immateriellen Ergebnissen einer Nutzung der Pachtsache bestehen.[534] In Onlinespielen können zwar weitere virtuelle Gegenstände als Ergebnis einer bestimmten spielerischen Aktion hinzugewonnen werden. Dies ist jedoch eher als eine im Spiel angelegte Nutzungsmöglichkeit zu begreifen als die Gewinnung neuer, von der Hauptsache abtrennbarer Früchte. Auch die Annahme einer Rechtspacht, bei der Vertragsgegenstand ein an dem Spielangebot bestehendes Nutzungsrecht ist, erscheint lebensfremd, so dass die pachtrechtlichen Vorschriften der §§ 581 ff. BGB insgesamt keine Anwendung auf Onlinespielverträge finden. Die Abgrenzung zu den anderen in Betracht kommenden Vertragstypen bestätigt somit die interessengerechte Einordnung der Online-Nutzung des Spielangebots durch das Mietvertragsrecht nach §§ 535 ff. BGB.

---

[528] Ähnlich die Situation beim Web-Hosting-Vertrag, vgl. *Komarnicki*, in: Handbuch Multimediarecht, Abschn. 12.2, Rn. 39 ff.

[529] A.A. *Redeker*, IT-Recht, Rn. 1016.

[530] *Palandt/Weidenkaff*, Einf v § 535, Rn. 16.

[531] *Erman/Jendrek*, Vor § 535, Rn. 11, § 581, Rn. 2.

[532] Zum Begriff der Früchte i.S. von § 99 BGB vgl. auch *Schellhammer*, Sachenrecht, Rn. 1433 ff.

[533] *Schellhammer*, Sachenrecht, Rn. 1434.

[534] *Erman/Michalski*, § 99 Rn. 5 f.

## c) Speicherung/Verwaltung von Nutzerprofilen und Spielständen

Zu den vertraglichen Pflichten des Spielanbieters gehört auch die Speicherung und Verwaltung von Nutzerprofilen und Spielständen. Auf diese Weise kann der Teilnehmer seinen virtuellen Charakter während der Vertragslaufzeit ausbauen und nach Belieben wieder an der Stelle in das Spiel einsteigen, an der er es zuletzt verlassen hat. Diesen Leistungen des Spielanbieters kommt sowohl ein werk- als auch dienstvertraglicher Charakter zu. Möglich ist jedoch auch eine abschließende Erfassung durch das Mietrecht. Die Pflege und Verwaltung von Nutzerprofilen weist dienstvertragliche Elemente auf (§§ 611 ff. BGB), da insofern ein Tätigwerden des Spielanbieters geschuldet ist. Die Speicherung von Nutzerdaten und Spieldaten dagegen ist eher werkvertraglicher Natur (§ 631 BGB), da es dem Teilnehmer maßgeblich darauf ankommt, dass seine Daten erfolgreich erfasst und gespeichert werden. Gleichwohl passt das Werkvertragsrecht nur bedingt. Die werkvertragliche Vergütungspflicht des Teilnehmers ist in der Regel mit der mietvertraglichen Vergütung für die Gebrauchsgewährung abgegolten, außerdem ist eine Abnahmeverpflichtung des Bestellers nach § 640 BGB nicht praktikabel. Sachgerechte Ergebnisse lassen sich hingegen erzielen, wenn die Pflicht des Spielanbieters zur Speicherung und Verwaltung von Nutzerprofilen und Spielständen rein mietvertraglich eingeordnet wird. Dies ist möglich, da die Möglichkeit des Teilnehmers, mit der individuell ausgestatteten Figur jederzeit nahtlos in das Spielgeschehen einsteigen zu können, zum vertragsgemäßen Gebrauch der Mietsache nach § 535 Abs. 1 BGB gezählt werden kann. Dann trifft den Spielanbieter die originär mietvertragliche Pflicht für eine entsprechende Speicherung und Verwaltung von Nutzerprofilen und Spielständen zu sorgen.

## 3. Beendigung des Vertragsverhältnisses

### a) Kündigung

Ist keine Vertragslaufzeit vereinbart, werden Onlinespielverträge entsprechend ihrer Eigenschaft als Dauerschuldverhältnisse durch Kündigung seitens des Teilnehmers oder des Spielanbieters beendet.[535] Fehlen Vereinbarungen über Kündigungsfristen, kann der Spielteilnehmer den Onlinespielvertrag jederzeit mit der mindestens dreitägigen Kündigungsfrist des § 580a Abs. 3 Nr. 2 BGB kündigen. Die Vorschrift findet Anwendung, da es sich bei der Nutzung der virtuellen Spielumgebung und der dahinter liegenden technischen Einrichtungen um ein Mietverhältnis über eine beweg-

---

[535] *Wemmer/Bodensiek*, K&R 2004, 432, 434.

liche Sache handelt.[536] Allerdings ist es nicht sachgerecht, dem Spielanbieter ebenfalls die kurze Kündigungsfrist des § 580a Abs. 3 Nr. 2 BGB zubilligen, wenn dieser den entgeltlichen Handel mit virtuellen Gegenständen zugelassen hat. Die kurzen Kündigungsfristen bei einem Mietverhältnis über eine bewegliche Sache tragen dem Umstand Rechnung, dass das Mietverhältnis zeitnah und unkompliziert durch die Rückgabe der Sache abgewickelt werden kann und der Mieter daher nicht durch eine längere Kündigungsfrist geschützt werden muss.[537] Für den Fall, dass der Spielanbieter den Handel mit virtuellen Gegenständen gestattet, muss dem Teilnehmer eines Onlinespiels jedoch die Gelegenheit gegeben werden, die erworbenen virtuellen Gegenstände vor Beendigung des Vertragsverhältnisses – etwa durch Verkauf – verwerten zu können. Dies ist bei einer dreitägigen Kündigungsfrist kaum möglich. Nach Treu und Glauben ist hier eine Kündigungsfrist des Spielanbieters von mindestens zwei Wochen anzunehmen, § 580a Abs. 3 Nr. 2 BGB i.V.m. § 242 BGB.

Auf die gesetzlichen Kündigungsfristen kommt es nicht an, wenn wirksame vertragliche Regelungen über ordentliche Kündigungsmöglichkeiten in den Nutzungsbedingungen enthalten sind. Die Vorschrift des § 580a BGB ist dispositiv, so dass die Parteien von der gesetzlichen Regelung abweichende Kündigungsfristen vereinbaren können.[538] Meist sind die Spielabonnements seitens der Teilnehmer zum Ende des jeweiligen Abrechnungszeitraums jederzeit kündbar.[539] Als zulässig sind bei monatlichen Abrechnungsperioden auch ordentliche Kündigungsfristen von mindestens zwei bis vier Wochen zum Monatsende zu erachten.[540] Neben der ordentlichen Kündigungsmöglichkeit besteht nach § 543 BGB die Möglichkeit zur außerordentlichen Kündigung aus wichtigem Grund. Soweit der Kündigungsgrund in der Verletzung mietvertraglicher Pflichten besteht, ist die Pflicht zum vorherigen Setzen einer Abhilfefrist nach § 543 Abs. 3 BGB zu beachten. Anhaltspunkte für das Vorliegen eines wichtigen Grundes gibt der nicht abschließende Katalog des § 543 Abs. 2 BGB. Nach § 543 Abs. 2 Nr. 2 Alt. 2 BGB liegt ein wichtiger Grund unter anderem dann vor, wenn der Mieter die Mietsache unbefugt einem Dritten überlässt. Damit kann die Überlassung des Spiel-Accounts an Dritte, insbesondere zum Zwecke des

---

[536] Vergleichbar die Kündigung von Webhostingverträgen, vgl. *OLG Köln*, Urt. v. 13.5.2002 – 19 U 211/01, Jur-PC Web-Dok. 386/2002; *Cichon*, Internetverträge, Rn. 207; *Komarnicki*, in: Handbuch Multimediarecht, Abschn. 12.2, Rn. 111.

[537] Zum Normzweck von § 580a BGB vgl. *Bamberger/Roth/Herrmann*, § 580a, Rn. 3.

[538] *Bamberger/Roth/Herrmann*, § 580a, Rn. 28.

[539] Vgl. die Zahlungsbestimmungen von *World of Warcraft*, Punkt 3., im Internet: http://www.wow-europe.com/de/legal/termsofpayment.html, (Stand: Januar 2008).

[540] Vgl. zur ordentlichen Kündigungsfrist bei Webhostingverträgen *Komarnicki*, in: Handbuch Multimediarecht, Abschn. 12.2, Rn. 111.

„Power-Levelling",[541] den Spielanbieter zur außerordentlichen Kündigung berechtigen. Im Übrigen bestimmt sich das Vorliegen eines wichtigen Grundes nach der Generalklausel des § 543 Abs. 1 S. 2 BGB. Ein wichtiger Grund liegt im Einzelfall immer dann vor, wenn unter Berücksichtigung aller Umstände und unter Abwägung der beiderseitigen Interessen die Fortsetzung des Vertrags für den Kündigenden unzumutbar ist.[542] Davon ist zum Beispiel dann auszugehen, wenn ein Teilnehmer mit unzulässigen Programmen Einfluss auf das Spielgeschehen nimmt.[543] Ebenfalls ist der Spielanbieter zur außerordentlichen Kündigung berechtigt, wenn der Teilnehmer virtuelle Gegenstände entgeltlich handelt, obwohl dieses durch eine entsprechende Regelung in den Nutzungsbedingungen untersagt ist.[544]

Nach der Kündigung des Onlinespielvertrages ist der Spielanbieter zur Rückerstattung der im Voraus entrichteten Vergütungen verpflichtet, § 547 Abs. 1 BGB. Dieses wird jedoch nur selten der Fall sein, da die Kündigung nach der vertraglichen Regelung meist zum Ende des vom Teilnehmer vorausbezahlten Abrechnungszeitraumes wirksam wird.[545] Zudem besteht eine aus § 242 BGB folgende Verpflichtung zur Herausgabe beziehungsweise Löschung der gespeicherten Kundendaten.[546] Eine Rückgabeverpflichtung des Teilnehmers nach § 546 Abs. 1 BGB ist hingegen nicht anzunehmen, da der Spielanbieter ohnehin im Besitz der zentralen Spielsoftware und Serverkapazitäten ist. Jedoch trifft den Teilnehmer in analoger Anwendung des § 546 Abs. 1 BGB die Pflicht, nicht mehr auf das Onlinespielangebot über den Spiel-Account zuzugreifen, solange dieser noch nicht vom Spielanbieter gesperrt ist.

Das Recht zur Loslösung vom Vertrag und die Geltendmachung von Schadensersatzansprüchen schließen sich nicht gegenseitig aus, sondern stehen nebeneinander (vgl. § 314 Abs. 4 BGB).[547] Bei einem regulären Vertragsende steht dem Teilnehmer kein Schadensersatz zu, wenn durch die Deaktivierung des Spiel-Accounts virtuelle Gegenstände des Teilnehmers verloren gehen. Es ist Sache des Nutzers, sich vor Vertragsende um die Verwertung der virtuellen Gegenstände zu bemühen, wenn der entgeltliche Handel derselben zugelassen ist.[548] Gerade im Fall streitiger außerordentli-

---

[541]  Zum „Power-Levelling" siehe E. II. 3.

[542]  *BGHZ* 41, 104, 108; *BGH*, NJW 1993, 1972, 1973; *Palandt/Grüneberg*, § 314, Rn. 7.

[543]  Zu den spielfremden Eingriffen siehe G.

[544]  Siehe dazu F. IV. 2.

[545]  Vgl. die Zahlungsbestimmungen von *World of Warcraft*, Punkt 3., im Internet: http://www.wow-europe.com/de/legal/termsofpayment.html, (Stand: Januar 2008).

[546]  Zur vergleichbaren Situation bei Beendigung eines Webhostingvertrages *Komarnicki*, in: Handbuch Multimediarecht, Abschn. 12.2, Rn. 114.

[547]  *Palandt/Grüneberg*, § 314, Rn. 11; *Komarnicki*, in: Handbuch Multimediarecht, Abschn. 12.2, Rn. 112.

[548]  *Lober/Weber*, CR 2006, 837, 841.

cher Kündigungen können die Spielanbieter Haftungsrisiken vermeiden, indem sie den Spiel-Account des ausgeschlossenen Teilnehmers, der gegebenenfalls eine große Anzahl virtueller Güter angesammelt hat, bis zur endgültigen Klärung der Rechtmäßigkeit nicht löschen sondern nur sperren.[549]

## b) Virtuelles Hausrecht des Spielbetreibers

Fraglich ist, ob der Spielbetreiber einzelne Teilnehmer auch kraft eines so genannten „virtuellen Hausrechts" von der weiteren Teilnahme am Online-Angebot ausschließen kann. Der Begriff des „virtuellen Hausrechts" wird insbesondere im Zusammenhang mit der Frage erörtert, ob einem Internet-Forenbetreiber die Befugnis zusteht, einzelne Nutzer von der Teilnahme am Forum auszuschließen.[550] Das zuerst mit der Frage befasste *LG Bonn*[551] sowie das *OLG Köln*[552] bejahten ein „virtuelles Hausrecht" des Forenbetreibers, ohne jedoch genauere Begründungen zu formulieren.[553] Erst das *LG München I*[554] setzte sich in einer neueren Entscheidung näher mit der Herleitung eines „virtuellen Hausrechts" auseinander. Es bejahte ebenfalls ein „virtuelles Hausrecht" des Forenbetreibers und stützte dieses zum einen auf die eigentums- und besitzrechtlichen Abwehransprüche aus §§ 903 S. 1 Alt. 2, 1004 BGB beziehungsweise der §§ 858, 862 BGB, sofern der Forenbetreiber Eigentum oder Besitz an der Hardware hat, auf der die Beiträge der Nutzer gespeichert werden. Zum anderen sah es die Grundlage des „virtuellen Hausrechts" darin, dass der Betreiber der Gefahr ausgesetzt sei, für die Beiträge von Nutzern haften zu müssen. In der weiteren Urteilsbegründung zog es jedoch eine weitere vertragsrechtliche Komponente zur Begründung des Ausschlusses heran. Zwischen Forenbetreiber und -nutzer bestehe ein Vertrag, welcher durch das Fehlverhalten des Nutzers verletzt sein könne. Dies berechtige den Forenbetreiber, den Vertrag nach § 314 Abs. 1 S. 1 BGB aus wichtigem Grund zu kündigen und den Nutzer von dem Forum auszuschließen.[555]

Auch wenn das *LG München I* ein „virtuelles Hausrecht" des Forenbetreibers ausdrücklich anerkennt, zeigt doch die Urteilsbegründung, dass es

---

549  *Lober/Weber*, CR 2006, 837, 841.

550  *OLG Köln*, MMR 2001, 52; *LG Bonn*, MMR 2000, 109, 110; *LG München I*, CR 2007, 264, 265; *Feldmann/Heidrich*, CR 2006, 406, 408 f..; *Ladeur*, MMR 2001, 787, 788.; *Redeker*, CR 2007, 265 ff.

551  *LG Bonn*, MMR 2000, 109 ff.

552  *OLG Köln*, MMR 2001, 52.

553  Vgl. auch *Redeker*, CR 2007, 265, 266.

554  *LG München I*, CR 2007, 264, 265.

555  *LG München I*, CR 2007, 264, 265.

der Annahme dieses Instituts nicht bedarf, solange der Betreiber Eigentümer oder Besitzer der Serverkapazitäten ist oder vertragliche Beziehungen zu dem Forumsteilnehmer bestehen. Im ersteren Fall ist der Ausschluss eines Teilnehmers als Abwehr einer gewöhnlichen Eigentums- oder Besitzbeeinträchtigung an der Hardware des Forenbetreibers nach den §§ 903 S. 1 Alt. 2, 1004 BGB beziehungsweise den §§ 858, 862 BGB anzusehen, ohne dass es auf ein Hausrecht an dem virtuellen Raum des Forums ankommt.[556] Im Falle einer vertraglichen Regelung kann ein Teilnehmer durch die Kündigung des Vertragsverhältnisses von der Nutzung des Forums ausgeschlossen werden. Die Frage eines „virtuellen Hausrechts" stellt sich daher nur dann, wenn der Betreiber weder Eigentümer noch Besitzer der Server ist, die zum Betrieb des Angebots notwendig sind und die Nutzung nicht Gegenstand einer vertraglichen Regelung ist.[557]

Unter Berücksichtigung dieser Grundsätze ist auch für den Ausschluss von Teilnehmern eines Onlinespiels der Rückgriff auf ein „virtuelles Hausrecht" des Spielbetreibers nicht notwendig.[558] Zum einen sind die Spielbetreiber regelmäßig Eigentümer oder zumindest Besitzer der zum Betrieb des Spiels erforderlichen Serverkapazitäten, zum anderen besteht mit den Teilnehmern ein Nutzungsvertrag, in dem die Modalitäten der Online-Nutzung der virtuellen Umgebung des Spiels geregelt sind. Hält sich ein Teilnehmer nicht an die Nutzungsbestimmungen, kann er bei einem schwerwiegenden Fehlverhalten durch eine Kündigung aus wichtigem Grund nach § 543 BGB von der weiteren Teilnahme am Spielangebot ausgeschlossen werden.[559] Daneben stehen dem Spielanbieter die sachenrechtlichen Abwehransprüche aus §§ 903, 1004 BGB und §§ 858, 862 BGB zu, die ihn dazu berechtigen, unter Beachtung des Willkürverbots Teilnehmer von der Nutzung des Spielangebots auszuschließen.

### 4. Gewährleistung und Haftung

Aufgrund der Einordnung der Nutzung des virtuellen Spielangebots als Miete richten sich Gewährleistung und Haftung des Spielanbieters nach den §§ 536 ff. BGB. Als Vermieter hat der Spielanbieter die Pflicht, dem Mieter die Mietsache in einem zum vertragsgemäßen Gebrauch geeigneten Zustand zu überlassen und sie während der Vertragslaufzeit in diesem Zustand zu erhalten, § 535 Abs. 1 S. 2 BGB. Der Anbieter eines Onlinespiels muss daher für die Funktionsfähigkeit des Onlinespiels sorgen und sicher-

---

[556] *Redeker*, CR 2007, 265, 266; vgl. auch *Maume*, MMR 2007, 620, 622.

[557] *Redeker*, CR 2007, 265, 267; vgl. auch *Maume*, MMR 2007, 620, 623.

[558] Für ein „virtuelles Hausrecht" der Spielbetreiber in Online-Rollenspielen *Rippert/Weimer*, ZUM 2007, 272, 276.

[559] Siehe dazu F. II. 3. a).

stellen, dass die Onlinewelt entsprechend der Leistungsbeschreibung des Spielangebots nutzbar ist. Dazu gehört auch die Speicherung und Verwaltung von Nutzerdaten und Spielständen.[560] Schließlich ist wesentlicher Bestandteil der Gebrauchsgewährung, dass die virtuelle Spielumgebung für den Teilnehmer online erreichbar ist. Entsprechend der mietvertraglichen Einordnung ist eine uneingeschränkte Nutzbarkeit des Onlinespielangebots geschuldet.[561] Eine Einschränkung ist jedoch insofern vorzunehmen, als dass die Verantwortung des Spielanbieters auf die Erhaltung der Gebrauchstauglichkeit der von ihm betriebenen technischen Einrichtungen beschränkt ist. Es genügt somit, wenn der Spielanbieter genügend Serverkapazitäten und Schnittstellen zum Internet bereithält, über die der Teilnehmer mittels einer funktionierenden Internetverbindung auf das Spielangebot online Zugriff nehmen kann.[562]

## a) Minderung, § 536 BGB

Ist die Erreichbarkeit des Onlinespielangebots für einen bestimmten Zeitraum nicht gewährleistet, etwa weil aufgrund zu vieler Zugriffe von Teilnehmern die Serverkapazitäten nicht ausreichen, so stellt dies einen Mangel der Mietsache im Sinne von § 536 BGB dar.[563] Die für die Nutzung des Spielangebots gezahlte Vergütung des Teilnehmers ist während der Nicht-Erreichbarkeit des Dienstes nach § 536 Abs. 1 BGB gemindert. Ein Verschulden ist für die Minderung nicht erforderlich,[564] nach § 536 Abs. 1 S. 3 BGB ist jedoch die Erheblichkeit des  Mangels notwendig.[565] Es muss im Einzelfall beurteilt werden, wann bei Nicht-Erreichbarkeit des Spielangebots von einem erheblichen Mangel ausgegangen werden kann. Ein Ausfall von wenigen Stunden wird dafür nicht genügen, ist die Erreichbarkeit jedoch über mehrere Tage nicht gewährleistet, kann ein zur Minderung der Vergütung berechtigender erheblicher Mangel zu bejahen sein.[566] Zu beachten sind zudem die oftmals in den AGB der Anbieter vereinbarten Ver-

---

[560]  Siehe dazu F. II. 2. c).

[561]  Zur vergleichbaren Situation bei Webhostingverträgen, *Komarnicki*, in: Handbuch Multimediarecht, Abschn. 12.2, Rn. 58 f.; vgl. auch *Cichon*, Internetverträge, Rn. 190.

[562]  Zur vergleichbaren Situation bei Webhostingverträgen, *Komarnicki*, in: Handbuch Multimediarecht, Abschn. 12.2, Rn. 50.

[563]  *Lober/Weber*, CR 2006, 837, 840; vgl. zur vergleichbaren Problematik bei Nicht-Erreichbarkeit eines ASP- oder Webhostingdienstes *Cichon*, Internetverträge, Rn. 190 ff.; *Bettinger/Scheffelt*, CR 2001, 729, 732; *Münster*, MMR 2002, 261 f.; *Wulf*, CR 2004, 43, 47.

[564]  *Erman/P. Jendrek*, § 536, Rn. 23.

[565]  Allgemein zur Erheblichkeit des Mangels *Palandt/Weidenkaff*, § 536, Rn. 17; *Cichon*, Internetverträge, Rn. 191.

[566]  Vgl. zur Minderung beim Ausfall eines Webhostingdienstes *Cichon*, Internetverträge, Rn. 191; *Komarnicki*, in: Handbuch Multimediarecht, Abschn. 12.2, Rn. 60.

fügbarkeitsklauseln, mit denen die Verpflichtung des Spielanbieters zur Gewährleistung der Erreichbarkeit des Spielangebots eingeschränkt wird.[567] Ein zur Minderung berechtigender Mangel nach § 536 BGB kann sich auch aus einer Funktionsstörung der virtuellen Umgebung des Spiels ergeben, etwa wenn in der Beschreibung des Spiels vorgesehene Aktionsmöglichkeiten im Spiel nicht umsetzbar sind.[568] Ebenfalls stellt es einen Mangel dar, wenn Spielstände nicht gespeichert werden und der Teilnehmer, der mit einem weit fortentwickelten Avatar ein hohes Spiellevel erreicht hatte, auf diese Weise zum Neueinstieg in ein niedrigeres Spiellevel gezwungen wird.

## b) Schadensersatz beim Verlust virtueller Gegenstände/ Verlust von Spielzeit, § 536a Abs. 1 BGB i.V.m. §§ 249 ff. BGB

Neben dem Minderungsrecht besteht nach § 536a Abs. 1 Alt. 1 BGB ein verschuldensunabhängiger Schadensersatzanspruch für Mängel, die schon bei Vertragsschluss vorlagen.[569] Denkbar ist ein solcher Schadensersatzanspruch insbesondere dann, wenn von Beginn an keine ausreichenden Serverkapazitäten vom Anbieter vorgehalten werden und die Erreichbarkeit des Angebots für alle angemeldeten Teilnehmer daher nicht gewährleistet ist.[570] Eine Haftung für nach Vertragsschluss entstandene Mängel erfordert ein Verschulden des Spielanbieters, § 536a Abs. 1 Alt. 2 BGB. Ungeachtet etwaig vereinbarter Haftungsbeschränkungen[571] setzt ein Vertretenmüssen nach § 276 Abs. 1 BGB jedenfalls einfache Fahrlässigkeit voraus, also ein Verhalten, bei dem die im Verkehr erforderliche Sorgfalt außer Acht gelassen wird, (§ 276 Abs. 2 BGB). Die Frage des Verschuldens stellt sich insbesondere im Rahmen der Haftung für ungeplante Serverausfälle.[572] Als häufige Ursachen für einen Ausfall kommen insbesondere technische Defekte, Virenbefall oder Hackerangriffe in Betracht.[573] Hinsichtlich technisch bedingter Störungen muss der Spielanbieter im Vorfeld durch geeignete Maßnahmen wie regelmäßige Systemüberwachungen, Wartungs- und Instandsetzungsarbeiten oder das Einspielen von Updates und Upgrades dafür Sorge tragen, dass Ausfälle möglichst vermieden werden.[574] Zur ver-

---

[567] Siehe hierzu F. IV. 6.

[568] Ähnlich *Lober/Weber*, CR 2006, 837, 840.

[569] Vgl. *Palandt/Weidenkaff*, § 536a, Rn. 9.

[570] Zur vergleichbaren verschuldensunabhängigen Haftung des Webhostinganbieters vgl. AG *Charlottenburg*, MMR 2002, 258, 261 mit Anmerkung *Münster*, MMR 2002, 260 ff.; *Cichon*, Internetverträge, Rn. 193.

[571] Siehe dazu F. VI. 4.

[572] Zur Haftung von Host-Providern für Serverausfälle vgl. *Wulf*, CR 2004, 43, 47 f.

[573] Vgl. *Wulf*, CR 2004, 43, 47.

[574] Vgl. *Wulf*, CR 2004, 43, 47.

tragsgemäßen Überlassung des Gebrauchs an der Mietsache gehört weiterhin die Pflicht des Vermieters, zumutbare Maßnahmen gegen Störungen des Gebrauchs durch Dritte zu unternehmen.[575] Demnach obliegt es dem Spielanbieter, durch den Einsatz geeigneter Mittel wie Virenscannern oder Firewalls dem Virenbefall oder dem Erfolg von Hackerangriffen vorzubeugen, um einer verschuldensabhängigen Schadensersatzhaftung nach § 536a BGB zu entgehen.[576] Unterlässt der Spielanbieter die erforderliche technische Vorsorge, hat er die darauf beruhenden Ausfälle zu vertreten, § 276 BGB.[577] Das Verschulden seiner Erfüllungsgehilfen wird ihm dabei nach § 278 BGB zugerechnet. Neben der Nicht-Erreichbarkeit des Angebots erlangt eine Haftung nach § 536a BGB insbesondere auch dann Bedeutung, wenn es zu einem Verlust der vom Spielanbieter gespeicherten Daten kommt. Sind etwa komplette Spielstände oder einzelne virtuelle Gegenstände der Teilnehmer vom Datenverlust betroffen, stellt sich die Frage, ob und inwieweit dem Nutzer ein ersatzfähiger Schaden entstanden ist.

### aa) Allgemeine Grundsätze zur Schadensermittlung

Die Ermittlung und Darstellung der in Betracht kommenden Schadenspositionen erfordert eine kurze Skizzierung allgemeiner schadensrechtlicher Grundsätze. Der Schadensbegriff ist nicht außerrechtlich vorgegeben, sondern ist anhand des sich aus §§ 249 ff. BGB ergebenden Grundverständnisses vom Schadensausgleich zu erschließen.[578] Demnach ist ein Schaden jede Einbuße, die jemand an seinen Rechtsgütern erleidet und die im Rechtsverkehr als ersatzfähig angesehen wird.[579] Gemäß § 249 Abs. 1 BGB ist der entstandene Schaden vorrangig durch Naturalrestitution auszugleichen. Das heißt, der Schädiger ist zur Herstellung des gleichen wirtschaftlichen Zustandes verpflichtet, der ohne das schädigende Ereignis bestehen würde.[580] Die Feststellung, ob ein in Geld ausgleichsfähiger Schaden im Sinne des § 249 Abs. 2 BGB vorliegt sowie die Ermittlung der konkreten Schadenshöhe wird anhand der Differenzhypothese vorgenommen.[581] Der Schaden besteht demnach in der Differenz zwischen zwei Güterlagen, der tatsächlich durch das schädigende Ereignis bestehenden Vermögenslage und der Gü-

[575] *Palandt/Weidenkaff*, § 535, Rn. 14; *Kormanicki*, in: Handbuch Multimediarecht, Abschn. 12.2, Rn. 69.

[576] Zur vergleichbaren Situation bei Webhostinganbietern *Komarnicki*, in: Handbuch Multimediarecht, Abschn. 12.2, Rn. 69 f.

[577] *Rippert/Weimer*, ZUM 2007, 272, 280; *Wulf*, CR 2004, 43, 47.

[578] *Bamberger/Roth/Schubert*, § 249, Rn. 9; *Oetker*, in: MüKo, § 249, Rn. 17.

[579] *Bamberger/Roth/Schubert*, § 249, Rn. 9; *Palandt/Heinrichs*, Vorb v § 249, Rn. 7.

[580] BGH, NJW 1985, 793; *Palandt/Heinrichs*, § 249, Rn. 2.

[581] BGH, NJW 1958, 1085; BGH, NJW-RR 2005, 611, 613; *Oetker*, in MüKo, § 249, Rn. 18; *Palandt/Heinrichs*, Vorb v § 249, Rn. 8.

terlage, die ohne das schädigende Ereignis bestehen würde.[582] Ein Geldersatzanspruch setzt damit zwingend voraus, dass ein in Geld messbarer Vermögensschaden vorliegt.[583] Die Vermögensschäden sind von den Nichtvermögensschäden abzugrenzen, für die nur in den ausdrücklich durch das Gesetz angeordneten Fällen eine Geldentschädigung gefordert werden kann (vgl. § 253 Abs. 2 BGB) und bei denen, soweit eine Naturalrestitution möglich ist, der Herstellungsanspruch aus § 249 Abs. 1 BGB besteht.[584] Ob im konkreten Fall eine in Geld messbare Vermögenseinbuße vorliegt, bestimmt sich gemäß der so genannten „Kommerzialisierungsthese" danach, ob für die in Rede stehende Position ein Markt vorhanden ist.[585] Hat sich für einen Vorteil durch Angebot und Nachfrage ein Preis gebildet, dann handelt es sich bei dem Vorteil um ein vermögenswertes Gut, welches bei seiner Verletzung in Geld ausgleichsfähig ist.[586] Zu berücksichtigen ist dabei insbesondere auch die Verkehrsauffassung, da die Einordnung eines Vorteils als vermögenswertes Gut maßgeblich von den Vorstellungen des Verkehrs abhängt.[587]

**bb) Naturalrestitution, § 249 Abs. 1 BGB**

Kommt es durch einen Serverausfall oder durch sonstige, vom Spielanbieter zu vertretende technische Defekte zu einem Verlust von Spielzeit, so muss der Spielanbieter dem Teilnehmer die verloren gegangene Spielzeit im Wege der Naturalrestitution nach § 249 Abs. 1 BGB auf seinem Spiel-Account gutschreiben. Das Nachholen verloren gegangener Spielzeit ist möglich, da der Online-Nutzung eines Computerspiels kein zur Unmöglichkeit nach § 275 Abs. 1 BGB führender Fixcharakter beizumessen ist. Zwar kann eine Leistungsverzögerung bei Gebrauchsüberlassungsverträgen zur (Teil-)Unmöglichkeit führen.[588] Kein Fall der Unmöglichkeit liegt jedoch vor, wenn ausnahmsweise das Gläubigerinteresse durch eine Nachholung der Leistung befriedigt werden kann.[589] Davon ist bei der Online-Nutzung eines Computerspiels auszugehen, da der Teilnehmer, anders als etwa beim Gebrauch einer Wohnung, nicht auf die jederzeitige Verfügbar-

---

[582] *BGH*, NJW 1958, 1085; *BGH*, NJW-RR 2005, 611, 613; *Palandt/Heinrichs*, Vorb v § 249, Rn. 8.

[583] *Oetker*, in: MüKo, § 249, Rn. 24.

[584] *Oetker*, in: MüKo, § 249, Rn. 24; *Palandt/Heinrichs*, Vorb v § 249, Rn. 8.

[585] *BGHZ* 63, 98, 102; *BGHZ* 92, 85, 90 f.; *Bamberger/Roth/Schubert*, § 249, Rn. 21; *Oetker*, in: MüKo, § 249, Rn. 40 f.

[586] *Oetker*, in: MüKo, § 249, Rn. 41.

[587] *BGHZ* 92, 85, 91; *BGH*, NJW 1998, 302, 304; *Bamberger/Roth/Schubert*, § 249, Rn. 21; *Oetker*, in: MüKo, § 249, Rn. 40.

[588] *BGH*, NJW-RR 1991, 267, 268; *Palandt/Heinrichs*, § 286, Rn. 5.

[589] *Ernst*, in: MüKo, § 286, Rn. 41; *Palandt/Heinrichs*, § 286, Rn. 5.

keit des Spielangebots angewiesen ist und somit mit einer nachträgliche Zeitgutschrift dem Nutzungsinteresse des Teilnehmers ausreichend Rechnung getragen wird.

Kommt es zu einem Verlust virtueller Gegenstände oder des kompletten gespeicherten Spielstandes, ist ebenfalls die vorrangige Verpflichtung des Spielanbieters zur Naturalrestitution nach § 249 Abs. 1 BGB anzunehmen.[590] Demnach kann der Teilnehmer vom Spielteilnehmer die Wiederherstellung einer vergleichbaren Spielsituation, die ohne den Ausfall bestanden hätte, einschließlich der Reproduktion verlustig gegangener virtueller Gegenstände verlangen.[591] Angesichts der beliebigen Reproduzierbarkeit virtueller Gegenstände aus Onlinespielen wird dies dem Spielanbieter regelmäßig möglich sein.[592]

### cc) Geldersatz, § 249 Abs. 2 S. 1 BGB

Weiterhin stellt sich die Frage, ob der Teilnehmer wahlweise auch Geldersatz, insbesondere für den Verlust virtueller Gegenstände, nach § 249 Abs. 2 S. 1 BGB verlangen kann. Der auf das Integritätsinteresse gerichtete Geldersatz nach § 249 Abs. 2 S. 1 BGB setzt jedoch die Verletzung einer Person oder die Beschädigung einer Sache voraus.[593] Angesichts der mangelnden Sacheigenschaft virtueller Gegenstände[594] scheidet eine unmittelbare Anwendung von § 249 Abs. 2 S. 1 BGB aus. Aber auch eine analoge Anwendung kommt mangels vergleichbarer Interessenlage nicht in Betracht.[595] In den Fällen der Verletzung einer Person oder der Beschädigung einer Sache soll durch § 249 Abs. 2 S. 1 BGB vermieden werden, dass der Geschädigte sich selbst oder seine beschädigte Sache ausgerechnet dem Schädiger anvertrauen muss.[596] Ein solcher Interessenskonflikt, welcher einen Geldersatzanspruch des Geschädigten rechtfertigen würde, besteht jedoch nicht, wenn es zum Verlust virtueller Gegenstände beim Teilnehmer eines Onlinespiels kommt. Denn die virtuellen Gegenstände befinden sich ohnehin stets in der Hand des den Server betreibenden Spielanbieters, so dass die vom Spielanbieter vorgenommene Wiederherstellung der virtuellen Gegenstände für den Teilnehmer nicht unzumutbar ist.[597] Der Spielanbieter kann einer Schadensersatzverpflichtung in Geld daher regelmäßig

---

[590] Ähnlich *Lober/Weber*, CR 2006, 837, 841 f.; *Rippert/Weimer*, ZUM 2007, 272, 280.

[591] Vgl. *Klickermann*, MMR 2007, 766, 769.

[592] *Lober/Weber*, CR 2006, 837, 840.

[593] *Palandt/Heinrichs*, § 249, Rn. 4.

[594] Siehe hierzu D. 2. b) aa).

[595] Im Ergebnis so auch *Lober/Weber*, CR 2006, 837, 841, 842.

[596] *Oetker*, in: MüKo, § 249, Rn. 339; *Medicus*, SR I, Rn. 588.

[597] Vgl. *Lober/Weber*, CR 2006, 837, 841, 842.

entgehen, indem er die verloren gegangenen virtuellen Gegenstände reproduziert, dem betroffenen Teilnehmer zur Verfügung stellt sowie den zuvor bestehenden Spielstand wiederherstellt.[598]

## dd) Geldersatz, § 250 S. 2 BGB

Setzt der Teilnehmer dem Spielanbieter eine angemessene Frist zur Herstellung mit der Erklärung, dass er die Herstellung nach dem Ablauf der Frist ablehne, so kann er nach Fristablauf gemäß § 250 S. 2 BGB Geldersatz verlangen, wenn der Spielanbieter eine Wiederherstellung bis dahin nicht vorgenommen hat. Dann ist anstelle der sonst vorrangigen Naturalrestitution der zur Wiederherstellung des ursprünglichen Zustandes erforderliche Geldbetrag im Sinne des § 249 Abs. 2 BGB geschuldet.[599]

### (1) Entgangene Nutzungsmöglichkeit des Spielangebots als Schaden

Kommt es infolge eines Serverausfalls oder eines sonstigen, vom Spielanbieter zu vertretenden Grundes zur zeitweisen Vorenthaltung der Nutzungsmöglichkeit des Spielangebots, so stellt sich die Frage, ob die entgangene Nutzungsmöglichkeit einen selbstständigen, ersatzfähigen Vermögenswert darstellt. Soweit es um das Recht des Eigentümers zum Gebrauch an seiner Sache geht, wird der Beurteilung der Gebrauchsmöglichkeit als Vermögenswert entgegengehalten, dass der Gebrauchswert für den Eigentümer kein vom Substanzwert der Sache „abspaltbarer" Wert und daher nicht ersatzfähig sei.[600] Anderes gilt jedoch dann, wenn das zeitlich begrenzte Gebrauchsrecht auf einem vertraglichen Anspruch beruht.[601] Die Nutzungsmöglichkeit, die etwa ein Mietrecht gewährt, wird für einen bestimmten Zeitraum durch einen dafür entrichteten Preis erkauft, was zur Absonderung des Gebrauchsrechts vom Eigentum führt.[602] Die Gebrauchsmöglichkeit gewinnt so ihre Selbstständigkeit als vermögenswertes Gut.[603] Damit kommt auch der durch Vertrag gewährten Möglichkeit zur Nutzung der virtuellen Umgebung eines Onlinespiels ein eigenständiger Vermögenswert zu, der in Geld messbar ist. Maßstab für den Geldwert des Verlustes ist die Vergütung, die vom Teilnehmer für die Nutzung der vir-

---

[598]  Ähnlich *Lober/Weber*, CR 2006, 837, 842; *Rippert/Weimer*, ZUM 2007, 272, 280.

[599]  *Palandt/Heinrichs*, § 250, Rn. 3; *Medicus*, SR I, Rn. 593.

[600]  *Larenz*, FS Nipperdey I, S. 489, 498 ff.; *Löwe*, NJW 1964, 701, 703; vgl. zum Streitstand auch BGHZ 76, 179, 184, 185; BGH, JZ 1986, 386, 393.

[601]  BGH, JZ 1988, 196, 198; BGHZ 76, 179, 184; *Paland/Heinrichs*, Vorb v § 249, Rn. 27.

[602]  *Larenz*, SR I, § 29 II c, S. 503.

[603]  Vgl. *BGH*, JZ 1988, 196, 198.

tuellen Spielumgebung zu entrichten ist und die sich nach der Dauer des Nutzungsausfalls bemisst.

## (2) Verlust virtueller Gegenstände als Schaden

Es stellt sich die Frage, ob dem Teilnehmer durch den Verlust virtueller Gegenstände ein ersatzfähiger Vermögensschaden entstehen kann. Ein Schaden des Teilnehmers setzt nach den oben ausgeführten Grundsätzen zum Schadensausgleich nach §§ 249 ff. BGB voraus, dass der Nutzer in einem eigenen Rechtsgut verletzt ist, ein Markt für das verletzte Rechtsgut vorhanden ist und daher nach der Kommerzialisierungsthese der Verlust zu einer in Geld messbaren Vermögenseinbuße beim Teilnehmer führt. [604] Der Bestimmung des verletzten Rechtsgutes kommt beim Verlust virtueller Gegenstände eine besondere Bedeutung zu. Durch den Verlust virtueller Gegenstände kann entweder das dem Teilnehmer vom Spielanbieter vertraglich eingeräumte Nutzungsrecht an dem virtuellen Gegenstand betroffen sein oder aber die Rechtsposition des Nutzers an dem virtuellen Gegenstand in der Eigenschaft als ein eigenständig verwertbares Wirtschaftsgut der realen Welt. Sind virtuelle Gegenstände als vom Rest der Spielsoftware abtrennbare, selbstständig verwertbare Vermögensgüter betroffen, kann der ersatzfähige Schaden ungleich höher sein, als bei dem Verlust einer bloßen vertraglichen Nutzungsmöglichkeit. Welche Rechtsposition betroffen ist, hängt entscheidend von den oftmals in den Nutzungsbedingungen der Spielanbieter geregelten Veräußerungs- und Handelsverboten ab, mit denen die Spielanbieter den Teilnehmern untersagen, virtuelle Gegenstände gegen echtes Geld in der realen Welt zu veräußern.[605]

## (a) Verlust der bloßen Gebrauchsmöglichkeit

Ist ein Veräußerungs- und Handelsverbot virtueller Gegenstände wirksam vereinbart, erschöpft sich die Rechtsposition des Teilnehmers an der virtuellen Spielumgebung und den sich darin befindlichen virtuellen Gegenständen in einer bloßen, vom Spielanbieter vertraglich eingeräumten Nutzungsbefugnis. Dieses Gebrauchsrecht gestattet dem Teilnehmer nicht mehr, als mit den virtuellen Gegenständen innerhalb der virtuellen Spielwelt entsprechend den Nutzungsbedingungen zu verfahren. Im Fall wirksam vereinbarter Veräußerungs- und Handelsverbote kann sich eine in Geld ersatzfähige Vermögenseinbuße beim Verlust virtueller Gegenstände daher allein aus einer Beeinträchtigung dieser Nutzungsbefugnis ergeben. Im Ergebnis ist ein Vermögensschaden damit zu verneinen. Die Nut-

---

[604] Siehe hierzu F. II. 4. b) aa).

[605] Siehe dazu F. IV. 2.

zungsmöglichkeit ist zwar kommerzialisiert, soweit es um die Nutzung des gesamten Spielangebots geht.[606] Eine Kommerzialisierung der Nutzung einzelner virtueller Gegenstände ist jedoch nicht anzunehmen, da dem Teilnehmer gegen Zahlung einer Vergütung die gesamte virtuelle Welt (einschließlich aller virtueller Gegenstände) vom Spielanbieter zur Verfügung gestellt wird, ohne dass sich die Vergütung danach bemessen würde, welche virtuellen Gegenstände vom einzelnen Teilnehmer im Spiel tatsächlich genutzt werden. Der Vorteil, der ein bestimmter virtueller Gegenstand im Spiel gewährt, ist somit nicht in Geld messbar und daher auch nicht ersatzfähig. Etwas anderes gilt nur dann, wenn die Nutzung des Onlinespiels überhaupt nicht mehr möglich ist, etwa weil die virtuelle Spielfigur selbst vom Verlust betroffen ist. Kommerzialisiert der Teilnehmer die virtuellen Gegenstände dennoch, indem er diese trotz des vertraglichen Verbots an einen Dritten veräußert, so beruht der so erlangte faktische Vermögensvorteil auf einem Rechtsverstoß und ist als rechtlich missbilligter Vorteil ebenfalls nicht in Geld ersatzfähig.[607]

### (b) Verlust des virtuellen Gegenstandes als selbstständig verwertbares Wirtschaftsgut

Eine in Geld ersatzfähige Vermögenseinbuße liegt hingegen beim Verlust virtueller Gegenstände vor, wenn der Spielanbieter es den Teilnehmern erlaubt, die virtuellen Gegenstände in der realen Welt gegen echtes Geld zu handeln. Auf diese Weise eröffnet der Spielanbieter den Teilnehmern eine über die bloße Nutzung des Gegenstandes in der virtuellen Welt hinausgehende wirtschaftliche Verwertungsmöglichkeit virtueller Gegenstände. Dieses ist für die Ermittlung eines ersatzfähigen Schadens von großer Bedeutung. Die virtuellen Gegenstände, an denen der Teilnehmer sonst nur ein schuldrechtliches Nutzungsrecht hat, werden so zu eigenständigen Rechtsgütern, die dem Teilnehmer zur wirtschaftlichen Verwertung zugewiesen sind. Es tritt eine Kommerzialisierung virtueller Gegenstände ein. Der Teilnehmer, der viel Zeit und Geld in das Spiel investiert und unter Einsatz seines besonderen spielerischen Geschicks seltene virtuelle Gegenstände erspielt, kann seinen spielerischen Einsatz mittelbar verwerten, indem er die erspielten virtuellen Gegenstände an andere Teilnehmer auf spielinternen oder externen Handelsplattformen verkauft. Da sich für virtuelle Gegenstände ein funktionierender Markt entwickelt hat,[608] werden diese zu einem selbstständigen, in Geld messbarem Vermögensgut des

---

[606] Siehe dazu F. II. 4. b) dd) (1).

[607] Allgmein zur Ersatzfähigkeit rechtlich missbilligter Vorteile *Oetker*, in: MüKo, § 249, Rn. 41.

[608] Siehe dazu B. I. 2. c).

Teilnehmers, für dessen Verlust Geldersatz geschuldet ist.[609] Als Anhaltspunkt für die Höhe des Geldersatzes können die üblichen Preise dienen, welche auf Handelsplattformen für identische oder vergleichbare Gegenstände gezahlt werden.[610] Ersatzfähig ist auch der entgangene Gewinn, der nach dem gewöhnlichen Lauf der Dinge mit Wahrscheinlichkeit erwartet werden konnte, § 252 BGB.[611] Kann der Teilnehmer mithin darlegen, dass er einen seltenen virtuellen Gegenstand über Marktpreis hätte verkaufen können, so ist auch der entgangene Gewinn vom ersatzfähigen Schaden umfasst.

### (c) Verlust des gespeicherten Spielstands

Denkbar ist auch, dass der vom Spielanbieter gespeicherte Spielstand eines Teilnehmers verloren geht. Die Speicherung des Spielstands sorgt dafür, dass der Teilnehmer jederzeit wieder dort in den Spielverlauf einsteigen kann, wo er das Spiel zuletzt verlassen hat. Bei Online-Rollenspielen, die teilweise über mehrere Monate hinweg gespielt werden und bei denen sich der Spielfortschritt und -erfolg in dem Erreichen hierarchisch aufeinander aufgebauter Spiellevels ausdrückt, ist die Speicherung des Spielstandes für den Teilnehmer von erheblicher Bedeutung. Faktisch werden Spielstände gehandelt, indem ganze Spiel-Accounts von Teilnehmern zum Verkauf angeboten werden.[612] Dem Erwerber kommt es dabei vorrangig nicht auf den durch den Account vermittelten bloßen Spielzugang an, sondern auf den Einstieg in einen fortgeschrittenen Spielverlauf, der durch den jeweiligen Spielstand manifestiert wird.

Obwohl Spielstände auf die beschriebene Weise kommerzialisiert werden, ist beim Verlust eines Spielstandes meist keine Beeinträchtigung eines kommerziellen Interesses des Teilnehmers als Vermögensschaden anzuerkennen. Selbst für den Fall, dass eine dauerhafte und ernsthafte Nachfrage nach Spielständen besteht, sich insofern ein funktionsfähiger Markt für Spielstände entwickelt hat[613] und die Verkehrsauffassung Spielstände als in Geld messbare Vermögensvorteile ansieht, scheitert die Anerkennung eines schützenswerten kommerziellen Interesses regelmäßig an den zwischen Spielanbieter und Teilnehmer vereinbarten Verboten, den Spiel-Account an einen Dritten zu veräußern, diesem zeitweise zu Zwecken des „Power-

---

609   Im Ergebnis auch *Lober/Weber*, CR 2006, 837, 842.

610   Für eine Beschränkung auf den niedrigsten Marktpreis *Lober/Weber*, CR 2006, 837, 842.

611   *Lober/Weber*, CR 2006, 837, 842.

612   Vgl. die Ausführungen bei *Koch*, JurPC Web-Dok. 57/2006, Abs. 3 f.; siehe dazu auch B. I. 2. c).

613   Zu den besonderen Anforderungen an einen funktionsfähigen Markt *Oetker*, in: MüKo, § 249, Rn. 41.

Levelling" zu überlassen oder anderweitig zu kommerzialisieren.[614] Durch diese Verbote, die wirksam auch durch die AGB der Spielanbieter vereinbart werden können,[615] wird den Teilnehmern die Befugnis zur wirtschaftlichen Verwertung des Spielstands als eigenständiges Wirtschaftsgut entzogen. Kommerzialisiert der Teilnehmer den Spielstand dennoch, indem er diesen trotz des vertraglichen Verbots veräußert, ist der so erlangte Vermögensvorteil wiederum als rechtlich missbilligter Vorteil nicht ersatzfähig.[616] Allein für den Fall, dass der Spielanbieter den Handel mit Spielständen zulässt, gegebenenfalls sogar durch den Einbehalt von Provisionen wirtschaftlich an der Verwertung partizipiert, kann in dem Verlust eines Spielstandes eine in Geld messbare Vermögenseinbuße zu sehen und somit ein Vermögensschaden des Teilnehmers zu bejahen sein. Die Höhe des ersatzfähigen Schadens orientiert sich wiederum an den üblichen Marktpreisen, welche für einen vergleichbaren Spiel-Account mit einem entsprechenden Spielstand auf Handelsplattformen erzielt werden können.

## 5. Zusammenfassung

Die Nutzung der virtuellen Umgebung eines Onlinespiels ist mietvertraglich zu qualifizieren, da die Online-Umgebung des Spiels einschließlich der dahinter liegenden Server und Softwaretechnologie tauglicher Gegenstand eines Mietvertrags nach § 535 BGB ist. Auch die Pflicht zur Speicherung und Verwaltung von Nutzerprofilen und Spielständen sowie das Vorhalten ausreichender Serverkapazitäten gehören zum ordnungsgemäßen Gebrauch der Mietsache und sind daher nach Mietvertragsrecht zu beurteilen. Das Mietverhältnis wird durch Kündigung der Vertragsbeziehungen beendet, das Institut eines „virtuellen Hausrechts" bedarf es daher nicht. Der Spielbetreiber haftet für den schuldhaften Ausfall von Spielzeit sowie für den Verlust virtueller Gegenstände nach §§ 536a Abs. 1 i.V.m. § 249 ff. BGB. Beim Verlust virtueller Gegenstände kann ein ersatzfähiger Vermögensschaden jedoch nur entstehen, wenn der Spielanbieter den entgeltlichen Handel mit virtuellen Gegenständen zugelassen hat und die Gegenstände auf diese Weise zu vermögenswerten Gütern der realen Welt geworden sind.

---

[614] Vgl. die Nutzungsbedingungen von *World of Warcraft*, Punkt E., C. (vi), *„Sie stimmen zu, dass Sie unter keinen Umständen Dritte (ausgenommen ein (1) Minderjähriger, für den Sie den Account eröffnet haben) auf Ihrem Account spielen lassen, insbesondere zum Zweck der Inanspruchnahme sog. "power levelling services", d.h. der Bezahlung von Dritten, die für Ihren Account spielen"*, im Internet: http://www.wow-europe.com/de/legal/termsofuse.html, (Stand: Januar 2008).

[615] Siehe dazu F. IV. 3.

[616] Siehe F. II. 4. b) dd) (2) (a).

## III. Nutzung der virtuellen Umgebung einer Entwicklungsplattform

### 1. Leistungsbeschreibung

Die Leistung, welche der Anbieter einer Entwicklungsplattform wie *Second Life* erbringt, unterscheidet sich wesentlich von einem Onlinespielangebot. Während beim Onlinespiel der Spielanbieter eine fertige virtuelle Spielumgebung zur Nutzung bereithält, werden vom Betreiber einer Entwicklungsplattform nur einfach gestaltete Figuren, virtuelle Grundstücke, Wasser, Himmel, Licht und Tageszeiten vorgegeben. Alles andere hingegen, was in der virtuellen Welt sichtbar und erfahrbar ist, wurde von den Nutzern selbst geschaffen.[617] Damit besteht die Aufgabe des Plattformbetreibers vorrangig in der Speicherung der von den Teilnehmern geschaffenen Inhalte. Die Leistungen, die der Betreiber einer Entwicklungsplattform erbringt, entsprechen damit partiell den Leistungen eines Host-Providers, teilweise gehen sie jedoch über diese hinaus. Der Host-Provider stellt dem Kunden Speicherplatz zur Verfügung, damit dieser seine Informationen im Internet präsentieren kann und sorgt dafür, dass die für ihn fremden Inhalte der Kunden im Internet abrufbar sind.[618] Auch der Betreiber einer Entwicklungsplattform gewährleistet neben der Speicherung fremder Inhalte die Erreichbarkeit der virtuellen Umgebung, auf die der Teilnehmer nach der Installation eines Zugangsprogramms über seinen Account online zugreifen kann. Darüber hinaus stellt er eine eigene Infrastruktur zur Nutzung der virtuellen Welt in Form der Bedienoberfläche und besonderer Programme zur Gestaltung virtueller Gegenstände und anderen Inhalts zur Verfügung, für deren Funktionsfähigkeit und Bedienbarkeit er dauerhaft verantwortlich ist. Zu den Aufgaben des Betreibers gehört es schließlich auch, neben der Speicherung der von den Teilnehmern erstellten Inhalte diese zu einer einheitlichen virtuellen Welt zu verknüpfen, innerhalb derer sich die Nutzer mit ihren Avataren bewegen können. Der Betreiber einer Entwicklungsplattform erbringt somit ein Bündel unterschiedlicher Leistungen, die gesondert auf ihre vertragsrechtliche Einordnung hin zu untersuchen sind.

---

[617] Siehe auch B. II. 1.

[618] *Komarnicki*, in: Handbuch Multimedia-Recht, Abschn. 12.2, Rn. 26; *Härting*, CR 2001, 37, 39.

## 2. Typologisierung

### a) Bereitstellung von Speicherkapazitäten

Verträge zur Nutzung einer Entwicklungsplattform werden auf unbestimmte Zeit beziehungsweise auf einen längeren Zeitraum befristet geschlossen und sind daher als Dauerschuldverhältnisse zu qualifizieren. Hinsichtlich der Überlassung von Speicherkapazitäten findet Mietvertragsrecht nach §§ 535 ff. BGB Anwendung, da Vertragsgegenstand die Nutzung von Hard- und Software und somit einer Sache im Sinne von § 90 BGB ist.[619] Für eine „Überlassung" der Mietsache im Sinne von § 535 Abs. 1 S. 2 BGB genügt es, dass der Nutzer online auf die Plattform Zugriff nehmen kann.[620] Da der Betreiber einer Entwicklungsplattform hinsichtlich der Verpflichtung zur Bereitstellung von Speicherplatz und zur Speicherung der fremden Inhalte als Host-Provider fungiert, gilt für die vertragsrechtliche Einordnung nichts anderes als bei reinen Host-Provider-Verträgen, die ebenfalls überwiegend nach mietvertraglichen Vorschriften beurteilt werden.[621]

### b) Bereitstellung der Bediensoftware

Es liegt nahe, die Pflicht zur Bereitstellung einer Bediensoftware, welche die virtuelle Welt für den Teilnehmer erst nutzbar macht, ebenfalls unter das Mietvertragsrecht zu fassen. Dem Nutzer genügt nicht die Möglichkeit zur Speicherung der von ihm erstellten Inhalte, ihm kommt es vielmehr darauf an, die virtuelle Welt als zusammenhängende 3-D-Umgebung nutzen zu können. Dazu benötigt er eine Bedienoberfläche, die ihm die Navigation durch den virtuellen Raum ermöglicht sowie die erforderlichen „Tools", um virtuelle Gegenstände selbst erstellen und in die virtuelle Umgebung integrieren zu können. Das Vorhandensein einer entsprechenden Software kann zum ordnungsgemäßen Gebrauch der Mietsache gezählt werden, deren Gebrauchstauglichkeit vom Betreiber während der gesamten Mietzeit zu gewährleisten ist, § 535 Abs. 1 S. 1, 2 BGB.[622] Zur Gebrauchsgewährungsverpflichtung des Betreibers gehört auch, dass die von den Nutzern erstellten Inhalte zu einer einheitlichen virtuellen Welt ver-

---

[619] Zur Sacheigenschaft von Software siehe D. I. 1. a).

[620] Siehe hierzu F. II. 2. b) bb).

[621] *Cichon*, Internetverträge, Rn. 184; *Komarnicki*, in: Handbuch Multimedia-Recht, Abschn. 12.2, Rn. 36; *Schuppert*, in: Spindler, Vertragsrecht der Internetprovider, Teil II, Rn. 48; *Härting*, CR 2001, 37, 39; *Wulf*, CR 2004, 43, 45; a.A. *OLG Düsseldorf*, JurPC Web-Dok. 156/2003; *LG Hamburg*, CR 1997, 157; differenzierend *Redeker*, IT-Recht, Rn. 978–980.

[622] Zur Fernnutzung einer Software vgl. auch *BGH*, NJW 2007, 2394, 2395 – ASP-Vertrag.

knüpft werden und somit für den Teilnehmer als zusammengehörige 3-D-Umgebung nutzbar sind.

## c) Gewährleistung der Online-Erreichbarkeit

Der Betreiber einer Entwicklungsplattform hat in seiner Funktion als Host-Provider zu gewährleisten, dass die Webpräsenzen der Teilnehmer für diese selbst sowie für Dritte online erreichbar sind. Da der Plattformbetreiber nicht für den Erfolg des Online-Zugriffs garantieren kann, scheidet eine werkvertragliche Einordnung der Pflicht zur Gewährung der Erreichbarkeit des Angebots nach § 631 BGB aus.[623] Jedoch ist der Plattformbetreiber dazu verpflichtet, die erforderlichen technischen Einrichtungen und genügend Schnittstellen zum Internet zur Verfügung zu stellen, über welche die Teilnehmer online auf die Plattform und die gespeicherten Inhalte Zugriff nehmen können.[624] Diese Verpflichtung könnte im Sinne der §§ 611 ff. BGB dienstvertraglich eingeordnet werden, so dass der Plattformbetreiber lediglich das Bemühen schulden würde, die gespeicherten Inhalte mit dem Internet zu konnektieren, beziehungsweise die dazu erforderlichen technischen Einrichtungen in funktionstauglichem Zustand bereitzuhalten. Dementsprechend wird auch teilweise die Verpflichtung des Host-Providers zur Anbindung einer Webseite an das Internet dienstvertraglich eingeordnet.[625] Eine dienstvertragliche Qualifizierung führt jedoch zu dem unbefriedigenden Ergebnis, dass der Nutzer die vereinbarte Vergütung auch dann zahlen müsste, wenn die gespeicherten Inhalte nicht im Internet abrufbar sind.[626] Sachgerechte Ergebnisse lassen sich hingegen erzielen, wenn die vertragliche Pflicht des Anbieters zur Bereithaltung einer technischen Infrastruktur zur Anbindung der Inhalte an das Internet ebenfalls dem Mietvertragsrecht zugeordnet wird.[627] Die ständige Erreichbarkeit der gespeicherten Inhalte über das Internet gehört zum bestimmungsgemäßen Gebrauch der Mietsache und ist Ausfluss der Erhaltungspflicht nach § 535 Abs. 1 S. 2 BGB.[628] Auf diese Weise wird dem Nutzer einer Entwicklungsplattform der dauer-

---

[623] Für eine Einordnung als Werkvertrag beim Webhosting *Redeker*, IT-Recht, Rn. 980.

[624] Vergleichbar die Verpflichtung des Webhosting-Anbieters zur Konnektivität der Webseite, vgl. *Komarnicki*, in: Handbuch Multimedia-Recht, Abschn. 12.2, Rn. 50; *Wulf*, CR 2004, 43, 45.

[625] *Roth*, in: Loewenheim/Koch, Praxis des Online-Rechts, S. 78; *Schuppert*, in: Vertragsrecht der Internetprovider, Teil II, Rn. 49; *Härting*, CR 2001, 37, 39.

[626] *Cichon*, Internetverträge, Rn. 165–167; *Komarnicki*, in: Handbuch Multimedia-Recht, Abschn. 12.2, Rn. 29.

[627] Vgl. *Komarnicki*, in: Handbuch Multimedia-Recht, Abschn. 12.2, Rn. 37–41; *Münster*, MMR 2002, 260, 261; *Wulf*, CR 2004, 43, 45 f.

[628] *Komarnicki*, in: Handbuch Multimedia-Recht, Abschn. 12.2, Rn. 41; *Münster*, MMR 2002, 260, 261.

hafte Zugang zur virtuellen Welt gewährleistet, ohne dass er im Fall der längeren Nichterreichbarkeit des Dienstes zur Zahlung einer Vergütung verpflichtet ist.

### 3. Gewährleistung und Haftung

#### a) Haftung für mangelnde Verfügbarkeit

Aus der mietvertraglichen Einordnung des Rechtsverhältnisses zwischen Betreiber und Nutzer der Entwicklungsplattform folgt, dass eine andauernde Verfügbarkeit des Dienstes geschuldet ist, § 535 Abs. 1 S. 1 BGB. Ebenso wie bei Onlinespielangeboten[629] kommen daher bei der Nicht-Erreichbarkeit des Angebots eine Minderung des Vergütungsanspruchs nach § 536 Abs. 1 BGB oder Schadensersatzansprüche des Nutzers nach § 536a Abs. 1 BGB in Betracht, wenn die Ausfallzeiten nicht nur unerheblich sind. Zu beachten sind wiederum die in den AGB enthaltenen Verfügbarkeits- oder Wartungsklauseln, mit denen der andauernde Nutzungsanspruch eingeschränkt werden kann.[630]

#### b) Datenverlust/Verlust virtueller Gegenstände

Der Ausfall eines Servers kann unter Umständen dazu führen, dass die von den Nutzern auf dem Server gespeicherten Daten gelöscht werden. Virtuelle Gegenstände der Teilnehmer können auf diese Weise endgültig verloren gehen. Von erheblicher wirtschaftlicher Bedeutung für den Plattformbetreiber ist dann die Frage, ob er für den Verlust der Daten nach § 536a Abs. 1 BGB einstehen muss. Im Gegensatz zu Onlinespielen sind vom Datenverlust regelmäßig für den Plattformbetreiber fremde Daten der Teilnehmer betroffen. Dies führt zu einer Erhöhung des Haftungsrisikos des Betreibers.

Da die verschuldensunabhängige Garantiehaftung des § 536a Abs. 1 Alt. 1 BGB für anfängliche Mängel nur selten gegeben sein wird, kommt es maßgeblich darauf an, unter welchen Voraussetzungen ein Vertretenmüssen des Betreibers für den Datenverlust anzunehmen ist (§§ 536a Abs. 1 Alt. 2, 276 BGB). Ebenso wie bei Onlinespielangeboten gehört es zur erforderlichen Sorgfalt des Plattformbetreibers, durch technische Maßnahmen dafür Sorge zu tragen, dass es nicht infolge technischer Defekte, Virenbefall oder durch Hackerangriffe zu Serverausfällen und damit einhergehenden Da-

---

[629] Siehe dazu F. II. 4.
[630] Siehe dazu F. IV. 6.

tenverlusten kommt.[631] Von großer Bedeutung sind in diesem Zusammenhang Maßnahmen zur Sicherung des Datenbestandes. Welche Maßnahmen der Datensicherung vom Betreiber einer Entwicklungsplattform in seiner Eigenschaft als Host-Provider vernünftigerweise erwartet werden kann, richtet sich nach den Gepflogenheiten sachgerechter Datensicherung im Netz.[632] Angesichts des wirtschaftlichen Werts von Datensammlungen und den technisch relativ einfach zu realisierenden Sicherungsmöglichkeiten[633] ist der Host-Provider zur Datensicherung in regelmäßigen Abständen verpflichtet; teilweise wird eine tägliche Absicherung für erforderlich gehalten.[634] Nimmt der Betreiber die erforderlichen Datensicherungsmaßnahmen nicht vor, handelt er fahrlässig und damit schuldhaft im Sinne der §§ 536a Abs. 1 Alt. 2, 276 BGB.

Von Bedeutung ist in diesem Zusammenhang die Frage, wann von einem Mitverschulden des Nutzers nach § 254 Abs. 1 BGB auszugehen ist. Maßgeblich hängt dies davon ab, inwieweit dem Nutzer die Eigensicherung seiner Daten zuzumuten ist oder sich dieser zur Datensicherung wirksam vertraglich verpflichtet hat.[635] Stehen dem Teilnehmer einer Entwicklungsplattform, der seine virtuellen Gegenstände auf dem zentralen Server des Betreibers erstellt, keine Möglichkeiten zur Speicherung der Daten auf seinem lokalen Computer zur Verfügung, etwa weil eine Funktion zur Datenübertragung nicht verfügbar oder die Datenmenge für eine Eigensicherung zu groß ist, so scheidet ein Mitverschulden des Nutzers nach § 254 Abs. 1 BGB aus. Ist eine Eigensicherung der Daten dem Nutzer jedoch ohne weiteres möglich, so kann auch ohne ausdrückliche vertragliche Vereinbarung von einer Verantwortung des Nutzers zur Sicherung seiner Daten ausgegangen werden. Unterlässt er die erforderlichen Sicherungsmaßnahmen, liegt beim Verlust der Daten ein überwiegendes Eigenverschulden vor, welches zu einem Wegfall der Ersatzpflicht des Plattformbetreibers führen kann.

Ist hingegen ein Mit- oder Allein-Verschulden des Plattformbetreibers feststellbar, so haftet dieser für den Datenverlust nach § 536a Abs. 1 Alt. 2 BGB i.Vm. §§ 249 ff. BGB.[636] Eine Wiederherstellung der verloren gegangenen Daten nach § 249 Abs. 1 BGB wird dem Betreiber bei komplexeren virtuellen Gegenständen meist nicht möglich sein, da diese von den Nutzern

---

631 Siehe dazu F. II. 4. b).

632 Vgl. *Komarnicki*, in: Handbuch Multimedia-Recht, Abschn. 12.2, Rn. 73; vgl. auch *Meier/Wehlau*, NJW 1998, 1585, 1590.

633 Vgl. zu den Sicherungsmöglichkeiten *Meier/Wehlau*, NJW 1998, 1585, 1590.

634 *Komarnicki*, in: Handbuch Multimedia-Recht, Abschn. 12.2, Rn. 73; *Meier/Wehlau*, NJW 1998, 1585, 1590.

635 *Komarnicki*, in: Handbuch Multimedia-Recht, Abschn. 12.2, Rn. 73; *Meier/Wehlau*, NJW 1998, 1585, 1590.

636 Zur Beschränkung der Haftung siehe F. IV. 4.

in einem gestalterischen Prozess entworfen worden sind und damit nicht ohne weiteres durch einen Dritten reproduzierbar sind. Ist die Naturalrestitution daher unmöglich im Sinne von § 275 Abs. 1 BGB, schuldet der Schädiger Geldentschädigung nach § 251 Abs. 1 BGB.[637] Zu ersetzen ist das Wertinteresse, also die Differenz zwischen dem Wert des Vermögens, wie es sich ohne das schädigende Ereignis darstellen würde und dem durch die Schädigung verminderten Wert.[638] Bei Zerstörung eines Gegenstandes ist insofern der Wiederbeschaffungswert (Verkehrswert) maßgeblich.[639] Die Höhe der Entschädigung bemisst sich beim Verlust virtueller Gegenstände nach den Preisen, die üblicherweise auf Handelsplattformen für vergleichbare virtuelle Gegenstände erzielt werden können.[640] Ist ein solcher Preis nicht feststellbar, so muss unter Umständen im gerichtlichen Verfahren der Schaden unter Würdigung aller Umstände des Einzelfalls durch Schätzung ermittelt werden, § 287 Abs. 1 ZPO.

## 4. Zusammenfassung

Das Vertragsverhältnis zwischen dem Betreiber einer Entwicklungsplattform und dem Teilnehmer ist insgesamt mietvertraglich zu qualifizieren, § 535 BGB. Als Host-Provider ist der Betreiber dazu verpflichtet, dem Teilnehmer Speicherplatz zur Verfügung zu stellen sowie für eine Abrufbarkeit der nutzergenerierten Inhalte im Internet zu sorgen. Der Verlust von Daten führt zur Haftung des Betreibers nach §§ 536a Abs. 1, 249 ff. BGB, soweit dieser schuldhaft die erforderlichen Datensicherungsmaßnahmen nicht vorgenommen hat. Im Rahmen eines möglichen Mitverschuldens nach § 254 BGB ist jedoch eine Verantwortung des Teilnehmers zur Eigensicherung seiner Daten zu berücksichtigen.

## IV. Gestaltungsspielräume in Allgemeinen Geschäftsbedingungen

Bevor der Teilnehmer die erworbene Spielsoftware auf seinem Rechner installieren kann, wird er üblicherweise dazu aufgefordert, sich per „Mausklick" mit dem Abschluss einer „Endnutzerlizenzvereinbarung" (End User License Agreement, „EULA") einverstanden zu erklären, in der die Einzelheiten zur Nutzung der Software geregelt sind.[641] Da es sich bei den „EU-

---

[637] *Palandt/Heinrichs*, § 251, Rn. 1.

[638] *BGH*, NJW 1984, 2570, 2571; *Palandt/Heinrichs*, § 251, Rn. 10.

[639] *BGH*, NJW 1984, 2282, 2283.

[640] Siehe hierzu auch F. II. 4. b) dd) (2) (b).

[641] Vgl. *Rippert/Weimer*, ZUM 2007, 272, 275.

LAs" um einseitig vom (Spiel-)Betreiber gestellte, vorformulierte Vertragsbedingungen handelt, mit denen sich alle Nutzer der erworbenen Software
einverstanden erklären müssen, sind diese als Allgemeine Geschäftsbedin-
gungen im Sinne der §§ 305 ff. BGB einzuordnen.[642] Zweifel bestehen an
der wirksamen Einbeziehung der AGB, da sie erst nach Abschluss des
Kaufvertrages und nicht wie von § 305 Abs. 1 BGB verlangt, bei Abschluss
des Vertrages gestellt werden.[643] Der Teilnehmer eines Onlinespiels oder
einer Entwicklungsplattform muss sich zusätzlich mit den Nutzungsbedingungen einverstanden erklären, in denen die einzelnen Modalitäten der
dauerhaften Nutzung der Online-Umgebung des Programms geregelt sind.
Die Nutzungsbedingungen bilden hinsichtlich der Online-Nutzung der
Anwendung den entscheidenden Rechtsrahmen zwischen (Spiel-)Betreiber
und Teilnehmer.[644]

Die AGB der (Spiel-)Anbieter unterliegen der Inhaltskontrolle nach
Maßgabe der §§ 307 – 309 BGB. Der Anwendungsbereich der §§ 307 ff. BGB
ist nach § 310 Abs. 1 S. 1 BGB vollumfänglich eröffnet, da die Teilnehmer in
der Regel Verbraucher im Sinne von § 13 BGB, die Anbieter Unternehmer
(§ 14 BGB) sind.[645] Angesichts der Vielgestaltigkeit der Regelungsgegen-
stände von Endbenutzerlizenzvereinbarungen und Nutzungsbestimmungen wird im Folgenden lediglich eine Auswahl typischerweise von den
(Spiel-)Anbietern verwandter Klauseln auf ihre Vereinbarkeit mit AGB-
Recht untersucht. Ein Verstoß gegen die AGB-rechtlichen Bestimmungen
führt zur Nichtigkeit der Klausel.[646]

## 1. Weitergabeklauseln

Soweit in den Bedingungen Verbotsklauseln enthalten sind, die sich auf die
Weitergabe der auf einer CD oder einem anderen Datenträger verkörperten
Spielsoftware beziehen, so ist das Verbot mit dem urheberrechtlichen Er-
schöpfungsgrundsatz aus § 69c Nr. 3 S. 2 UrhG nicht zu vereinbaren.[647] Der
Erwerber ist demnach zur Weitergabe der Software, mit Ausnahme der
Weitervermietung, befugt. Klauseln in AGB, welche dieses Recht ein-
schränken, verstoßen somit gegen wesentliche Grundgedanken des Urhe-
bergesetzes (§§ 69c Nr. 3 S. 2, 17 Abs. 2 UrhG) und sind nach § 307 Abs. 2

---

[642] *Lober/Weber*, MMR 2005, 653, 659; *Rippert/Weimer*, ZUM 2007, 272, 275.

[643] *Lober*, in: Lober, Virtuelle Welten, S. 145; vgl. dazu auch die Übersicht bei *Marly*, Softwareüberlassungsverträge, Rn. 455 ff.

[644] *Lober/Weber*, MMR 2005, 653, 659; *Rippert/Weimer*, ZUM 2007, 272, 275.

[645] *Lober/Weber*, CR 2006, 837, 843.

[646] Vgl. *Palandt/Heinrichs*, Vorb v § 307, Rn. 7.

[647] Zu Weitergabeklauseln in Softwareverträgen *Hoeren*, IT Vertragsrecht, Rn. 151, *Hoeren*,
RDV 2005, 11, 13.

Nr. 1 BGB unwirksam.[648] Hält man den Erschöpfungsgrundsatz auch auf im Wege der Online-Übermittlung erlangte Software für entsprechend anwendbar,[649] so sind auch Klauseln unwirksam, welche die Weiterübertragung der online erlangten Software verbieten.[650]

## 2. Veräußerungs- und Handelsverbote für virtuelle Gegenstände

Die Betreiber von Onlinespielen nehmen regelmäßig Klauseln in ihre Nutzungsbedingungen auf, nach denen der entgeltliche Handel mit virtuellen Gegenständen entweder ganz verboten ist oder aber nur auf eigens von den Spielanbietern zur Verfügung gestellten virtuellen Marktplätzen zulässig ist.[651] Bei Entwicklungsplattformen mit nutzergenerierten Inhalten wie *Second Life* spielen mit den Betreibern vereinbarte Veräußerungs- und Handelsverbote hingegen keine Rolle. Die Plattformen sind auf den Austausch virtueller Gegenstände gegen reales Geld angelegt. Zudem hat der Betreiber regelmäßig kein wirtschaftliches Interesse an einer Unterbindung des Handels, da die virtuellen Gegenstände überwiegend von den Nutzern selbst erschaffen worden sind.

### a) Abbedingung des Erschöpfungsgrundsatzes, § 17 Abs. 2 UrhG

Eine Klausel, nach der die Weiterveräußerung urheberrechtlich geschützter virtueller Gegenstände untersagt ist, kann gegen die Wertung aus § 17 Abs. 2 UrhG analog verstoßen, nach der es dem Erwerber einer urheberrechtlich geschützten Gestaltung frei steht, diese weiter zu veräußern.[652] Der Verstoß würde die Unwirksamkeit nach § 307 Abs. 1, Abs. 2 Nr. 1 BGB nach sich ziehen. Da in Onlinespielen jedoch regelmäßig keine Erschöpfung der Urheberrechte an virtuellen Gegenständen eintritt,[653] kommt es auch nicht zu einem zur Unwirksamkeit der Klausel führenden Wertungswiderspruch mit § 17 Abs. 2 UrhG analog.

---

[648] *OLG Frankfurt*, NJW-RR 1997, 494; *öst. OGH*, GRUR Int. 2000, 1028, 1030; *Wandtke/Bullinger/Grützmacher*, § 69c, Rn. 38; *Hoeren*, IT Vertragsrecht, Rn. 151; *Hoeren* RDV 2005, 11, 13.

[649] Siehe hierzu C. IV. 2.

[650] Vgl. *Hoeren*, CR 2006, 573, 578; *Sosnitza*, K&R 2006, 206, 210.

[651] Vgl. die Nutzungsbedingungen von *World of Warcraft* unter C. (v), „*Sie stimmen zu, dass Sie unter keinen Umständen Gold, Waffen, Rüstung oder andere virtuelle Gegenstände, die in World of Warcraft benutzt werden, außerhalb der World of Warcraft-Plattform für „echtes" Geld zu kaufen oder zu verkaufen oder zu tauschen*", im Internet: http://www.wow-europe.com/de/legal/termsofuse.html, (Stand: Januar 2008).

[652] Siehe hierzu C. IV.

[653] Siehe hierzu C. IV. 3. a).

## b) Unangemessene Benachteiligung, § 307 Abs. 1, 2 BGB

Klauseln, nach denen der Verkauf virtueller Gegenstände in der realen Welt gegen Entgelt verboten ist, sind weiterhin anhand der Generalklausel des § 307 Abs. 1 S. 1, Abs. 2 BGB auf ihren Inhalt zu überprüfen.[654] Nach § 307 Abs. 1 BGB ist eine Bestimmung in AGB unwirksam, wenn sie den Vertragspartner des Verwenders entgegen den Geboten von Treu und Glauben unangemessen benachteiligt. Unangemessen im Sinne von § 307 Abs. 1 BGB ist die Benachteiligung, wenn der Verwender durch die einseitige Vertragsgestaltung die Interessen des Vertragspartners soweit zurückdrängt, dass dessen Belange in einem vorzunehmenden Interessenausgleich nicht ausreichend berücksichtigt werden.[655] In die Beurteilung mit einzubeziehen sind neben den Interessen beider Parteien die Verkehrsanschauung sowie die sich aus der Gesamtheit der Rechtsordnung ergebenden Bewertungskriterien.[656] Zu berücksichtigen sind schließlich die gesetzlichen Regelbeispiele aus § 307 Abs. 2 BGB, bei deren Vorliegen im Zweifel von einer unangemessenen Benachteiligung des Vertragspartners des Verwenders auszugehen ist. In einem ersten Schritt sind somit die Interessen der Spielanbieter, insbesondere an einem Handelsverbot, sowie die Interessen der Teilnehmer an einem Handel mit virtuellen Gegenständen zu untersuchen. In einem weiteren Schritt sind die ermittelten Interessen unter Berücksichtigung von Vertragszweck und einschlägiger Gesetzeslage gegeneinander abzuwägen, um festzustellen, ob die Verkaufs- und Handelsverbote eine unangemessene Benachteiligung des Teilnehmers darstellen.

### aa) Interessen der Teilnehmer

Der Teilnehmer, der für die Nutzung der Online-Umgebung des Spiels eine monatliche Vergütung zahlt, hat zunächst ein Interesse daran, das Spielangebot ohne Beeinträchtigung nach Maßgabe der Spielmodalitäten und -regeln nutzen zu können. Dem Nutzer, der mit virtuellen Gegenständen handelt, geht es darüber hinaus um die wirtschaftliche Verwertung seines im Onlinespiel erzielten Spielerfolgs. Bei genauer Betrachtung ist in dem Verkauf eines virtuellen Gegenstandes die Verwertung eines durch den Spieler geschaffenen Mehrwertes zu sehen. Zwar werden die virtuellen Gegenstände vom Spielanbieter zur Nutzung durch die Spieler bereitgehalten, so dass insofern eine Leistung des Spielanbieters vorliegt. Der Spieler wendet jedoch seine Zeit auf und setzt sein besonderes Können und seine Ge-

---

654    Zum Ganzen *Trump/Wedemeyer*, K&R 2006, 397, 402; vgl. auch *Klickermann*, MMR 2007, 766, 768; *Lober/Weber*, CR 2006, 837, 843 f.

655    BGH, NJW 2000, 1110, 1112; BGHZ 90, 280, 284; *Palandt/Heinrichs*, § 307, Rn. 8.

656    *Palandt/Heinrichs*, § 307, Rn. 8.

schicklichkeit ein, um das begehrte virtuelle Item zu erhalten. Der Teilnehmer, der ein seltenes und nur schwer zu erlangendes Schwert erspielt hat, war gegebenenfalls geschickter und im Spiel geübter als andere Teilnehmer oder hat mehr Zeit ins Erspielen virtueller Items investiert. Diese Leistung, die ihn von anderen Teilnehmern des Spiels abhebt, möchte er durch den Handel mit virtuellen Gegenständen wirtschaftlich verwerten. Dem Erwerber geht es hingegen darum, schnell und unkompliziert ein virtuelles Item zu erlangen, ohne dieses zeitintensiv erspielen zu müssen. Der Kauf eines virtuellen Gegenstandes kann für den Erwerber auch die einzige Möglichkeit sein, eine für ihn im Spiel ansonsten unüberwindbare Aufgabenstellung zu bewältigen.[657]

## bb) Interessen der Spielanbieter

### (1) Schutz „Geistiger Eigentumsrechte"

Teilweise begründen die Spielanbieter die Handelsverbote mit ihren „geistigen Eigentumsrechten" an den virtuellen Gegenständen.[658] Würden diese Rechte wie etwa das Urheberrecht an einem virtuellen Gegenstand durch den Handel mit virtuellen Items verletzt, wäre schon aus diesem Grund ein schützenswertes Interesse der Spielanbieter an der Unterbindung des Handels anzuerkennen. Bei genauer Betrachtung ist jedoch in dem Verkauf und der im Zuge der Vertragsabwicklung stattfindenden Übertragung eines beispielsweise urheberrechtlich geschützten virtuellen Items kein Eingriff in ein urheberrechtliches Verwertungsrecht des Spielanbieters zu sehen.[659] Der nur *inter partes* wirkende Kaufvertrag zwischen den Spielern lässt die Rechtsposition der Spielanbieter an dem virtuellen Item unberührt. Dieses gilt auch für die Übertragung eines Items zwischen den Teilnehmern eines Onlinespiels, auch wenn diese im Zuge einer Kaufabwicklung erfolgt. Bei der Übergabe wechselt lediglich die Zuordnung des virtuellen Items, ohne dass es dabei zu einer urheberrechtlich relevanten Vervielfältigungshandlung kommt.[660] Etwas anderes würde nur gelten, wenn der Erwerber eine Kopie des Gegenstandes erhielte, womit eine Vervielfältigung des Datenbestandes einherginge. Dies ist jedoch beim Wechsel eines virtuellen Gegen-

---

[657] *Trump/Wedemeyer*, K&R, 2006, 397, 403.

[658] Vgl. die Nutzungsbestimmungen von *World of Warcraft* unter Punkt 9., „*Beachten Sie, dass sämtliche Inhalte, die in World of Warcraft enthalten sind, entweder Eigentum von Blizzard Entertainment sind oder von Blizzard Entertainment exklusiv lizenziert worden sind. Daher hat niemand außer Blizzard Entertainment selbst das Recht, Inhalte von Blizzard Entertainment zu „verkaufen"!*", im Internet: http://www.wow-europe.com/de/legal/termsofuse.html (Stand: Januar 2008).

[659] Ähnlich *Trump/Wedemeyer*, K&R 2006, 397, 403.

[660] Siehe dazu E. I. 3. d) aa).

standes in der Umgebung eines Onlinespiels regelmäßig nicht der Fall.[661] Auch die den Teilnehmern vom Spielbetreiber eingeräumten schuldrechtlichen Nutzungsrechte an sämtlichen Inhalten der virtuellen Welt sind durch die Übertragung einzelner virtueller Items gegen Entgelt nicht unmittelbar betroffen. Sowohl der Veräußerer als auch der Erwerber sind kraft der ihnen vom Spielanbieter eingeräumten Nutzungsrechte an den Spielinhalten ohnehin zur Nutzung befugt, so dass es für die Übertragung eines virtuellen Items keiner Abtretung der schuldrechtlichen Nutzungsrechte bedarf.[662] Zudem ist die Übertragung eines Items eine vom Spielanbieter zugelassene Aktionsmöglichkeit im Spiel, ohne dass dabei unterschieden werden könnte, ob die Übergabe im Zuge einer Kaufabwicklung oder aber als bloße Spielmodalität erfolgt.[663] Es besteht insofern kein schützenswertes Interesse der Spielanbieter, den Handel mit virtuellen Gegenständen gegen reales Geld zu untersagen.

## (2) Wirtschaftliche Verwertung des Onlinespiels

Dem Spielanbieter geht es vorrangig um die erfolgreiche wirtschaftliche Verwertung des Onlinespiels. Zu diesem Zweck beansprucht er von den Teilnehmern einen Kaufpreis für die Spielsoftware sowie ein monatliches Entgelt für die Nutzung der Online-Umgebung des Computerspiels.[664] Darüber hinaus hat der Spielanbieter ein Interesse daran, die Funktionsfähigkeit des Spiels dauerhaft zu erhalten.[665] Dies betrifft zum einen die technische Realisierung des Spiels, zum anderen aber auch die Gewährleistung eines funktionierenden Spielkonzepts, welches das Spiel für die teilnehmenden Nutzer attraktiv gestaltet und für potentielle Neukunden interessant macht. Der Verkauf virtueller Gegenstände gegen Entgelt kann zu einer Störung des Spielkonzepts von Onlinespielen führen.[666] In Online-Rollenspielen gehört es zu diesem Konzept oftmals dazu, dass die Teilnehmer sich ein spielinternes Wirtschafts- und Sozialsystem zu nutze machen, dessen Rahmenbedingungen durch die Spielanbieter vorgegeben und kontrolliert werden.[667] So führen das Sammeln von Erfahrungspunkten sowie das Knüpfen von Freundschaften und Netzwerken zu einer Produktionssteigerung des Avatars und eröffnen dem Spieler Möglichkeiten zur Wei-

---

[661] Siehe dazu auch E. I. 1. a).

[662] Siehe dazu E. I. 2.

[663] Ähnlich *Trump/Wedemeyer*, K&R 2006, 397, 403.

[664] Siehe dazu *Trump/Wedemeyer*, K&R 2006, 397, 403.

[665] *Wemmer/Bodensiek*, K&R 2004, 432, 436 f.

[666] *Wemmer/Bodensiek*, K&R 2004, 432, 436 f.

[667] *Wemmer/Bodensiek*, K&R 2004, 432, 437; *Häring*, in: Handelsblatt v. 7. August 2006, „Die wunderbare Welt der virtuellen Ökonomie", S. 9; vgl. auch *Lober/Weber*, CR 2006, 837, 840 f.

terentwicklung innerhalb der virtuellen Umgebung des Spiels.[668] Die Spieler nehmen am Wirtschaftsleben teil, indem sie Berufe ergreifen und über das verdiente virtuelle Geld Waffen, Werkzeuge und andere virtuelle Items finanzieren.[669] Erst eine gute Ausstattung des Avatars ermöglicht den anvisierten Aufstieg ins nächste Spiellevel. Das wirtschaftliche und soziale Gleichgewicht wird jedoch nachhaltig gestört, wenn professionelle Spieler das Onlinespiel zum Zweck der Erzielung von (Neben-)Verdiensten nutzen und damit manipulieren. „Grasen" zum Beispiel professionelle Spieler als „Goldfarmer"[670] die virtuelle Welt systematisch nach Goldstücken ab, um das gesammelte Gold anschließend über Zwischenhändler oder unmittelbar über Internet-Handelsplattformen in großen Mengen auf den Markt zu bringen,[671] so führt die damit einhergehende Spielgeldentwertung dazu, dass Werkzeuge, Waffen und andere virtuelle Items für „ehrliche" Spieler unbezahlbar werden und mittels der im Spiel angelegten Möglichkeiten nicht mehr erlangt werden können.[672] Auch der massenhafte Verkauf von „hochgespielten" Charakteren oder besonderen Waffen und Fähigkeiten führt zu einer Verschiebung sozialer Strukturen innerhalb der virtuellen Welt, da die von den Spielentwicklern ausgeklügelten Hierarchien zwischen unterschiedlich gut ausgebauten Spielfiguren an Bedeutung verlieren.[673] Die Spielbetreiber, die den Kauf virtueller Gegenstände gegen reales Geld nicht als Spielmodalität unterstützen, haben daher ein wirtschaftlich motiviertes Interesse daran, zur Erhaltung der Funktionsfähigkeit des Spiels den Handel mit virtuellen Gegenständen gegen Entgelt zu unterbinden.

## cc) Interessensabwägung

Es stehen sich das Interesse des Spielers an der wirtschaftlichen Verwertung seiner Spielleistung und das Interesse des Spielanbieters gegenüber, das Spielkonzept nicht durch den Handel mit virtuellen Gegenständen ge-

---

[668] *Häring*, (s. Fn. 667).

[669] *Häring*, (s. Fn. 667).

[670] Zum Begriff vgl. *Koch*, in: Sueddeutsche-Online v. 30.12.2005, „Millionen mit *World of Warcraft* – Völlig von der Rolle", im Internet: http://www.sueddeutsche.de/kultur/artikel/199/67132/print.html, (Stand: Januar 2008).

[671] *Siemons*, in: Spiegel-Online v. 22. Oktober 2006, „Goldfarmen – Chinas Geschäft mit der Lebenszeit", im Internet: http://www.spiegel.de/netzwelt/web/0,1518,443947,00.html, (Stand: Januar 2008); *Koch*, (s. Fn. 670).

[672] *Koch*, (s. Fn. 670).

[673] Zur Störung des spielerischen Gleichgewichts in MMPORGs vgl. *Lober/Weber*, CR 2006, 837, 840 f.; zu den einzelnen sozialen Abstufungen bei *World of Warcraft* vgl. die Beschreibungen bei *Wikipedia.de*, im Internet: http://de.wikipedia.org/wiki/World_of_Warcraft#V.C3.B6lker_und_Klassen, (Stand: Januar 2008).

gen echtes Geld zu gefährden. Eine Abwägung führt zu dem Ergebnis, dass das Interesse des Spielanbieters an einer funktionsgemäßen Durchführung des Onlinespiels überwiegt.[674] Der Spielanbieter kann das Onlinespiel nur erfolgreich wirtschaftlich verwerten, wenn er den Teilnehmern und potentiellen Neukunden ein funktionierendes Spielkonzept anbieten kann. Das Interesse des einzelnen Spielers, mit dem Verkauf einzelner Items Geld zu verdienen, muss dahinter zurücktreten. Der Spieler erhält als angemessene Gegenleistung für die Zahlung einer monatlichen Vergütung die Berechtigung, das Spielangebot des Betreibers zu spielerischen Zwecken zu nutzen. Ein darüber hinaus gehendes Interesse des Spielers, auf der Grundlage des Computerspiels Geld zu verdienen, ist nicht anzuerkennen. Dies entspricht auch der (noch) vorherrschenden Verkehrsauffassung, nach der bei Computerspielen der „Spielspaß" im Vordergrund steht und nicht die Möglichkeit, durch den Verkauf virtueller Gegenstände Einnahmen zu erzielen. Damit wird durch die Handelsverbote auch nicht die Erreichung des Vertragszwecks gefährdet, § 307 Abs. 2 Nr. 2 BGB. Hinzu kommt, dass der Spieler durch den Verkauf virtueller Items ungerechtfertigt an der wirtschaftlichen Leistung des Spielanbieters partizipieren würde. Denn erst das Spielangebot und die damit verbundene organisatorische, künstlerische und finanzielle Leistung des Spielbetreibers ermöglichen den Handel mit virtuellen Items. Eine unangemessene Benachteiligung des Spielers liegt selbst dann nicht vor, wenn der Spielanbieter den Handel mit virtuellen Items gegen echtes Geld auf spielinternen Plattformen erlaubt,[675] im Übrigen jedoch untersagt.[676] Der Spielanbieter hat so die Möglichkeit, den Handel mit virtuellen Gegenständen zu moderieren und bei Bedarf steuernd und regulierend einzugreifen, um das Wirtschafts- und Sozialsystem der virtuellen Welt vor Störungen zu bewahren. Der unkontrollierte Handel von virtuellen Gegenständen auf externen Plattformen steht somit den anzuerkennenden Verwertungsinteressen der Spielanbieter entgegen. Ein ebenso schützenswertes Interesse der Spieler ist hingegen nicht anzuerkennen. Auch der mietvertraglich zu qualifizierende Onlinespielvertrag stellt angesichts der Besonderheiten, die mit der Nutzung eines virtuellen Raums einhergehen, einen weiten Spielraum zur Vertragsgestaltung zur Verfügung,[677] der die Vereinbarung von Verkaufs- und Handelsverboten virtueller Gegenstände zulässt. Klauseln in AGB der Spielanbieter, nach denen der Verkauf und Handel von virtuellen Gegenständen gegen echtes Geld untersagt ist, stellen somit keine unangemessene Benachteiligung der Inter-

---

[674]  Ähnlich *Wemmer/Bodensiek*, K&R 2004, 432, 437; a.A. *Trump/Wedemeyer*, K&R 2006, 397, 402 ff.; nicht eindeutig *Lober/Weber*, MMR 2005, 653, 659.

[675]  Siehe die Handelplattform „Station Exchange" des MMORPG „Everquest", im Internet: http://www.stationexchange.com, (Stand: Januar 2008).

[676]  A.A. *Lober/Weber*, CR 2006, 837, 843; *Trump/Wedemeyer*, K&R 2006, 397, 403 f.

[677]  *Lober/Weber*, CR 2006, 837, 839.

essen der Teilnehmer eines Onlinespiels dar, sondern können wirksam in den Bedingungen der Spielanbieter vereinbart werden.[678]

## 3. Verbot der Überlassung des Spiel-Accounts

### a) Endgültige Überlassung

Die dauerhafte Übertragung eines Spiel-Accounts ist als Vertragsübernahme zu qualifizieren.[679] Damit hängt die Wirksamkeit der Vertragsübernahme von der Zustimmung des Gläubigers ab, § 415 Abs. 1 S. 1 BGB.[680] Die Zustimmung kann sowohl als Genehmigung im Sinne von § 184 BGB als auch in Form einer Einwilligung nach § 183 BGB erteilt werden.[681] Nimmt der Spielanbieter eine Klausel in seine AGB auf, nach der die Übertragung eines Spiel-Accounts untersagt ist, ist darin die antizipierte Verweigerung der Zustimmung zu sehen. Das in § 309 Nr. 10 BGB (Wechsel des Vertragspartners) normierte Klauselverbot ohne Wertungsmöglichkeit ist nicht einschlägig. Diese Norm soll den Kunden davor schützen, dass ein unbenannter Dritter an Stelle des Verwenders in den Vertrag eintritt.[682] Vorliegend steht aber ein Vertragswechsel auf Seiten des Teilnehmers, nicht hingegen auf Seiten des die AGB verwendenden Spielanbieters in Rede. Auch ein Verstoß gegen § 307 Abs. 1, 2 Nr. 1 BGB ist nicht gegeben, da die Klausel dem gesetzlichen Leitbild des § 415 Abs. 1 S. 1 BGB entspricht, nach dem es dem Gläubiger frei stehen soll, ob er einem Wechsel des Vertragspartners zustimmt.[683] Das im Verbot der Überlassung des Spiel-Accounts enthaltene Abtretungsverbot nach § 399 Alt. 2 BGB verstößt ebenfalls nicht gegen § 307 Abs. 1, 2 Nr. 1 BGB. Ein Abweichen von der gesetzlichen Regelung ist nicht erkennbar, da § 399 Alt. 2 BGB gerade ein Abtretungsverbot durch Vereinbarung vorsieht.[684] Verbote, nach denen die Übertragung eines Spiel-Accounts auf einen Dritten untersagt werden, können daher wirksam in den AGB der Betreiber vereinbart werden.[685]

---

[678] So im Ergebnis auch *Koch*, JurPC Web-Dok. 57/2006, Abs. 49; a.A. *Lober/Weber*, MMR 2005, 653, 659; *Trump/Wedemeyer*, K&R 2006, 397, 403 f.; zur kartellrechtlichen Beurteilung vgl. *Lober/Weber*, MMR 2005, 653, 659f.

[679] Siehe dazu E. I. 3. c).

[680] Siehe zur Zustimmung *Palandt/Grüneberg*, § 415, Rn. 3.

[681] *Palandt/Grüneberg*, § 415, Rn. 3.

[682] *Palandt/Heinrichs*, § 309, Rn. 90.

[683] A.A. *Lober/Weber*, MMR 2005, 653, 659.

[684] *Wemmer/Bodensiek*, K&R 2004, 432, 436.

[685] Im Ergebnis so auch *Klickermann*, MMR 2007, 766, 768.

## b) Temporäre Überlassung

Spielanbieter nehmen zudem oft Klauseln in ihre AGB auf, nach denen es dem Teilnehmer untersagt ist, den Account temporär einem Dritten – insbesondere zum Zwecke des „Power-Levelling"[686] – zur Verfügung zu stellen. Gemäß § 307 Abs. 1 S. 1 BGB ist die Bestimmung wiederum nur wirksam, wenn sie den Nutzer nicht unangemessen benachteiligt. Der Spieler, der einen „Power-Levelling Service" in Anspruch nimmt, hat ein Interesse daran, ohne selbst Zeit und spielerisches Geschick aufwenden zu müssen, in ein höheres Spiellevel einsteigen zu können. Dagegen steht das Interesse des Spielanbieters, eine Störung des Spielkonzepts sowie eine damit einhergehende Gefährdung des wirtschaftlichen Erfolges durch „Power-Levelling Services" zu verhindern. Es gelten insofern dieselben Überlegungen wie zum Verbot des entgeltlichen Handels mit virtuellen Gegenständen.[687] Weiterhin liegt es im Interesse des Spielanbieters, den Personenkreis der Spieler bestimmen und gegebenenfalls unerwünschte Spieler von der Teilnahme am Spiel ausschließen oder anderweitig in Anspruch nehmen zu können. Die Möglichkeit der Identifikation eines Spielers über den persönlichen Spiel-Account ist jedoch dann nicht mehr gegeben, wenn dem Teilnehmer die Überlassung des Accounts an Dritte gestattet ist. Hinter diesen wirtschaftlich und rechtlich motivierten Interessen der Spielanbieter tritt das Interesse der Spieler an einem beschleunigten Spielablauf eindeutig zurück. Eine unangemessene Benachteiligung des Teilnehmers ist in der Verwendung einer solchen Verbotsklausel nicht zu sehen, so dass gegen eine entsprechende Vereinbarung in AGB keine Bedenken bestehen.

### 4. Haftungsbeschränkungen auf grobe Fahrlässigkeit und Vorsatz

Angesichts der bestehenden Haftungsrisiken nehmen (Spiel-)Betreiber gerne Klauseln in ihre Bedingungen auf, nach denen die Haftung für Sach- und Vermögensschäden, die auf einem Mangel der Mietsache beruhen, auf grob fahrlässige und vorsätzliche Pflichtverletzungen beschränkt wird.[688] Solange eine Haftungsfreizeichnung nur für einfache Fahrlässigkeit besteht, ist die Klausel mit § 309 Nr. 7 b) BGB zu vereinbaren, da das Klauselverbot ohne Wertungsmöglichkeit nur für einen Ausschluss der Haftung für durch grob fahrlässiges oder vorsätzliches Verhalten verursachte Schädigungen

---

[686] Zum „Power-Levelling" siehe E. II. 3.

[687] Siehe hierzu F. IV. 2. b).

[688] Vgl. die Nutzungsbedingungen von *World of Warcraft* unter Punkt 18., „*Blizzard Entertainment haftet nur in den Fällen, in denen es feststeht, dass Blizzard mit (i) Vorsatz, (ii) grober Fahrlässigkeit gehandelt hat, und/oder (iii) Ansprüche aus dem Produkthaftungsgesetz nach den gesetzlichen Vorschriften bestehen*", im Internet: http://www.wow-europe.com/de/legal/termsofuse.html, (Stand: Januar 2008).

gilt. Allerdings kann ein formularmäßiger Haftungsausschluss für leicht fahrlässiges Verhalten nach § 307 Abs. 2 Nr. 2 BGB unwirksam sein, wenn dadurch die Erreichung des Vertragszwecks gefährdet wird.[689] So hat der *BGH* zur Wohnraummiete entschieden, dass ein Haftungsausschluss für leicht fahrlässiges Verhalten die Leistungszusage des Verwenders unzulässig aushöhle, die Mietsache während des Mietverhältnisses im vertragsgemäßen Zustand zu erhalten, da eine vertragliche Pflicht auch dann eingeschränkt werde, wenn ihre Verletzung sanktionslos bleibt.[690] Der *BGH* nahm daher eine Unwirksamkeit der Klausel nach § 307 Abs. 2 Nr. 2 BGB (§ 9 Abs. 2 Nr. 2 AGBGB a.F.) an.[691] Allerdings stellte er in der vorgenommenen Risikoabwägung maßgeblich darauf ab, dass die Rechte des Mieters insbesondere dann unzulässig eingeschränkt würden, wenn von dem Ausschluss Schäden an eingebrachten Sachen des Mieters umfasst sind, gegen die sich der Mieter üblicherweise nicht versichern kann.[692] Die Begründung zeigt, dass ein Haftungsausschluss für leicht fahrlässiges Verhalten nicht *per se* unwirksam nach § 307 BGB ist, sondern eine entsprechende Freizeichnungsklausel stets unter dem Gesichtspunkt einer angemessenen Risikoverteilung zu beurteilen ist.[693] Schließt der Anbieter eines Onlinespiels oder einer Entwicklungsplattform seine Haftung für leicht fahrlässig verursachte Schäden an der Mietsache aus, so schränkt auch er seine mietvertragliche Verpflichtung zur Erhaltung der Gebrauchstauglichkeit der Mietsache nach § 535 Abs. 1 BGB ein. Die damit einhergehende Abwälzung des Haftungsrisikos für leicht schuldhaft verursachte Schäden auf den Teilnehmer führt jedoch zu einer unangemessenen Risikoverteilung zu dessen Lasten. Dabei ist maßgeblich zu berücksichtigen, dass der Teilnehmer durch die Online-Nutzung der virtuellen Spielumgebung nur eine eingeschränkte Herrschaftsgewalt über die Mietsache hat und daher keine Maßnahmen zur Schadensvermeidung oder Minderung der Schadensfolgen treffen kann.[694] Er muss damit in besonderem Maße auf die Mangelfreiheit der Mietsache vertrauen und ist darauf angewiesen, dass der (Spiel-)Anbieter seiner Verpflichtung zur Aufrechterhaltung der Gebrauchstauglichkeit der Mietsache nachkommt. Eine klauselmäßige Haftungsfreizeichnung des Plattformbetreibers für leicht fahrlässiges Verhalten benachteiligt den Teilnehmer daher unangemessen und ist wegen eines Verstoßes gegen § 307 Abs. 1, 2 Nr. 2 BGB unwirksam.

---

689  *Kieninger*, in: MüKo, § 309 Nr. 7, Rn. 26.

690  *BGH*, NJW 2002, 673, 675; vgl. dazu auch *Komarnicki*, in: Handbuch Multimedia-Recht, Abschn. 12.2, Rn. 104.

691  *BGH*, NJW 2002, 673, 675.

692  *BGH*, NJW 2002, 673, 675.

693  Vgl. *Komarnicki*, in: Handbuch Multimedia-Recht, Abschn. 12.2, Rn. 104.

694  Vgl. zur ähnlichen Situation beim Nutzer eines Webhosting-Dienstes *Komarnicki*, in: Handbuch Multimedia-Recht, Abschn. 12.2, Rn. 104.

## 5. Löschung des Accounts/Abschaltung des Service

Klauseln, nach denen der Plattformbetreiber dazu berechtigt ist, einzelne Nutzer-Accounts ohne das Vorliegen eines Grundes jederzeit und ohne vorherige Ankündigung löschen zu dürfen,[695] halten einer Klauselkontrolle nach §§ 307 ff. BGB gleich aus mehreren Gründen nicht stand. Zum einen ist in einer solchen Klausel eine Haftungsfreizeichnung für Schäden zu entnehmen, die aufgrund einer Löschung des Nutzer-Accounts und damit der vom Nutzer auf der Plattform gespeicherten Inhalte entstehen. Die Unwirksamkeit eines derartigen Haftungsausschlusses ergibt sich für grob fahrlässiges oder vorsätzliches Handeln unmittelbar aus § 309 Nr. 7b) BGB, für leichtes Verschulden aus § 307 Abs. 1 S. 1, Abs. 2 Nr. 2 BGB.[696] Zum anderen kommt der Vorbehalt, den Account jederzeit entschädigungslos löschen zu dürfen, einem einseitig bestehenden, jederzeitigen Kündigungsrecht des Plattformbetreibers gleich, unabhängig davon, ob ein wichtiger Grund für eine sofortige Kündigung vorliegt. Die Regelung weicht somit von der gesetzlichen Wertung der §§ 543, 580a Abs. 3 BGB ab[697] und ist nach § 307 Abs. 1, 2 Nr. 1 BGB als unwirksam zu beurteilen. Ein Recht zur jederzeitigen, sofortigen Löschung des Accounts würde den Nutzer nicht nur aufgrund der Missachtung der Kündigungsfristen unangemessen benachteiligen, sondern auch, weil dem Nutzer jegliche Möglichkeit genommen würde, die auf der Plattform gespeicherten Daten vor der Sperrung des Accounts zu sichern oder die virtuellen Gegenstände wirtschaftlich zu verwerten. Aus den gleichen Erwägungen ist auch eine Klausel unwirksam, nach der sich der Betreiber das Recht vorbehält, den Dienst jederzeit und ohne die vorherige Benachrichtigung der Nutzer vollständig einstellen zu dürfen. Zwar kann dem Plattformbetreiber nicht das Recht genommen werden, den Dienst aufgrund einer unternehmerischen Entscheidung wieder einzustellen. Jedoch muss er zuvor die Teilnehmer unter Einhaltung der Kündigungsfristen ordentlich kündigen, damit diese sich auf die Abschaltung des Dienstes vorbereiten können. Klauseln, nach denen sich der Betreiber die jederzeitige Löschung eines Accounts oder die Abschaltung des Service vorbehält, können zudem als überraschende Klauseln im Sinne von § 305c Abs. 1 BGB angesehen werden und sind auch aus diesem Grunde unwirksam.

---

[695] Vgl. die Nutzungsbestimmungen von *Second Life*, Punkt 2.6., „*Linden Lab may suspend or terminate your account at any time, without refund or obligation to you.* [...]", im Internet: http://secondlife.com/corporate/tos.php, (Stand: Januar 2008).

[696] Siehe dazu oben F. IV. 4.

[697] Zur Kündigung eines Onlinespielvertrags siehe F. II. 3. a).

## 6. Verfügbarkeits- und Wartungsklauseln

Oftmals finden sich Verfügbarkeits- und Wartungsklauseln in den Bedingungen der Plattformbetreiber, mit denen der zeitliche Umfang der Nutzungsmöglichkeit des online erreichbaren Angebots beschränkt wird.[698] Angesichts der Störanfälligkeit der vom (Spiel-)Anbieter eingesetzten technischen Vorrichtungen, die zum Betrieb der virtuellen Spielumgebung erforderlich sind, kann dieser nicht sicherstellen, dass die Online-Umgebung des Angebots ununterbrochen erreichbar ist.[699] Insbesondere im Zuge von Reparaturen oder Wartungen kann ein Herunterfahren der Rechnersysteme erforderlich sein, so dass der Service für den Teilnehmer zeitweise nicht erreichbar ist. Die (Spiel-)Anbieter behalten sich in ihren Nutzungsbedingungen daher insbesondere zu Wartungs- und Reparaturzwecken bestimmte „Down-Zeiten" vor, um nicht für die vorübergehende Nicht-Erreichbarkeit des Angebots haften zu müssen.[700] Diese Klauseln sind der Inhaltskontrolle nach § 307 ff. BGB unterworfen.[701] Zwar sind Klauseln, die lediglich den vertraglichen Leistungsinhalt festlegen, nach § 307 Abs. 3 S. 1 BGB der Inhaltskontrolle nicht zugänglich.[702] Da entsprechend der Einordnung des Onlinespielvertrags als Mietvertrag jedoch die uneingeschränkte Nutzbarkeit des Spielangebots geschuldet ist, stellen Verfügbarkeitsklauseln keine Leistungsbeschreibung, sondern eine kontrollfähige Beschränkung des umfassenden mietvertraglichen Nutzungsanspruchs dar.[703]

In Webhosting-Verträgen, in denen der Host-Provider zur Bereitstellung von Speicherplatz und zur Gewährleistung der Abrufbarkeit der „gehosteten" Inhalte im Internet verpflichtet wird,[704] werden Klauseln für zulässig gehalten, nach denen eine Verfügbarkeit des Dienstes von 96% bis

---

[698] Vgl. Nutzungsbestimmungen von *World of Warcraft* unter Punkt 10, *„Blizzard Entertainment bemüht sich, den Online-Service ununterbrochen aufrecht zu erhalten. Blizzard Entertainment kann jedoch den Service für Wartung, Tests, Ersatz und Instandsetzung der mit World of Warcraft verbundenen Telekommunikationseinrichtungen sowie für eine Übertragungsunterbrechung oder für andere betriebs- oder systembedingte Zwecke vorübergehend aussetzen"*, im Internet: http://www.wow-europe.com/de/legal/termsofuse.html, (Stand: Januar 2008).

[699] Zur vergleichbaren Leistung des Webhosting-Anbieters *Komarnicki*, in: Handbuch Multimedia-Recht, Abschn. 12.2, Rn. 58.

[700] Vgl. zum Webhosting *Schuppert*, in: Spindler, Vertragsrecht der Internetprovider, Teil V, Rn. 50.

[701] Vgl. zur vergleichbaren Situation beim Online-Service einer Bank *BGH*, CR 2001, 181, 182; zu Webhosting-Verträgen *Komarnicki*, in: Handbuch Multimedia-Recht, Abschn. 12.2, Rn. 60; *Schuppert*, in: Spindler, Vertragsrecht der Internetprovider, Teil V, Rn. 50.

[702] *BGH*, CR 2001, 181, 182; *Palandt/Heinrichs*, § 307, Rn. 54.

[703] Vgl. zur ähnlichen Situation beim Online-Service einer Bank *BGH*, CR 2001, 181.

[704] Vgl. *Komarnicki*, in: Handbuch Multimedia-Recht, Abschn. 12.2, Rn. 26.

98% pro Monat geschuldet ist.[705] Gleiche Maßstäbe können sowohl für den Betreiber einer Entwicklungsplattform – in seiner Funktion als Host-Provider – als auch für die Verfügbarkeit des Spielangebots eines Onlinespiels angelegt werden. Die Vereinbarung einer entsprechenden „Down-Zeit" ist dem Teilnehmer zumutbar und stellt keine unangemessene Benachteiligung im Sinne von § 307 Abs. 1 S. 1, Abs. 2 Nr. 2 BGB dar. Zu berücksichtigen ist dabei, dass der Teilnehmer nicht auf die ständige Verfügbarkeit des Spielangebots angewiesen ist und die Nicht-Erreichbarkeit für ihn daher in wirtschaftlicher Hinsicht regelmäßig folgenlos bleiben wird.

Bleibt die Dauer der Leistungsunterbrechung unklar, etwa weil die Verfügbarkeit der Leistung nicht prozentual bestimmt und Wartungszeiten nicht eindeutig definiert werden, dann liegt ein Verstoß gegen das Transparenzgebot nach § 307 Abs. 1 S. 2 BGB vor.[706] Zudem kann die Erreichung des Vertragszwecks nach § 307 Abs. 2 Nr. 2 BGB gefährdet sein, wenn die mietvertragliche Pflicht zur Gebrauchsgewährung nach § 535 Abs. 1 BGB durch unklare Regelungen der Down-Zeiten zu weitgehend eingeschränkt wird.[707] Schließlich ist ein Verstoß gegen § 308 Nr. 4 BGB anzunehmen, da eine entsprechende Klausel ein Abweichen von der versprochenen Leistung – die bei einer hundertprozentigen Verfügbarkeit liegt – über den Bereich des Zumutbaren hinaus zuließe. Bei der gebotenen Auslegung zu Lasten des Verwenders enthielte sie eine unzulässige Freizeichnung von der Leistungspflicht des Verwenders.[708]

### 7. Datensicherungsklauseln

Angesichts der für die Betreiber einer Entwicklungsplattform bestehenden Haftungsrisiken für schuldhaft verursachte Datenverluste[709] liegt es nahe, dem Nutzer die Verpflichtung zur regelmäßigen Eigensicherung seiner Daten aufzubürden. Entsprechende Klauseln unterliegen der Inhaltskontrolle nach § 307 Abs. 1 S. 1, Abs. 2 BGB und sind somit auf ihre Angemessenheit hin zu untersuchen. Die Klausel könnte nach § 307 Abs. 2 Nr. 2 BGB unzulässig sein, wenn die Erreichung des Vertragszwecks durch die Abwälzung der Datensicherungspflicht auf den Nutzer gefährdet wäre. Davon ist jedoch nicht auszugehen, da der Plattformbetreiber in seiner Funktion

---

[705]  *Komarnicki*, in: Handbuch Multimedia-Recht, Absch. 12.2, Rn. 61; *Schuppert*, in: Spindler, Vertragsrecht der Internetprovider, Teil V, Rn. 52 ff.; vgl. auch *Riehmer/Hessler*, CR 2000, 170, 172.

[706]  Zu Webhosting-Verträgen vgl. *Komarnicki*, in: Handbuch Multimedia-Recht, Absch. 12.2, Rn. 62.

[707]  Vgl. *Komarnicki*, in: Handbuch Multimedia-Recht, Abschn. 12.2, Rn. 60.

[708]  Vgl. *Komarnicki*, in: Handbuch-Multimedia-Recht, Abschn. 12.2, Rn. 62.

[709]  Siehe dazu F. III. 3. b).

als Host-Provider zwar auch zur regelmäßigen Datensicherung verpflichtet ist, es dem Nutzer jedoch zumutbar ist, zusätzlich eigene Datensicherungsmaßnahmen vorzunehmen.[710] Zu berücksichtigen ist dabei, dass die wesentliche Verpflichtung des Host-Providers darin besteht, Speicherplatz zur Verfügung zu stellen sowie die gespeicherten Inhalte zum Abruf im Internet bereitzuhalten. Die Pflicht zur regelmäßigen Datensicherung stellt dagegen eine Nebenpflicht dar. Zwar kann auch die Einschränkung einer Nebenpflicht die Erreichung des Vertragszwecks gefährden, wenn diese für den Schutz des Kunden von grundlegender Bedeutung ist.[711] Die Verpflichtung des Nutzers zur Vornahme von eigenen Sicherungsmaßnahmen schränkt die Verpflichtung des Plattformbetreibers zur Datensicherung jedoch nicht ein, sondern tritt lediglich neben diese. Gleichwohl ist dem Nutzer eine Eigensicherung der Daten nur dann zumutbar, wenn ihm die Datensicherung technisch möglich ist. Sind die Datenmengen für eine Speicherung auf dem lokalen Rechner des Nutzers zu groß oder besteht generell keine Möglichkeit, Sicherungskopien der auf der Plattform gespeicherten Daten anzufertigen, dann zieht dies die Unwirksamkeit der Klausel nach § 307 Abs. 1 S. 1 BGB nach sich. Gleiches gilt für Klauseln, nach denen die Datensicherung allein dem Nutzer obliegt, der Plattformbetreiber hingegen sich von der Verpflichtung der Datensicherung gänzlich freizeichnet.

## 8. Zusammenfassung

Der Betreiber eines Onlinespiels hat ein wirtschaftlich motiviertes Interesse daran, den entgeltlichen Handel mit virtuellen Gegenständen außerhalb der moderierten spielinternen Marktplätze zu unterbinden. Entsprechenden Handels- und Veräußerungsverbote in den Nutzungsbedingungen stehen weder schützenswerten Interessen der Teilnehmer noch gesetzlichen Wertungen entgegen und halten damit einer AGB-rechtlichen Kontrolle stand. Dies gilt auch für Verbote in den Nutzungsbedingungen, den (Spiel-)Account an einen Dritten zu übertragen oder diesem nur temporär – etwa zum Zwecke des „Power-Levelling" – zur Verfügung zu stellen. Klauseln, nach denen der (Spiel-)Betreiber zur jederzeitigen Löschung des Accounts oder der Einstellung des (Spiel-)Angebots berechtigt sein soll, sind hingegen unwirksam. Der (Spiel-)Betreiber kann auch nicht pauschal seine Haftung auf grob fahrlässiges und vorsätzliches Verhalten beschränken, da der Teilnehmer nur eine eingeschränkte Herrschaftsgewalt über die Mietsache hat und daher nicht selbst Maßnahmen zur Schadensvermeidung treffen kann. Soweit dem Teilnehmer einer Entwicklungsplattform jedoch Maß-

---

[710] Siehe dazu F. III. 3. b).

[711] *BGH*, NJW 1985, 914, 916; *Palandt/Heinrichs*, § 307, Rn. 33.

nahmen zur Eigensicherung seiner Daten zumutbar sind, können ihm entsprechende Verpflichtungen in den AGB auferlegt werden.

# G. Ansprüche zwischen Teilnehmern bei „spielfremden" Eingriffen

Gegenstand der nachfolgenden Betrachtung ist, welche Ansprüche zwischen den Teilnehmern eines Onlinespiels oder einer Entwicklungsplattform bestehen, wenn ein Teilnehmer einen anderen Nutzer mit „spielfremden" Mitteln angreift, um dessen virtuelle Figur oder einzelne Ausrüstungsgegenstände zu zerstören oder sich dieser zu bemächtigen. Beim angegriffenen Spieler kann dies im Einzelfall zu einem nicht unerheblichen Vermögensschaden führen, wenn es sich um seltene Ausrüstungsgegenstände oder um einen gut ausgebauten und bereits weit fortentwickelten Avatar handelt, der über einen entsprechend hohen Marktwert verfügt. Bei der Beurteilung ist zu berücksichtigen, dass die Bekämpfung, Eliminierung und das Ausrauben von Mitspielern bei vielen Online-Rollenspielen zwar zum Spielkonzept dazugehört und ausdrücklich erlaubt ist. Dies gilt jedoch nur, solange der Teilnehmer sich dabei an die Nutzungsbestimmungen hält. Setzt der Teilnehmer hingegen unzulässige Hilfsprogramme zur Programmmanipulation ein, nutzt er Schutzlücken des Programms aus oder bedient er sich unzulässiger spielerischer Mittel, dann stellt sich für den geschädigten Spieler die Frage, welche Ansprüche er gegen den Schädiger geltend machen kann.

## I. Vertragliche Ansprüche

Die Teilnehmer eines Onlinespiels oder einer Entwicklungsplattform sind nicht untereinander vertraglich verbunden. Ein (Nutzungs-)Vertrag besteht jeweils nur mit dem (Spiel-)Betreiber.[712] Wird ein Teilnehmer von einem anderen Spieler geschädigt, so kann er einen vertraglichen Anspruch nicht auf der Grundlage einer eigenen schuldrechtlichen Verbindung zum Schädiger geltend machen.[713]

## II. Ansprüche aus Geschäftsführung ohne Auftrag

Im Zusammenhang mit spielfremden Eingriffen können Ansprüche aus Geschäftsführung ohne Auftrag zwischen den Teilnehmern eines Onlinespiels oder einer Entwicklungsplattform bestehen. So kommen Ansprüche aus angemaßter Eigengeschäftsführung gemäß § 687 Abs. 2 BGB in Be-

---

[712] Siehe dazu F. II, III.

[713] Siehe aber G. VII. (Vertrag mit Schutzwirkung zugunsten Dritter).

tracht, wenn die mit spielfremden Mitteln erlangten virtuellen Gegenstände vom Schädiger anschließend an einen Dritten verkauft oder in sonstiger Weise dem Dritten (entgeltlich) überlassen werden. Die angemaßte Eigengeschäftsführung setzt voraus, dass jemand ein fremdes Geschäft in Kenntnis von der Fremdheit als eigenes führt, ohne dazu berechtigt zu sein.[714] Es muss sich mithin um ein objektiv fremdes Geschäft handeln, also um ein Geschäft, welches zumindest auch in einen anderen Rechts- und Interessenkreis als den des Handelnden fällt.[715] Der Teilnehmer, der mit spielfremden Mitteln erlangte virtuelle Gegenstände eines anderen Nutzers an Dritte veräußert, führt damit ein allein dem betroffenen Nutzer gebührendes Geschäft. Dessen objektive Fremdheit ist ihm auch positiv bekannt.[716] Behandelt er dennoch das Geschäft als sein eigenes, liegt also der erforderliche Eigengeschäftsführungswille vor,[717] so sind sämtliche Voraussetzungen einer angemaßten Eigengeschäftsführung nach § 687 Abs. 2 BGB erfüllt.

Der betroffene Teilnehmer kann als Geschäftsherr nach § 687 Abs. 2 S. 1 BGB den Handelnden wie einen Geschäftsführer ohne Auftrag in Anspruch nehmen.[718] Zunächst kann der Geschäftsherr nach §§ 687 Abs. 2, 678 BGB Schadensersatz für den Verlust der virtuellen Gegenstände verlangen. Vom Vorliegen des für einen Schadensersatzanspruch nach § 678 BGB erforderlichen Übernahmeverschuldens ist bei der angemaßten Eigengeschäftsführung regelmäßig auszugehen.[719] Da dem Geschäftsführer die objektive Fremdheit des geführten Geschäfts positiv bekannt ist, kann er nicht ohne Verschulden davon ausgehen, er dürfe das Geschäft als sein eigenes führen.[720] Demnach ist der geschäftsführende Teilnehmer zum Ersatz der veräußerten virtuellen Gegenstände nach Maßgabe der §§ 249 ff. BGB verpflichtet. Es gelten die bereits an anderer Stelle dargelegten Grundsätze zum Schadensausgleich bei der Beeinträchtigung virtueller Gegenstände.[721]

Nach § 687 Abs. 2 S. 1 BGB i.V.m. §§ 681 S. 2, 667 BGB kann der Geschäftsherr vom Geschäftsführer auch das durch die Geschäftsführung Erlangte herausverlangen. Umfasst ist das aufgrund des schuldrechtlichen Vertrags zugeflossene Äquivalent, einschließlich des erzielten Gewinns.[722]

---

[714] Allgemein zur angemaßten Eigengeschäftsführung vgl. *Palandt/Sprau*, § 687, Rn. 2.

[715] *BGHZ* 54, 157, 160, 161; *Palandt/Sprau*, § 677, Rn. 4.

[716] Zur Fremdheit des Geschäfts bei Veräußerung einer fremden Sache vgl. *BGH*, NJW 2000, 72 f.

[717] Zum Eigengeschäftsführungswillen vgl. *Palandt/Sprau*, § 687, Rn. 2.

[718] Vgl. die Übersicht bei *Palandt/Sprau*, § 687, Rn. 3 f.

[719] *Medicus*, BR, Rn. 417.

[720] *Medicus*, BR, Rn. 417.

[721] Siehe dazu F. II. 4. b).

[722] Vgl. *RGZ*, 138, 44, 49; *BGH*, NJW-RR 2004, 1290; *Palandt/Sprau*, § 667, Rn. 3; *Medicus*, BR, Rn. 418.

Von besonderer Bedeutung ist der Anspruch für den Teilnehmer dann, wenn der unberechtigte Geschäftsführer durch die Veräußerung der virtuellen Gegenstände einen Gewinn über den Wert hinaus erzielt hat, der in dieser Höhe nicht zu erwarten gewesen wäre. Über § 667 BGB besteht dann die Möglichkeit zur Abschöpfung dieses Verletzergewinns.[723]

## III. Dingliche Ansprüche

Dingliche Ansprüche nach den §§ 985 ff. BGB scheiden aus, da an virtuellen Gegenständen weder Eigentum noch Besitz erlangt werden kann.[724] Eine Vindikationslage, als Grundlage für die Ansprüche aus §§ 985 ff. BGB,[725] ist daher nicht denkbar. Auch eine analoge Anwendung der §§ 985 ff. BGB scheidet aufgrund der Wesensverschiedenheit von körperlichen und unkörperlichen Gegenständen aus.[726]

## IV. Deliktische Ansprüche

### 1. Anspruch aus § 823 Abs. 1 BGB

#### a) Eigentumsverletzung

Ein Anspruch aus § 823 Abs. 1 BGB setzt die Verletzung besonders geschützter Rechtsgüter voraus, zu denen neben den Schutzgütern Leben, Körper, Gesundheit und Freiheit insbesondere das Eigentum an einer Sache gehört.[727] Da virtuelle Gegenstände jedoch keine Sachen und daher auch nicht eigentumsfähig sind,[728] kann in der Beeinträchtigung virtueller Gegenstände keine von § 823 Abs. 1 BGB geschützte Eigentumsverletzung zu sehen sein.

#### b) Virtuelle Gegenstände als „sonstiges Recht"

Neben den ausdrücklich aufgezählten Rechtsgütern gehören auch die „sonstigen Rechte" zu den besonderen Schutzgütern des § 823 Abs. 1 BGB.

---

[723]   Vgl. *Medicus*, BR, Rn. 418.

[724]   Siehe dazu D. II. 2., 3.

[725]   Zum Eigentümer-Besitzer-Verhältnis siehe *Baur/Stürner*, Sachenrecht, § 11, Rn. 4 ff.

[726]   Siehe dazu D. II. 2.

[727]   Vgl. die Übersicht bei *Palandt/Sprau*, § 823, Rn. 2–7.

[728]   Siehe hierzu D. II. 2.

Aus der systematischen Nähe der „sonstigen Rechte" zu den übrigen in § 823 Abs. 1 BGB aufgezählten Schutzgütern ergibt sich, dass die Rechte einen dem Eigentum vergleichbaren absoluten Charakter aufweisen und somit ebenso wie das Leben, Gesundheit und Freiheit von jedermann zu beachten sein müssen.[729] Notwendige Voraussetzung für das Vorliegen eines absoluten Rechts ist neben der Zuweisungsfunktion die Ausschlussfunktion, kraft derer die in Rede stehende Position ein gegen jedermann wirkendes Eingriffsverbot enthält.[730]

### aa) Immaterialgut/Immaterialgüterrecht als „sonstiges Recht"

Virtuelle Gegenstände sind Immaterialgüter.[731] Da virtuelle Gegenstände als Immaterialgüter zunächst gemeinfrei sind und keiner Person durch die Rechtsordnung ausschließlich zugeordnet werden, können sie – entgegen vereinzelter Stimmen in der Literatur[732] – für sich genommen kein „sonstiges Recht" im Sinne von § 823 Abs. 1 BGB darstellen. Auch ein Immaterialgüterrecht *sui generis* an virtuellen Gegenständen scheidet als „sonstiges Recht" aus, da ein solches Recht *sui generis* nicht begründbar ist.[733] Nur für den Fall, dass ein virtueller Gegenstand immaterialgüterrechtlich zu qualifizieren ist, etwa wenn der Berechtigte ein Urheberrecht oder ein Markenrecht an dem Gegenstand erworben hat, fällt das Recht am virtuellen Gegenstand als „sonstiges Recht" unter § 823 Abs. 1 BGB.[734] Allerdings ist zu beachten, dass die Immaterialgüterrechte nur subsidiär durch § 823 Abs. 1 BGB geschützt werden, soweit in den kodifizierten Sondergesetzen keine abschließenden Regelungen getroffen werden.[735] So lässt zwar das Urheberrecht in § 97 Abs. 3 UrhG die Ansprüche aus anderen gesetzlichen Vorschriften unberührt, so dass § 823 Abs. 1 BGB daneben Anwendung findet.[736] Dagegen wird § 823 Abs. 1 BGB jedoch vom Markengesetz oder vom Geschmacksmustergesetz verdrängt.[737]

---

[729] *Palandt/Sprau*, § 823, Rn. 11; *Staudinger/Hager*, § 823, Rn. B 124; *Wagner*, in: MüKo, § 823, Rn. 136; *Larenz/Canaris*, SR II/2, § 76 II 4.

[730] *Wagner*, in: MüKo, § 823, Rn. 136; *Larenz/Canaris*, SR II/2, § 76 II 4.; siehe auch unter D. II. 1.

[731] Siehe dazu D. I. 2. b) bb).

[732] *Koch*, JurPC Web-Dok 57/2006, Abs. 48; vgl. *Lober/Weber*, CR 2006, 837, 842 f.

[733] Siehe hierzu D. II. 1.; a.A. *Koch*, JurPC Web-Dok. 57/2006, Abs. 48.

[734] Zu den ImGR als „sonstige Rechte" vgl. *Palandt/Sprau*, § 823, Rn. 15.

[735] *Staudinger/Hager*, § 823, Rn. B 137.

[736] *Staudinger/Hager*, § 823, Rn. B 137.

[737] RGZ 70, 74, 76; *Staudinger/Hager*, § 823, Rn. B 137.

### bb) „Besitz" an virtuellen Gegenständen als „sonstiges Recht"

Als Anknüpfungspunkt für einen deliktsrechtlichen Schutz scheidet der „Besitz" an virtuellen Gegenständen aus. Zwar ist der berechtigte Besitz ungeachtet der Ausgestaltung des Besitzes in den §§ 854 ff. BGB als tatsächliches Herrschaftsverhältnis als „sonstiges Recht" im Sinne von § 823 Abs. 1 BGB anerkannt.[738] Dies wird damit begründet, dass der Besitz über die Abwehrrechte der §§ 859 ff. BGB gleich einem absoluten Recht gegenüber jedermann geschützt ist und durch die schuldrechtliche Einräumung einen rechtsgeschäftlichen Charakter erhält.[739] Besitz im Sinne der §§ 854 ff. BGB kann jedoch nur an Sachen im Sinne von § 90 BGB begründet werden, nicht hingegen an Rechten oder unkörperlichen Gegenständen.[740] Damit kann auch kein Besitz an virtuellen Gegenständen erlangt werden.[741] Es besteht somit weder gegenüber dem Spielanbieter noch gegen Eingriffe durch Dritte ein deliktsrechtlicher Schutz nach § 823 Abs. 1 BGB, der aus dem Besitz oder einem „Quasi-Besitz"[742] an virtuellen Gegenständen abgeleitet werden kann.[743]

### cc) Recht auf Nutzung als „sonstiges Recht"

Als „sonstiges Recht" kann auch nicht das dem Teilnehmer eines Onlinespiels eingeräumte Recht auf Nutzung der virtuellen Gegenstände eingeordnet werden. Es handelt sich hierbei um eine rein relativ wirkende Vertragsbeziehung zwischen Spielanbieter und Teilnehmer, die keinen absoluten Charakter aufweist.[744] Etwas anderes ergibt sich auch nicht aus dem Umstand, dass ein schuldrechtliches Nutzungsrecht unter den verfassungsrechtlichen Eigentumsbegriff des Art. 14 GG fällt.[745] Denn aus der Anerkennung einer von Art. 14 GG geschützten Position folgt nicht notwendigerweise, dass diese Position auch als „sonstiges Recht" im Sinne von § 823 Abs. 1 BGB geschützt ist.[746] Entscheidendes Merkmal für einen deliktrechtlichen Schutz nach § 823 Abs. 1 BGB bleibt der absolute Charakter der in

---

[738] *RGZ* 59, 326, 327, 328; *RGZ* 91, 60, 65; *BGHZ* 32, 194, 204; *Palandt/Sprau*, § 823, Rn. 13; *Wagner*, in: MüKo, § 823, Rn. 151.

[739] *Wagner*, in: MüKo, § 823, Rn. 151.

[740] *Palandt/Bassenge*, Überbl v 854, Rn. 3; *Schellhammer*, Sachenrecht, Rn. 22.

[741] Siehe dazu D. II. 3.

[742] Für einen „Quasi-Besitz" *Lober/Weber*, MMR 2005, 653, 656.

[743] Deliktischen Schutz gegenüber Dritten bejahend *Lober/Weber*, CR 2006, 837, 842, 843.

[744] *Krasemann*, MMR 2006, 351, 353.

[745] Zum Schutz von Nutzungsrechten durch Art. 14 GG *Kazemi/Leopold*, MMR 2004, 287, 290; vgl. auch *Utz*, MMR 2006, 470, 471.

[746] *Utz*, MMR 2006, 470, 471; vgl. aber zum Nutzungsrecht an einer Internetdomain *OLG Köln*, MMR 2006, 469, 470 – investment.de.

Rede stehenden Rechtsposition. Ein schuldrechtliches Nutzungsrecht stellt aber mangels Ausschlussfunktion kein „sonstiges Recht" im Sinne von § 823 Abs. 1 BGB dar.[747]

## 2. Anspruch aus § 823 Abs. 2 BGB

Die Vorschrift des § 823 Abs. 2 BGB gewährt neben Abs. 1 einen eigenständigen Schadensersatzanspruch für den Fall, dass der Schädiger gegen ein den Schutz eines anderen bezweckendes Gesetz verstößt.[748]

### a) Schutzgesetze

Als Gesetz im Sinne von § 823 Abs. 2 BGB kommt jede Rechtsnorm in Betracht, unabhängig davon, welcher Rechtsnatur sie ist.[749] Im Rahmen der Teilnahme an Onlinespielen oder Entwicklungsplattformen kann es insbesondere zur Verwirklichung von Straftatbeständen kommen.[750] Diese stellen regelmäßig Schutzgesetze im Sinne von § 823 Abs. 2 BGB dar, soweit ein individualschützender Charakter der Norm zu bejahen ist.[751]

### aa) Diebstahl/Raub, §§ 242, 249 StGB

Ein Diebstahl nach § 242 StGB setzt die Wegnahme einer körperlichen Sache voraus.[752] Virtuelle Güter sind jedoch unkörperliche Gegenstände, so dass weder der Tatbestand des Diebstahls noch der des Raubes nach § 249 StGB in Onlinespielen oder Simulationen wie *Second Life* verwirklicht werden kann.[753]

### bb) Sachbeschädigung, § 303 StGB

Auch die Sachbeschädigung nach § 303 StGB verlangt als Tatobjekt einen körperlichen Gegenstand,[754] so dass ein virtuelles Gut nicht tauglicher Ge-

---

[747] *Palandt/Sprau,* § 823, Rn. 11; vgl. *Wagner,* in: MüKo, § 823, Rn. 136.

[748] *Palandt/Sprau,* § 823, Rn. 56 f.

[749] *Palandt/Sprau,* § 823, Rn. 56.

[750] Vgl. die Übersichten bei *Krasemann,* MMR 2006, 351, 353, 354 ff., *Rippert/Weimer,* ZUM 2007, 272, 280 f.

[751] *Staudinger/Hager,* § 823, Rn. G 17; *Larenz/Canaris,* SR II/2, § 77 II 4 c.

[752] *Tröndle/Fischer,* § 242, Rn. 3.

[753] *Krasemann,* MMR 2006, 351, 354 f.; *Rippert/Weimer,* ZUM 2007, 272, 280.

[754] *Tröndle/Fischer,* § 303, Rn. 2.

genstand einer Sachbeschädigung sein kann.[755] Eine Sachbeschädigung kann jedoch vorliegen, wenn durch die Einschleusung von Viren oder anderweitigen Manipulationen am Spielsystem die Hardware oder die Spielsoftware[756] Schaden nimmt.[757] Der Teilnehmer hat jedoch nur dann einen Anspruch aus § 823 Abs. 2 BGB i.V.m. § 303 StGB, wenn seine eigene Hardware durch die Manipulation beschädigt wird. Ist allein die Soft- oder Hardware des Spielanbieters betroffen, so steht der Anspruch aus § 823 Abs. 2 in Verbindung mit § 303 StGB auch nur dem Spielanbieter zu.

### cc) Datenveränderung, § 303a StGB

Nutzer, die sich unberechtigten Zugriff auf den dem Onlinespiel oder der Entwicklungsplattform zugrunde liegenden Datenbestand verschaffen und Daten vorsätzlich manipulieren, können den Tatbestand der Datenveränderung nach § 303a StGB erfüllen. Denkbar ist insbesondere der Fall, dass Teilnehmer den Programmcode manipulieren, um einen besseren Spielstand oder einen besonderen Gegenstand zu erhalten.[758] Die Tatbebstandsverwirklichung von § 303a StGB setzt dabei als ungeschriebenes Merkmal voraus, dass in „fremde" Daten eingegriffen wird.[759] „Fremd" sind solche Daten, an denen zugunsten des Täters kein unmittelbares Recht auf Verarbeitung, Löschung oder Nutzung besteht, es ihm mithin an der Verfügungsbefugnis des Täters über die Daten fehlt.[760] Im Fall bestehender Nutzungsrechte bestimmt sich die Fremdheit der Daten nach dem Inhalt der zwischen den Beteiligten vereinbarten Nutzungsbefugnisse.[761] Zwar hat der Teilnehmer eines Onlinespiels ein vertragliches Nutzungsrecht an der virtuellen Umgebung und den sich darin befindlichen virtuellen Gegenständen. Dieses Recht befugt ihn jedoch nicht zur Manipulation des dem Onlinespiel zugrunde liegenden Datenbestands. Die Zugriffs- und Nutzungsberechtigung besteht nur im Rahmen des meist in den Teilnahmebedingungen ausdrücklich festgehaltenen Gebots spielkonformen Verhaltens. Die Berechtigung des Teilnehmers zur Nutzung geht somit nur soweit, wie er sich keiner spielfremden Mittel dabei bedient. Unzulässig ist dagegen ein unmittelbarer Zugriff auf den Datenbestand im Sinne einer Verarbeitung, Änderung oder Löschung von Spieldaten. Dem Teilnehmer fehlt die dafür

---

755 *Krasemann*, MMR 2006, 351, 356.

756 Zur Sacheigenschaft von Software siehe D. I. 1. a).

757 *Krasemann*, MMR 2006, 351, 356.

758 Vgl. *Krasemann*, MMR 2006, 351, 355, allerdings unter dem Gesichtspunkt des Computerbetrugs, § 263a StGB.

759 *Tröndle/Fischer*, § 303a, Rn. 4; auf das unmittelbare Interesse eines anderen abstellend *Schönke/Schröder/Stree*, § 303a, Rn. 3 m.w.N.

760 *Tröndle/Fischer*, § 303a, Rn. 4; *Hilgendorf*, JR 1994, 478, 479.

761 *Tröndle/Fischer*, § 303a, Rn. 6.

erforderliche Berechtigung, so dass die Daten für den eingreifenden Teilnehmer „fremd" im Sinne von § 303a StGB sind. Die Norm des § 303a StGB schützt jedoch nur den Spielanbieter vor Eingriffen in den Datenbestand, nicht hingegen einen Mitspieler, wenn durch die Manipulation virtuelle Gegenstände des Mitspielers betroffen sind. Denn Verletzter im Sinne von § 303a StGB ist nur der Verfügungsberechtigte.[762] Insofern ist entscheidend, dass dem Mitspieler zwar vom Spielanbieter das Recht auf Nutzung seiner virtuellen Gegenstände eingeräumt ist. Die Verfügungsberechtigung über die Daten, im Sinne der Berechtigung diese zu verarbeiten, löschen oder zu verändern, verbleibt hingegen beim Spielanbieter.

Anderes gilt für den strafrechtlichen Schutz der Datenbestände einer Entwicklungsplattform. Der Betreiber gewährleistet als Host-Provider lediglich die Erreichbarkeit der Daten über das Internet, während die Verfügungsberechtigung über die auf der fremden Serverkapazität gespeicherten Daten bei den Nutzern liegt. Diese können frei über eine Veränderung oder Löschung der von ihnen gespeicherten Daten entscheiden. Da der am Datenbestand manipulierende Teilnehmer somit in fremde Daten eines anderen Nutzers eingreift, besteht der strafrechtliche Schutz nach § 303a StGB zu Gunsten des betroffenen Nutzers.

### dd) Betrug, § 263 StGB

Ein Betrug nach § 263 Abs. 1 StGB setzt die Täuschung einer natürlichen Person voraus, die ausdrücklich oder konkludent erfolgen kann.[763] Eine Täuschung eines Menschen kann auch innerhalb der virtuellen Umgebung eines Onlinespiels oder einer Simulation wie *Second Life* vorgenommen werden, wenn durch konkludentes Verhalten oder mittels einer Chat-Funktion auf das Vorstellungsbild der hinter dem Avatar stehenden natürlichen Person eingewirkt wird.[764] Gibt ein Teilnehmer einen virtuellen Gegenstand infolge einer Täuschung an den Täuschenden heraus, so kann darin auch eine Vermögensverfügung liegen.[765] Virtuellen Gegenständen kommt ein eigenständiger Vermögenswert zu,[766] so dass die Übergabe des Gegenstandes sich auf Seiten des Getäuschten vermögensmindernd auswirken kann.[767] Liegen auch die weiteren Tatbestandsvoraussetzungen vor, kann ein Betrug nach § 263 StGB in der virtuellen Umgebung eines Onlinespiels oder einer Entwicklungsplattform verwirklicht werden.

---

[762] *Tröndle/Fischer*, § 303a, Rn. 17.

[763] *Tröndle/Fischer*, § 263, Rn. 10.

[764] *Krasemann*, MMR 2006, 351, 355; *Rippert/Weimer*, ZUM 2007, 272, 280.

[765] *Krasemann*, MMR 2006, 351, 355.

[766] Siehe hierzu D. I. 2. b).

[767] *Krasemann*, MMR 2006, 351, 355; *Rippert/Weimer*, ZUM 2007, 272, 280.

### ee) Nötigung, Erpressung, §§ 240, 253 StGB

Ein Nötigungsmittel im Sinne von § 240 StGB ist die Gewalt, welche als physisch vermittelter Zwang zur Überwindung eines geleisteten oder erwarteten Widerstandes definiert wird.[768] Mit den Mitteln eines Onlinespiels kann jedoch keine Gewalt ausgeübt werden, welche sich bei anderen Spielteilnehmern physisch auswirkt.[769] Es erfolgt lediglich eine Einwirkung auf den virtuellen Charakter des Mitspielers, nicht hingegen auf den Mitspieler selbst. Zudem gehört es zu vielen Spielen dazu, dass andere Teilnehmer im Spiel angegriffen und bekämpft werden, so dass es auch an der Rechtswidrigkeit, die nach § 240 Abs. 2 StGB im Wege einer Zweck-Mittel-Relation besonders festzustellen ist, regelmäßig fehlen wird.[770] Als Nötigungsmittel im Sinne von § 240 StGB genügt jedoch auch die Drohung mit einem empfindlichen Übel.[771] Werden einem Teilnehmer eines Onlinespiels oder einer Entwicklungsplattform Nachteile angedroht, die außerhalb der zulässigen spielerischen Mittel liegen und von denen sich der Bedrohte zur Vornahme einer bestimmten Handlung motivieren lässt, kann der Tatbestand des § 240 StGB erfüllt sein.[772] Wird das Nötigungsmittel zur Herbeiführung einer Vermögensverfügung eingesetzt, etwa um den Mitspieler zur Herausgabe eines virtuellen Gegenstandes zu veranlassen, dann kann auch der Tatbestand der Erpressung nach § 253 StGB gegeben sein.

### b) Weitere Haftungsvoraussetzungen

Der Schadensersatzanspruch nach § 823 Abs. 2 BGB setzt voraus, dass der Geschädigte unter den persönlichen Anwendungsbereich des Schutzgesetzes fällt und der entstandene Schaden vom sachlichen Schutzbereich des Schutzgesetzes umfasst ist.[773] Es muss sich mithin um Schäden handeln, die nach dem Zweck des Gesetzes im Fall der vom Schädiger geschaffenen Gefahrenlage verhindert werden sollen (Schutzzweck der Norm).[774] In den Schutzbereich einer strafbaren Datenveränderung nach § 303a StGB ist beispielsweise nur der Nutzer einer Entwicklungsplattform einbezogen, nicht hingegen der Teilnehmer eines Onlinespiels, da der letztere nicht verfü-

---

[768] *Tröndle/Fischer*, § 240, Rn. 8; *Krey/Heinrich*, Strafrecht BT/1, Rn. 342.

[769] *Krasemann*, MMR 2006, 351, 356.

[770] *Krasemann*, MMR 2006, 351, 356.

[771] Vgl. *Tröndle/Fischer*, § 240, Rn. 30 ff.

[772] *Krasemann*, MMR 2006, 351, 356; *Rippert/Weimer*, ZUM 2007, 272, 281.

[773] BGH, NJW 2004, 356, 357; BGH, ZIP 2005, 1734, 1737; *Palandt/Sprau*, § 823, Rn. 58.

[774] BGH, NJW 1958, 1041, 1042; BGH, NJW 2005, 1420; *Palandt/Heinrichs*, Vorb v § 249, Rn. 62.

gungsbefugt über den Datenbestand ist.[775] Da § 303a StGB allgemein dem
Schutz des hohen wirtschaftlichen Wertes von Daten dient,[776] werden vom
sachlichen Schutzbereich Vermögensschaden erfasst, welche aus der Manipulation an Datenbeständen resultieren. Damit wird auch die Vermögens-
minderung beim vom Eingriff betroffenen Teilnehmer erfasst, die aus dem
Verlust virtueller Gegenstände resultiert. Hinsichtlich jedes in Betracht
kommenden Schutzgesetzes ist der sachliche und persönliche Anwendungsbereich der Norm jeweils im Einzelfall zu prüfen. Ist der Schutzbereich eröffnet, richtet sich der Umfang der Schadensersatzverpflichtung
nach §§ 249 ff. BGB.[777]

### 3. Sittenwidrige Schädigung, § 826 BGB

Die Generalklausel des § 826 BGB sanktioniert jede Schädigung eines anderen, soweit die Schadenszufügung vorsätzlich und "in einer gegen die gu-
ten Sitten verstoßenden Weise" erfolgt ist. Eine Handlung ist dann sittenwidrig, wenn sie gegen das Anstandsgefühl aller gerecht und billig Den-
kenden verstößt.[778] Die Sittenwidrigkeit kann sich dabei sowohl aus dem
verfolgten Zweck, aus dem eingesetzten Mittel, der dem Handeln zu Grunde liegenden Gesinnung als auch der Schwere der angerichteten Folgen ergeben.[779] Zum erforderlichen Vorsatz gehört, dass der Schädiger die Art
des Schadens und die Schadensfolgen gewollt oder zumindest billigend in
Kauf genommen hat.[780]

Unter Zugrundelegung dieser Maßstäbe kann das Verhalten des Schädigers, der einen anderen Spielteilnehmer gezielt mit spielfremden Mitteln
angreift, als sittenwidrig im  Sinne von § 826 BGB beurteilt werden. Die
dem Verhalten des Schädigers zu Grunde liegende Gesinnung ist maßgeblich durch das Bestreben geprägt, sich innerhalb der abgeschlossenen Umgebung des Spiels auf Kosten eines Mitspielers mit unzulässigen Mitteln
(Einsatz von Hilfsprogrammen, Ausnutzung von Schutzlücken im Programm, unzulässiges spielerisches Verhalten) einen Vorteil zu verschaffen.
Bei der Bewertung des Verhaltens ist zwar zu berücksichtigen, dass die Bekämpfung, Eliminierung und das Ausrauben von Mitspielern bei vielen
Online-Rollenspielen zum Spielkonzept dazugehört und ausdrücklich er-

---

[775] Siehe dazu G. IV. 2. a) cc).

[776] Vgl. *Tröndle/Fischer*, § 303a, Rn. 1.

[777] *Palandt/Sprau*, Einf v § 823, Rn. 17.

[778] RGZ 80, 219, 221; BGHZ 10, 228, 232; BGH, NJW 2004, 2668, 2670; *Palandt/Heinrichs*, § 138, Rn. 2.

[779] BGH, NJW 2004, 2668, 2670; *Palandt/Sprau*, § 826, Rn. 4.

[780] BGH, NJW 2000, 2896, 2897; BGH, NJW 2004, 446, 448; *Palandt/Sprau*, § 826, Rn. 10; *Medicus*, BR, Rn. 623.

laubt ist, dies jedoch nur, solange sich der Teilnehmer keiner spielfremden Mittel dabei bedient.[781] Der eingreifende Spielteilnehmer nimmt darüber hinaus in Kauf, dass das ausbalancierte Spielgefüge, welches nur bei einem regelkonformen Verhalten der Spielteilnehmer funktioniert, gestört wird. Zudem kann es zum Verlust einzelner, dem Onlinespiel zugrunde liegender Daten sowie virtueller Gegenstände kommen, die einen nicht unerheblichen Vermögenswert aufweisen können. Der Teilnehmer, der sich gezielt mit unzulässigen Mitteln virtueller Gegenstände anderer Nutzer bemächtigt oder diese zerstört, handelt auch vorsätzlich. Er nimmt es zumindest billigend in Kauf, dass der betroffene Teilnehmer durch den Verlust des virtuellen Gegenstands einen Vermögensschaden erleidet. Vor diesem Hintergrund rechtfertigt der mit spielfremden Mitteln ausgeführte, gezielte Angriff auf virtuelle Gegenstände eines Mitspielers einen Sittenwidrigkeitsvorwurf im Sinne von § 826 BGB. Der eingreifende Teilnehmer ist zum Schadensersatz verpflichtet, der sich wiederum nach §§ 249 ff. BGB richtet.[782]

## V. Bereicherungsrechtliche Ansprüche

### 1. Ansprüche aus Leistungskondiktion, § 812 Abs. 1 S. 1 Alt. 1 BGB

Ansprüche aus Leistungskondiktion nach § 812 Abs. 1 S. 1 Alt. 1 BGB scheiden in der an dieser Stelle untersuchten Konstellation spielfremder Eingriffe aus, da sich diese außerhalb bestehender Leistungsbeziehungen zwischen den Teilnehmern abspielen. Damit ist trotz des anerkannten Vorrangs der Leistungskondiktion[783] der Anwendungsbereich für Ansprüche aus Nichtleistungskondiktion eröffnet.

---

[781]  Siehe Nutzungsbestimmungen von *World of Warcraft* unter Punkt 4. C., Verboten sind *„die Verwendung oder Ausnutzung von Design-Fehlern, Features, die nicht dokumentiert sind, und/oder Programm-Bugs, um Zugang zu Dingen zu bekommen, der anderenfalls nicht möglich wäre, oder um gegenüber anderen Spielern einen Vorteil zu erlangen.",* im Internet: http://www.wow-europe.com/de/legal/termsofuse.html, (Stand: Januar 2008).

[782]  Zur Anwendbarkeit der §§ 249 ff. BGB vgl. *Palandt/Sprau*, § 826, Rn. 14.

[783]  BGHZ 40, 272, 278; *Palandt/Sprau*, § 812, Rn. 2.

## 2. Ansprüche aus Nichtleistungskondiktion

### a) Ansprüche aus Eingriffskondiktion, § 812 Abs. 1 S. 1 Alt. 2 BGB

Wird ein Teilnehmer von einem anderen Nutzer unter Zuhilfenahme spiel-fremder Mittel geschädigt, kommt ein Anspruch des Geschädigten aus § 812 Abs. 1 S. 1 Alt. 2 BGB (Eingriffskondiktion) in Betracht. Die Eingriffs-kondiktion setzt voraus, dass beim Schuldner des Bereicherungsanspruchs eine Vermögensmehrung eingetreten ist („etwas erlangt"), die Vermögens-mehrung das Ergebnis eines Eingriffs – und nicht einer Leistung des Han-delnden – ist („in sonstiger Weise"), der Eingriff „auf dessen Kosten" er-folgt ist und es an einem „rechtlichen Grund" fehlt, § 812 Abs. 1 S. 1 Alt. 2 BGB.[784]

### aa) „Etwas erlangt"

Der Spielteilnehmer, der mit spielfremden Mitteln auf die virtuellen Ge-genstände eines Mitspielers einwirkt, muss dadurch einen Vermögensvor-teil erlangt haben. Dies ist nur dann der Fall, wenn der Bereicherungsge-genstand in das Vermögen des Bereicherten übergegangen ist.[785] Führt die Manipulation an den virtuellen Gegenständen des Teilnehmers dazu, dass diese unwiderruflich verloren gehen, ohne dass die Gegenstände in das virtuelle Besitzverzeichnis des anderen Nutzers wechseln, so fehlt es bereits an einem Vermögensvorteil beim Schädiger. Ein Anspruch aus Eingriffs-kondiktion scheidet dann aus. Anders ist dies jedoch, wenn der Angriff auf die virtuellen Gegenstände eines Mitspielers zu dem Zweck erfolgt, sich der virtuellen Güter zu bemächtigen. Gehen die Gegenstände auf den an-greifenden Teilnehmer über, führt dies zu einer Vermögensmehrung beim Bereicherungsschuldner. Der Vermögensvorteil ist darin zu sehen, dass der Bereicherungsschuldner die tatsächliche Herrschaftsgewalt über die virtu-ellen Gegenstände erlangt und diese innerhalb der Umgebung des Spiels nutzen und verwerten kann. Auch wenn mit dem Wechsel der Herr-schaftsgewalt kein dinglicher Rechtsübergang verbunden ist, stellt die ge-wonnene Einwirkungsmöglichkeit bereits eine vermögenswerte vorteil-hafte Rechtsstellung dar.[786] Nutzungs- oder Gebrauchsvorteile können im-mer dann Bereicherungsgegenstand sein, wenn bei einem ordnungsgemä-ßen Vorgehen für die Nutzung eine Entschädigung hätte gezahlt werden

---

[784] Vgl. die Übersicht bei *Palandt/Sprau*, § 812, Rn. 1 ff.

[785] *Palandt/Sprau*, § 812, Rn. 16.

[786] Allgemein zur Erlangung einer vorteilhaften Rechtsstellung als Vermögensvorteil *Pa-landt/Sprau*, § 812, Rn. 17, 18a.

müssen.[787] Dies gilt auch für virtuelle Gegenstände, die Dritten gegen Entgelt zur Nutzung überlassen werden können.[788]

### bb) „In sonstiger Weise"

Die Bereicherung erfolgt nur dann "in sonstiger Weise", wenn sie nicht auf einer Leistung an den Empfänger beruht (Vorrang der Leistungskondiktion).[789] Trifft dies zu, ist weiter umstritten, unter welchen Voraussetzungen ein kondiktionsauslösender Eingriff im Sinne von § 812 Abs. 1 S. 1 Alt. 2 BGB zu bejahen ist.

Früher wurde ein Eingriff dann bejaht, wenn der zur Bereicherung führende Vorgang rechtswidrig war (Rechtswidrigkeitstheorie).[790] Dieser Ansatz sah sich jedoch dem Einwand ausgesetzt, dass ein reines Rechtswidrigkeitsurteil Bereicherungsansprüche nicht zu legitimieren vermag, da es Fälle rechtswidriger Eingriffe gibt, in denen ein bereicherungsrechtlicher Anspruch unsinnig wäre und umgekehrt auch rechtmäßige Eingriffe die Notwendigkeit eines bereicherungsrechtlichen Ausgleichs zur Folge haben können.[791]

Nach der heute herrschenden Zuweisungstheorie ist daher danach zu fragen, ob in eine Rechtsposition mit Zuweisungsgehalt eingegriffen worden ist.[792] Maßgebliches Abgrenzungskriterium ist demnach, ob der vom Anspruchsgegner erlangte Vermögensvorteil nach der gesetzlichen Güterzuordnung dem Rechtsinhaber gebührt und diesem zugewiesen ist.[793] Greift der Bereicherte ohne Zustimmung des Berechtigten in diese Rechtsposition ein, hat er die dadurch erlangte Bereicherung an den Berechtigten herauszugeben oder zu vergüten.[794] Zur Bestimmung des ausfüllungsbedürftigen Begriffs des Zuweisungsgehalts einer Rechtsposition werden unterschiedliche Kriterien herangezogen.[795] Teilweise wird darauf abgestellt, ob die durch den Eingriff betroffene Rechtsposition deliktsrechtlich

---

[787]   BGHZ 55, 128, 134, 135; *Palandt/Sprau*, § 812, Rn. 28.

[788]   Siehe dazu B. I. 2. c), II. 2.

[789]   BGHZ 40, 272, 278; BGH, NJW 2005, 60; *Palandt/Sprau*, § 812, Rn. 10.

[790]   Grundlegend *F. Schulz*, AcP 105 (1909), 1 ff.; *Kleinheyer*, JZ 1970, 471ff; vgl. die Übersicht bei *Lieb*, in: MüKo, § 812, Rn. 240 ff.

[791]   *Bamberger/Roth/Wendehorst*, § 812, Rn. 121; *Lieb*, in: MüKo, § 812, Rn. 241.

[792]   BGHZ 82, 299, 306; BGHZ 99, 385, 387; BGHZ 107, 117, 120; *Bamberger/Roth/Wendehorst*, § 812, Rn. 122 ff.; *Lieb*, in: MüKo, § 812, Rn. 245 ff.; *Palandt/Sprau*, § 812, Rn. 10; *Medicus*, BR, Rn. 709 ff.

[793]   BGHZ 82, 299, 306.

[794]   *Larenz/Canaris*, SR II/2, § 69 I 1b.

[795]   Allgemein zur Ausfüllungsbedürftigkeit des Begriffs des Zuweisungsgehalts *Schlechtriem*, FS Hefermehl, S. 445, 448.

geschützt ist.[796] Die durch das Recht der unerlaubten Handlung vorgenommene Differenzierung, ob und inwieweit ein Rechtsgut einer bestimmten Person (ausschließlich) zugewiesen ist, solle auch im Bereicherungsrecht gelten, weil das Deliktsrecht, wenn auch auf andere Weise, ebenfalls dem Rechtsgüterschutz diene.[797] Die überwiegende Meinung hingegen stellt darauf ab, ob der Bereicherungsschuldner durch den Eingriff eine Nutzung- oder Verwertungsmöglichkeit für sich vereinnahmt hat, für deren Einräumung der Gläubiger ein Entgelt hätte verlangen können (sog. Ersparnisgedanke).[798] Dem letztgenannten Ansatz ist zuzustimmen, macht er doch insbesondere die Funktion der Eingriffskondiktion als Rechtsfortwirkungsanspruch plausibel.[799] Denn der Gläubiger versucht lediglich dem Bereicherungsschuldner einen Vermögensvorteil abzunehmen, der auf seine Kosten erzielt worden ist.[800] Zudem werden auf diese Weise nicht die Grenzen zwischen Delikts- und Bereicherungsrecht verwischt, die unterschiedliche Voraussetzungen aufweisen.[801]

### (1) Zuweisungsgehalt der Rechtsposition an virtuellen Gegenständen

Damit stellt sich die Frage, ob die Rechtsposition des Nutzers eines Onlinespiels oder einer Entwicklungsplattform an virtuellen Gegenständen diesem im bereicherungsrechtlichen Sinne zugewiesen ist. Keine Schwierigkeiten bereitet die Bejahung des Zuweisungsgehalts, wenn zugunsten des Nutzers ein Urheberrecht oder ein gewerbliches Schutzrecht an dem virtuellen Gegenstand besteht. Die kommerzielle Verwertungsmöglichkeit dieser Rechte ist anerkannt,[802] so dass ein Eingriff bereicherungsrechtliche Ansprüche nach § 812 Abs. 1 S. 1 Alt. 2 BGB auszulösen vermag. Besteht jedoch kein derartiger sondergesetzlicher Schutz, geht es also um die Rechtsposition des Nutzers an dem virtuellen Gegenstand als bloßes immaterielles Gut, bedarf die Annahme eines bereicherungsrechtlichen Zuweisungsgehalts näherer Begründung. Der erforderliche Zuweisungsgehalt kann nicht bereits mit dem Argument verneint werden, es fehle an der ausschließlichen Zuweisung des virtuellen Gutes an den Nutzer im Sinne einer absoluten Rechtsposition, welche einen deliktsrechtlichen Schutz begrün-

---

[796] *Larenz/Canaris*, SR II/2, § 69 I 1c, d.

[797] *Larenz/Canaris*, SR II/2, § 69 I 1c; vgl. auch *Lieb*, in: MüKo, § 812, Rn. 252.

[798] *BGHZ* 107, 117, 120, 121; *OLG Karlsruhe*, NJW-RR 2000, 1005, 1006; *Bamberger/Roth/Wendehorst*, § 812, Rn. 123; *Lieb*, in: MüKo, § 812, Rn. 249f.

[799] Zum Gedanken der Rechtsfortwirkung vgl. *OLG Karlsruhe*, NJW-RR 2000, 1005, 1006; *Larenz/Canaris*, SR II/2, I 1b; *Wilburg*, AcP 163 (1964), S. 346, 347, 348.

[800] *Lieb*, in: MüKo, § 812, Rn. 249 f.

[801] *Medicus*, BR, Rn. 712.

[802] Vgl. *BGHZ* 68, 90, 92; *BGHZ* 99, 244, 246 f.; *Bamberger/Roth/Wendehorst*, § 812, Rn. 126; *Lieb*, in: MüKo, § 812, Rn. 254 f.; für Patenrechte *Holzapfel*, GRUR 2002, 193, 194, 195.

den könnte.[803] Denn der bereicherungsrechtliche Zuweisungsgehalt ist nicht nach deliktsrechtlichen Grundsätzen vorzunehmen. Vielmehr kommt es maßgeblich auf die Möglichkeit zur kommerziellen Verwertung an, welche dem Gläubiger nach der materiellen Rechtslage zugestanden haben muss.[804] Damit ist entscheidend, ob der Teilnehmer eines Onlinespiels oder einer Entwicklungsplattform die Möglichkeit gehabt hätte, dem Schuldner den Vermögenserwerb, der in der tatsächlichen Nutzungsmöglichkeit der übergegangenen virtuellen Gegenstände zu sehen ist, entgeltlich zu gestatten. Dieses ist zunächst zu bejahen, da es sich bei virtuellen Gegenständen um marktfähige Positionen handelt, die einem Dritten verkauft oder gegen Entgelt auch nur zeitweise zur Nutzung überlassen werden können.[805] Ein Bereicherungsanspruch scheitert auch nicht für den Fall, dass der Nutzer die Vermarktung der virtuellen Gegenstände selbst nicht vorgenommen hätte. Denn insofern kommt es allein auf die abstrakte Möglichkeit der wirtschaftlichen Verwertung an.[806]

## (2) Auswirkungen von Weiterveräußerungsverboten

Fraglich ist jedoch, wie sich die in den Nutzungsbestimmungen von Onlinespielen gerne vereinbarten Verbote des entgeltlichen Handels virtueller Gegenstände[807] auf den bereicherungsrechtlichen Zuweisungsgehalt der Rechtsposition an virtuellen Gütern auswirken. Die Weiterveräußerungsverbote bewirken, dass dem Nutzer die über die bloße Nutzung in der virtuellen Welt hinausgehende wirtschaftliche Verwertungsmöglichkeit eines virtuellen Gegenstandes genommen wird, da der Spieler nicht mehr dazu befugt ist, virtuelle Gegenstände gegen Entgelt Dritten zu überlassen.[808] Der bereicherungsrechtliche Zuweisungsgehalt beschränkt sich in diesem Fall auf die vermögensrechtliche Qualität der bloßen Nutzungsmöglichkeit des virtuellen Gegenstandes innerhalb der virtuellen Spielumgebung, die dem Teilnehmer vom Betreiber vertraglich eingeräumt worden ist. Ein Eingriff in eine Vermögensposition, die aus der selbstständigen wirtschaftlichen Verwertung eines virtuellen Gegenstandes resultiert, ist im Falle eines wirksam vereinbarten Veräußerungsverbotes virtueller Gegenstände hin-

---

[803] Zum Fehlen eines absoluten Charakters virtueller Gegenstände siehe D. II. 1.

[804] Siehe die Nachweise in Fn. 796.

[805] Einen bereicherungsrechtlichen Zuweisungsgehalt virtueller Gegenstände bejahend *Klickermann*, MMR 2007, 766, 769; ähnlich auch der bereicherungsrechtliche Schutz von Know-How, vgl. *Weitnauer*, DB 1984, 2496, 2498.

[806] *OLG München*, NJW-RR 1996, 539, 540; *OLG Hamburg*, NJW-RR 1999, 1204, 1205; *Bamberger/Roth/Wendehorst*, § 812, Rn. 124; *Lieb*, in: MüKo, § 812, Rn. 250.

[807] Siehe dazu F. IV. 2.

[808] Siehe dazu F. II. 4. b) dd) (2) (a).

gegen nicht anzuerkennen.[809] Der Nutzer, der sich mit spielfremden Mitteln virtuelle Gegenstände dienlich macht, greift damit jedenfalls in ein dem Mitspieler gebührendes und zugewiesenes Rechtsgut ein. Sind Weiterveräußerungsverbote wirksam vereinbart, beschränkt sich der vermögensrechtliche Zuweisungsgehalt jedoch auf die (vermögenswerte) vertraglich eingeräumte Nutzungsmöglichkeit des Gegenstandes. Anderenfalls ist der virtuelle Gegenstand als eigenständiges Wirtschaftsgut der realen Welt vom Eingriff im Sinne von § 812 Abs. 1 S. 1 Alt. 2 BGB betroffen.

### cc) „Auf dessen Kosten"/„Ohne rechtlichen Grund"

Das Merkmal „auf dessen Kosten" wird bei der Eingriffskondiktion als Festlegung des Unmittelbarkeitsgrundsatzes interpretiert.[810] Der Unmittelbarkeitsgrundsatz besagt, dass sich das Erlangte bis zum kondiktionsauslösenden Eingriff im Vermögen des Gläubigers befunden haben muss.[811] Auf diese Weise wird der Bereicherungsgegenstand festgelegt, der unmittelbar aus dem Vermögen des Gläubigers stammen muss sowie die Parteien des gesetzlichen Schuldverhältnisses bestimmt, indem ein Durchgriff durch die Bereicherungskette ausgeschlossen wird.[812] Bei Onlinespielen oder Entwicklungsplattformen ist bei spielfremden Eingriffen als Bereicherungsgegenstand die mit der Erlangung der tatsächlichen Herrschaftsgewalt über die virtuellen Gegenstände verbundene Möglichkeit zur Nutzung und Verwertung der virtuellen Güter anzusehen. Diese steht nach der Güterzuordnung dem Teilnehmer als Bereicherungsgläubiger zu und wird nach dem Eingriff vom eingreifenden Bereicherungsschuldner wahrgenommen. Die Unmittelbarkeit zwischen Vermögensnachteil und -vorteil ist daher gegeben, so dass der Eingriff auf Kosten des geschädigten Teilnehmers erfolgt. Werden virtuelle Gegenstände mit spielfremden Mitteln erlangt, fehlt es regelmäßig an einem besonderen Behaltensgrund, so dass der Vermögenserwerb auch rechtsgrundlos erfolgt ist.[813]

### dd) Umfang des Bereicherungsanspruchs

Der Benachteiligte kann vom Bereicherungsschuldner die Herausgabe des Erlangten verlangen, § 812 Abs. 1 S. 1 BGB. Der Nutzer, der durch den

---

809  Ähnlich *Klickermann*, MMR 2007, 766, 769.

810  *Bamberger/Roth/Wendehorst*, § 812, Rn. 133; *Palandt/Sprau*, § 812, Rn. 36.

811  BGHZ 71, 86, 99, 100; *Bamberger/Roth/Wendehorst*, § 812, Rn. 133; *Palandt/Sprau*, § 812, Rn. 36; *Larenz/Canaris*, SR II/2, § 67 II 2b S. 135, § 69 III 1b, S. 189.

812  *Bamberger/Roth/Wendehorst*, § 812, Rn. 134.

813  Allgemein zum Merkmal des fehlenden Rechtsgrundes *Bamberger/Roth/Wendehorst*, § 812, Rn. 137.

spielfremden Eingriff zunächst die tatsächliche Herrschaftsgewalt über die virtuellen Gegenstände erlangt hat, muss demnach die Gegenstände an den benachteiligten Teilnehmer wieder herausgeben.

Ist eine Herausgabe nicht möglich, etwa weil der Bereicherungsschuldner die Gegenstände verloren oder verkauft hat, oder diese zerstört worden sind, schuldet er Wertersatz nach § 818 Abs. 2 BGB. Für den Ersatz in Geld ist der objektive Verkehrswert entscheidend, den der Bereicherungsgegenstand nach seiner tatsächlichen Beschaffenheit für jedermann hat.[814] Bei der Ermittlung des objektiven Werts ist auf den Zeitpunkt der Entstehung des bereicherungsrechtlichen Primäranspruchs und nicht auf den Zeitpunkt der Umwandlung des Primäranspruchs in einen Wertersatzanspruch abzustellen.[815] Demnach kann der benachteiligte Teilnehmer Geldersatz in Höhe des Wertes verlangen, den die virtuellen Gegenstände zum Zeitpunkt des kondiktionsauslösenden Eingriffs tatsächlich hatten. Anhaltspunkt für die Höhe des Wertersatzes sind die Preise, welche üblicherweise für vergleichbare virtuelle Gestaltungen auf Handelsplattformen erzielt werden. Darüber hinaus schuldet der Bereicherungsschuldner Wertersatz nach § 818 Abs. 2 BGB für die Nutzungsvorteile, welche er durch den Gebrauch der virtuellen Gegenstände erlangt hat. Ersatzfähig ist eine angemessene Vergütung, die üblicherweise für die auf den konkreten Zeitraum beschränkte Nutzung hätte verlangt werden können.[816] Als Anhaltspunkt für die Höhe der Vergütung kann die monatliche Gebühr, die für die Nutzung der virtuellen Umgebung von Onlinespielen zu zahlen ist, (anteilig) herangezogen werden. Zu berücksichtigen ist auch der Marktpreis des virtuellen Gegenstandes. Je höher dieser zu beziffern ist, umso höher kann auch der Verkehrswert des Gebrauchs bewertet werden. Im Falle vereinbarter Weiterveräußerungsverbote und der damit verbundenen Beschränkung des bereicherungsrechtlichen Zuweisungsgehalts[817] ist Wertersatz nicht für den Verlust der virtuellen Gegenstände selbst, sondern nur hinsichtlich der entgangenen Nutzungsmöglichkeit zu leisten.

### b) Anspruch aus § 816 Abs. 1 S. 1 BGB

Wird ein mit spielfremden Mitteln oder auf andere Weise (Miete, Pacht) erlangter virtueller Gegenstand an einen Dritten verkauft und übertragen, stellt sich die Frage, ob der berechtigte Teilnehmer das Erlangte beim Veräußerer nach § 816 Abs. 1 S. 1 BGB kondizieren kann. Bei § 816 Abs. 1 BGB

---

[814] BGHZ 82, 299, 307, 308; *Palandt/Sprau*, § 818, Rn. 18; *Larenz/Canaris*, SR II/2, § 72 III 2.

[815] *Palandt/Sprau*, § 818, Rn. 19; *Lieb*, in: MüKo, § 818, Rn. 56; a.A. *Bamberger/Roth/Wendehorst*, § 818, Rn. 33.

[816] Vgl. zum Nutzungsersatz allgemein *Palandt/Sprau*, § 818, Rn. 23.

[817] G. V. 2. a) bb) (2).

handelt es sich um einen besonderen Anwendungsfall der Eingriffskondiktion.[818] Der „Eingriff" ist bei Verfügungen Nichtberechtigter über ein fremdes Gut im Gutglaubenserwerb des Dritten zu sehen, welcher unter dem Schutz des Rechtsscheins möglich ist und dem Eingreifenden zur Realisierung des Werts des Verfügungsgegenstandes verhilft.[819] Als Ausgleich für den (endgültigen) Rechtsverlust gewährt § 816 Abs. 1 S. 1 BGB dem Bereicherungsgläubiger einen schuldrechtlichen Bereicherungsanspruch gegenüber dem Eingreifenden.[820]

### aa) Unmittelbare Anwendung

Werden virtuelle Gegenstände an einen Dritten gegen Entgelt veräußert, scheitert eine unmittelbare Anwendung von § 816 Abs. 1 S. 1 BGB am Vorliegen einer Verfügung. Wie bereits an anderer Stelle ausgeführt worden ist,[821] kann über virtuelle Gegenstände als bloße Immaterialgüter nicht im Rechtssinne verfügt werden, da mit der Übertragung virtueller Gegenstände kein Rechtsübergang verbunden ist, sondern allein die reale Einwirkungsmöglichkeit vom Veräußerer auf den Erwerber übergeht.

### bb) Analoge Anwendung

Unter Berücksichtigung des Gesetzeszwecks von § 816 Abs. 1 S. 1 BGB liegt aber eine analoge Anwendung der Vorschrift auf die Übertragung virtueller Gegenstände als bloße Immaterialgüter nahe. Der Anspruch aus § 816 Abs. 1 S. 1 BGB soll einen bereicherungsrechtlichen Ausgleich für den Rechtsverlust schaffen, der eintritt, wenn der Nichtberechtigte einen Gegenstand an einen gutgläubigen Dritten veräußert.[822] Der Ausgleich erfolgt allein im Verhältnis zum verfügenden Nichtberechtigten, da der mit der Verfügung einhergehende dingliche Rechtsübergang auf den Dritten nicht mehr rückgängig zu machen ist, dieser also dem Berechtigten gegenüber „wirksam" ist und sich der Berechtigte beim Dritten selbst nicht schadlos halten kann.[823]

Ähnlich verhält es sich bei der Veräußerung eines virtuellen Gegenstandes. Wird ein virtueller Gegenstand von einem Nichtberechtigten an

---

818 *BGH*, NJW 1970, 2059; *Erman/H.P. Westermann*, § 816, Rn. 1; *Larenz/Canaris*, SR II/2, § 69 II 1a; *Staudinger/Lorenz*, § 816, Rn. 2; a.A. *Lieb*, in: MüKo, § 816, Rn. 12.

819 *Erman/H.P. Westermann*, § 816, Rn. 1; *Staudinger/Lorenz*, § 816, Rn. 2; *Larenz/Canaris*, SR II/2, § 69 II 1.

820 *Erman/H.P. Westermann*, § 816, Rn. 1.

821 Siehe dazu E. I. 3. a).

822 Ausführlich *Erman/H.P. Westermann*, § 816, Rn. 1, 6; *Staudinger/Lorenz*, § 816, Rn. 1 f.

823 *Erman/H.P. Westermann*, § 816, Rn. 1.

einen Dritten übertragen, so erlangt der Dritte die tatsächliche Einwirkungsmöglichkeit auf den Gegenstand und schließt gleichzeitig den Berechtigten von der Einwirkung aus. Die Übertragung ist gegenüber dem wahren Berechtigten auch „wirksam", da diesem kein Anspruch auf Herausgabe des virtuellen Gegenstandes gegen den Dritten zusteht. Ein Anspruch aus § 985 BGB oder § 1007 BGB scheidet aus, da an virtuellen Gegenständen weder Eigentum noch Besitz erlangt werden kann.[824] Die Übertragung virtueller Gegenstände führt daher beim Berechtigten zum endgültigen Verlust einer für ihn vorteilhaften Rechtsstellung. Der unberechtigt Veräußernde hingegen eignet sich den Vermögenswert des virtuellen Gegenstandes zu, der eigentlich dem Berechtigten gebührt. Der Anspruch aus § 816 Abs. 1 S. 1 BGB analog ermöglicht es dem Berechtigten, die ungerechtfertigte Bereicherung beim Veräußerer abzuschöpfen. Es besteht auch eine Regelungslücke, da dem Berechtigten keine gleichwertigen Ansprüche zur Erlangung des vom Veräußerer erzielten Erlöses zustehen. Zwar werden oftmals die Voraussetzungen einer angemaßten Eigengeschäftsführung nach § 687 Abs. 2 BGB zu bejahen sein, so dass gemäß § 687 Abs. 2 S. 1 BGB i.V.m. §§ 681 S. 2, 667 BGB ein Anspruch auf Herausgabe des Erlangten besteht.[825] Der Anspruch aus angemaßter Eigengeschäftsführung gewährleistet jedoch kein vergleichbares Schutzniveau, da er an das Vorliegen subjektiver Elemente geknüpft ist, die beim bereicherungsrechtlichen Anspruch aus § 816 Abs. 1 BGB nicht erforderlich sind.[826] Eine analoge Anwendung des § 816 Abs. 1 S. 1 BGB auf die Veräußerung virtueller Gegenstände ist daher zu bejahen.

### cc) Umfang der Herausgabepflicht

Nach § 816 Abs. 1 S. 1 BGB ist der Nichtberechtigte zur Herausgabe des „durch die Verfügung Erlangten" verpflichtet. Streit besteht darüber, ob der objektive Wert der Sache maßgeblich ist, oder aber der konkret erzielte Erlös, der auch den erzielten Gewinn umfasst.[827] Die Ansicht, welche dem Berechtigten nur den objektiven Wert des Verfügungsgegenstandes zugesteht, begründet dieses damit, dass durch die Verfügung nicht der Kaufpreis, sondern nur die Befreiung von einer Verbindlichkeit erlangt sei.[828] Da die Befreiung selbst nicht herausgegeben werden könne, müsse der Veräußerer nach § 818 Abs. 2 BGB Wertersatz leisten, der anerkanntermaßen nach objektiven Maßstäben zu bestimmen sei.[829] Dieses Ergebnis sei auch unter

---

[824] Siehe dazu D. II. 2., 3.

[825] Siehe dazu G. II.

[826] *Staudinger/Lorenz*, § 816, Rn. 2.

[827] Siehe die Übersicht bei *Palandt/Sprau*, § 816 Rn. 23/24.

[828] *Medicus*, BR, Rn. 723.

[829] Vgl. *Medicus*, BR, Rn. 723.

Wertungsgesichtspunkten angemessen, da ein erzielter Gewinn auf der besonderen Geschäftstüchtigkeit des Veräußerers beruhe und somit nicht aus dem Vermögen des Berechtigten erlangt sei.[830] Der Rechtsprechung folgend ist jedoch auf das tatsächlich Erlangte abzustellen, auch wenn dies den objektiven Wert des Verfügungsgegenstands übersteigt.[831] Der Wortlaut des § 816 Abs. 1 S. 1 BGB ist insoweit eindeutig („das durch die Verfügung Erlangte"). Außerdem trägt der Berechtigte auch das Risiko, dass der Gegenstand unter Wert verkauft wird. In diesem Fall kann er nur das tatsächlich Erlangte abschöpfen und nicht Ersatz für den objektiven Wert des Gegenstands verlangen, so dass ihm auch die Vorteile zu gewähren sind, wenn der Gegenstand über Wert verkauft wird.[832] Werden virtuelle Gegenstände von einem Nichtberechtigten an einen Dritten verkauft, kann der berechtigte Spielteilnehmer daher den erlangten Erlös, einschließlich des erzielten Gewinns, vom Veräußerer nach § 816 Abs. 1 S. 1 BGB analog herausverlangen.

### c) Anspruch aus § 816 Abs. 1 S. 2 BGB analog

Veräußert der unberechtigte Teilnehmer den virtuellen Gegenstand unentgeltlich an einen Dritten, so ist der Dritte nach § 816 Abs. 1 S. 2 BGB analog zur Herausgabe des virtuellen Gegenstands verpflichtet. Es spricht nichts dagegen, die der Vorschrift zugrunde liegende allgemeine Wertung, nach der ein dinglich wirksamer, jedoch unentgeltlicher Erwerb eines Gegenstandes vom Nichtberechtigten nicht auf Kosten des Geschädigten aufrechterhalten bleiben soll,[833] auf die Veräußerung virtueller Gegenstände zu übertragen. Die Notwendigkeit einer analogen Anwendung ergibt sich wie bei § 816 Abs. 1 S. 1 BGB daraus, dass die Veräußerung virtueller Gegenstände keine Verfügung im Rechtssinne darstellt.[834]

### VI. Zwischenergebnis

Die vorstehende Untersuchung zum Schutz der Teilnehmer von Onlinespielen oder Entwicklungsplattformen vor spielfremden Eingriffen offenbart die Schwächen des rechtlichen Schutzes virtueller Gegenstände in ihrer Eigenschaft als bloße Immaterialgüter. Die Schutzlücke resultiert daraus,

---

[830] *Medicus*, BR, Rn. 723.

[831] BGHZ 29, 157, 159; BGH, WM 1975, 1179; *Lieb*, in: MüKo, § 816, Rn. 29, 30; *Palandt/Sprau*, § 816 Rn. 23/24.

[832] *Palandt/Sprau*, § 816, Rn. 23/24.

[833] Vgl. *Palandt/Sprau*, § 816, Rn. 13.

[834] Siehe hierzu E. I. 3. a).

dass vertragliche Beziehungen zwischen den Teilnehmern nicht bestehen und das sonst außerhalb des Vertragsrechts meist greifende Deliktsrecht nur sehr eingeschränkt Schutz gewährt. Aufgrund der fehlenden Körperlichkeit kann kein Eigentum an virtuellen Gegenständen erlangt werden, mangels absoluten Charakters der Rechtsposition an virtuellen Gegenständen ist auch kein „sonstiges Recht" im Sinne von § 823 Abs. 1 BGB begründbar. Deutlich wird die Schwäche des deliktsrechtlichen Schutzes insbesondere in den Fällen, in denen es durch eine zurechenbare Handlung des Schädigers zu einer endgültigen Zerstörung der virtuellen Gegenstände kommt, ein Sittenwidrigkeitsvorwurf im Sinne von § 826 BGB jedoch nicht begründbar ist, da die eingetretenen Schäden nicht vom Vorsatz des Schädigers umfasst sind. Es kommt zwar ein Anspruch aus § 823 Abs. 2 BGB in Betracht, jedoch werden gerade bei reflexartig eingetretenen Schädigungen oftmals die Voraussetzungen eines zugunsten des Geschädigten bestehenden Schutzgesetzes nicht vorliegen. Werden die virtuellen Gegenstände durch ein schädigendes Verhalten zerstört, gewährt auch das Bereicherungsrecht nur unzureichend Schutz. Es fehlt an einer Vermögensmehrung beim Schädiger, die nach den Regeln des Bereicherungsrechts vom betroffenen Teilnehmer abgeschöpft werden könnte. Helfen könnte an dieser Stelle allein ein Anspruch aus § 823 Abs. 1 BGB. Wie im Folgenden aufgezeigt werden soll, lassen sich jedoch im Hinblick auf Onlinespiele in vielen Fällen interessensgerechte Lösungen über das Institut des Vertrags mit Schutzwirkung zugunsten Dritter erzielen. Ist der Geschädigte in den Schutzbereich des Vertrages mit einbezogen, den der Schädiger mit dem Spielanbieter abgeschlossen hat, so stehen ihm beim Verlust virtueller Gegenstände eigene vertragliche Ersatzansprüche gegenüber dem eingreifenden Teilnehmer zu.

## VII. Vertrag mit Schutzwirkung zugunsten Dritter

### 1. Herleitung und Voraussetzungen

Der Grund für die Herausbildung des Vertrags mit Schutzwirkung zugunsten Dritter ist in dem unvollkommenen deliktischen Schutz eines Dritten zu sehen, der im Rahmen einer Vertragsabwicklung geschädigt wird.[835] Die Lückenhaftigkeit des deliktischen Schutzes ergibt sich insbesondere daraus, dass nach § 831 BGB anders als nach § 278 BGB keine Einstandspflicht für Verrichtungsgehilfen besteht und dem Geschäftsherrn oftmals eine Exkulpation nach § 831 Abs. 1 S. 2 BGB gelingt. Hinzu kommt, dass das Deliktsrecht, anders als das Schuldrecht, keinen umfassenden Vermögensschutz

---

[835] *Gottwald*, in: MüKo, § 328, Rn. 106; *Palandt/Grüneberg*, § 328, Rn. 13.

gewährt.[836] Wird der Dritte derart in den Vertrag mit einbezogen, dass ihm zwar kein Anspruch auf die geschuldete Leistung zusteht, er bei der Verletzung der vertraglichen Sorgfalts- und Obhutspflichten jedoch vertragliche Schadensersatzansprüche geltend machen kann, so ist er trotz der Schwächen des Deliktsrechts umfassend geschützt.[837] Der Vertrag mit Schutzwirkung zugunsten Dritter ist in Rechtsprechung und Literatur anerkannt,[838] umstritten ist allein die Rechtsgrundlage.[839] Teilweise wird angenommen, dass die Schutzpflichten zugunsten Dritter im Wege der ergänzenden Vertragsauslegung des Hauptvertrages nach den §§ 133, 157 BGB zu begründen sind.[840] Nach anderer Ansicht handelt es sich beim Vertrag mit Schutzwirkung zugunsten Dritter um eine auf § 242 BGB beruhende richterliche Fortbildung des dispositiven Rechts.[841] Die letztgenannte Auffassung verdient Zustimmung. Denn soll der Dritte angesichts der Schwäche des Deliktsrechts und den typischen sozialen Interessen, die von bestimmten Schuldverhältnissen ausgehen, um seiner selbst willen geschützt werden, so muss die Erweiterung der Schutzpflichten auf den Dritten willensunabhängig sein.[842] Der Vertrag mit Schutzwirkung zugunsten Dritter ist daher als (objektive) institutionelle Erweiterung des Schuldverhältnisses zwischen Gläubiger und Schuldner zu verstehen.[843]

Damit durch den Vertrag mit Schutzwirkung zugunsten Dritter die Grenze zwischen Vertrags- und Deliktshaftung nicht verwischt wird und der Kreis der begünstigten Personen nicht ausufert, bestehen besondere Anforderungen an die Einbeziehung des Dritten in den Schutzbereich.[844] Der Dritte muss mit der Leistung des Schuldners bestimmungsgemäß in Berührung kommen (Leistungsnähe), der Gläubiger muss ein Interesse an der Einbeziehung des Dritten in den Schutzbereich des Vertrags haben (Einbeziehungsinteresse), die Einbeziehung des Dritten in den Schutzbereich des Vertrags muss für den Schuldner erkennbar sein (Erkennbarkeit),

---

[836] Vgl. *Palandt/Grüneberg*, § 328, Rn. 13; *Lorenz*, JZ 1966, 143, 144.

[837] Vgl. *BGHZ* 49, 350, 353; *Gottwald*, in: MüKo, § 328, Rn. 106.; *Palandt/Grüneberg*, § 328, Rn. 13.

[838] Vgl. *RGZ* 91, 21, 24; *RGZ* 102, 231, 232 f.; *RGZ* 127, 218, 222; *BGHZ* 49, 350, 353; *BGH*, NJW 1959, 1676; *Gottwald*, in: MüKo, § 328, Rn. 79; *Palandt/Grüneberg*, § 328, Rn. 13; *Larenz*, NJW 1960, 77, 78 f.

[839] Übersicht bei *Gottwald*, in: MüKo, § 328, Rn. 110 ff.

[840] *BGHZ* 56, 269, 273; *BGH*, NJW 1984, 355, 356; *Palandt/Grüneberg*, § 328, Rn. 14; *Dahm*, JZ 1992, 1167, 1169; *Söllner*, JuS 1970, 159, 163.

[841] *Gottwald*, in: MüKo, § 328, Rn. 110, 112; *Bayer*, JuS 1996, 473, 475; *Gernhuber*, FS Nikisch, S. 249, 269; *Saar*, JuS 2000, 220, 224; *Walker*, AcP 194 (1994), 295, 316.

[842] Vgl. *Gottwald*, in: MüKo, § 328, Rn. 111; *Papadimitropoulos*, Schuldverhältnisse mit Schutzwirkung, S. 87.

[843] *Gottwald*, in: MüKo, § 328, Rn. 112.

[844] Vgl. *BGHZ* 66, 51, 57; *BGH*, NJW 1977, 2073, 2074; *Gottwald*, in: MüKo, § 328, Rn. 106; *Palandt/Grüneberg*, § 328, Rn. 16.

der Dritte muss schutzbedürftig sein, das heißt, ihm dürfen keine gleichwertigen vertraglichen Ansprüche zustehen.[845] Neben der Einbeziehung des Dritten nach diesen Grundsätzen ist es den Vertragsparteien unbenommen, Schutzwirkungen zugunsten eines Dritten ausdrücklich zu vereinbaren.[846]

## 2. Einbeziehung des Teilnehmers eines Onlinespiels

Es stellt sich die Frage, ob der geschädigte Teilnehmer eines Onlinespiels in den Vertrag mit einbezogen ist, der zwischen dem Schädiger und dem Spielanbieter besteht. Dies ist anhand der genannten Voraussetzungen des Vertrags mit Schutzwirkung zugunsten Dritter zu überprüfen.

### a) Leistungsnähe

Das zentrale Merkmal der Leistungsnähe verlangt, dass der Dritte bestimmungsgemäß mit der Leistung in Berührung kommt und den Gefahren von Schutzpflichtverletzungen ebenso ausgesetzt ist wie der Gläubiger selbst.[847] Ein unberechtigter, bloß zufälliger oder nur mittelbarer Leistungskontakt ist nicht ausreichend.[848] Umstritten ist jedoch, ob der Dritte bestimmungsgemäß mit der Hauptleistung in Kontakt kommen muss,[849] oder ob es genügt, dass der Dritte mit einer neben der Hauptleistungspflicht bestehenden Obhutspflicht in Berührung kommt.[850] Stellt man auf die Berührung des Dritten mit der Hauptleistung ab, so scheitert eine Einbeziehung des geschädigten Spielteilnehmers in den zwischen Schädiger und Spielanbieter bestehenden Vertrag bereits am Merkmal der Leistungsnähe. Die Hauptleistung des schädigenden Teilnehmers besteht in der Zahlung einer monatlichen Gebühr für die Nutzung der vom Spielanbieter zur Verfügung gestellten virtuellen Spielumgebung.[851] Mit der Zahlung der monatlichen Gebühr kommt aber von vornherein nur der Spielanbieter, nicht hingegen

---

[845] Vgl. die Übersichten bei *Gottwald*, in: MüKo, § 328, Rn. 119 ff.; *Palandt/Grüneberg*, § 328, Rn. 16 ff.

[846] *Gottwald*, in: MüKo, § 328, Rn. 119.

[847] BGHZ 49, 350, 354; BGH, NJW 1976, 1843, 1844; *Gottwald*, in: MüKo, § 328, Rn. 120; *Söllner*, JuS 1970, 159, 164; *Weyer*, BB 1972, 339, 340.

[848] BGHZ 49, 350, 355 f.;*Gottwald*, in: MüKo, § 328, Rn. 120; *Papadimitropoulos*, Schuldverhältnisse mit Schutzwirkung, S. 78 f.

[849] BGH, NJW 1996, 2927, 2928; vgl. auch BGHZ 70, 327, 329.

[850] *Gottwald*, in: MüKo, § 328, Rn. 120; *Papadimitropoulos*, Schuldverhältnisse mit Schutzwirkung, S. 81 f., 86 f.; *Saar*, JuS 2000, 220, 224; *Schwab*, JuS 2002, 872, 874.

[851] Siehe hierzu F. II. 1.

der geschädigte Nutzer in Berührung. Es würde demnach die den Dritt-schutz begründende Leistungsnähe fehlen.[852]

Dieses Ergebnis kann jedoch nicht überzeugen. Der Kontakt des Dritten mit der Hauptleistung ist zwar in vielen Fällen die Ursache der Schädi-gung, dies bedeutet jedoch nicht, dass ein solcher Kontakt für die Einbezie-hung des Dritten in den Schutzbereich unabdingbar ist.[853] Zweck des Ver-trages mit Schutzwirkung zugunsten Dritter ist es, den Dritten vor dem Ge-fahrenpotential zu schützen, welches von einem fremden Schuldverhältnis ausgeht.[854] Die Gefahr, ebenso wie der Gläubiger einer Beeinträchtigung durch den Schuldner im Rahmen der Vertragsabwicklung ausgesetzt zu sein, besteht jedoch auch dann, wenn der Schuldner Obhutspflichten ver-letzt, die dem Schutz des Gläubigers und des Dritten dienen.[855] Vor diesem Hintergrund erscheint es willkürlich, für die Einbeziehung des Dritten in den Vertrag allein auf den Kontakt des Dritten mit der Hauptleistung abzu-stellen. Ausreichend muss daher auch die bestimmungsgemäße Berührung des Dritten mit einer dem Schuldner obliegenden vertraglichen Neben-pflicht sein, wenn diese dem Schutz fremder Rechtsgüter dient. Dies hat Auswirkungen auf die Einbeziehung des geschädigten Teilnehmers in den Schutzbereich des Vertrages zwischen Schädiger und Spielanbieter. Neben der Erbringung der Hauptleistung, also der Zahlung der monatlichen Ge-bühr, obliegt jedem Teilnehmer die nebenvertragliche Obhutspflicht, nicht durch spielfremde Mittel Einfluss auf das Spielgeschehen zu nehmen, um so den Spielanbieter und dritte Mitspieler vor Schädigungen zu bewahren. Der dritte Spielteilnehmer kommt mit dieser Nebenpflicht bestimmungs-gemäß in Berührung, genauso wie der Spielanbieter selbst. Denn von einer Manipulation des Spielgeschehens sind regelmäßig Teilnehmer und Spiel-anbieter gemeinsam betroffen. Das für einen Drittschutz erforderliche Merkmal der Leistungsnähe ist daher bei Verträgen mit dem Anbieter eines Onlinespiels gegeben.

## b) Gläubigernähe/Einbeziehungsinteresse

Das Erfordernis der Gläubigernähe setzt voraus, dass der Gläubiger ein Interesse an der Einbeziehung des Dritten in den Schutzbereich des Vertra-ges hat.[856] Dem Vertragsgläubiger muss somit daran gelegen sein, dass die sorgfältige Ausführung der Leistung auch im Interesse des Dritten erbracht

---

[852] Vgl. die ähnliche Konstellation bei *BGH*, NJW 1996, 2927, 2929.

[853] *Saar*, JuS 2000, 220, 224.

[854] Siehe G. VII. 1.

[855] *Papadimitropoulos*, Schuldverhältnisse mit Schutzwirkung, S. 81 f., 86 f.; *Saar*, JuS 2000, 220, 224; *Schwab*, JuS 2002, 872, 874.

[856] *BGHZ* 127, 378, 380; *Gottwald*, in: MüKo, § 328, Rn. 121; *Palandt/Grüneberg*, § 328, Rn. 17.

wird.[857] Von einem solchen Schutzinteresse des Spielanbieters, der mit den Teilnehmern einen Vertrag zur Nutzung des bereitgestellten Spielangebots schließt, ist regelmäßig auszugehen. Der Spielanbieter hat ein Interesse daran, dass alle Nutzer ungestört am Spiel teilnehmen können und nicht durch Manipulationen am Spielablauf beeinträchtigt werden. Wenn der Spielanbieter den Teilnehmer dazu verpflichtet, sich spielkonform zu verhalten, so dient das insbesondere dem Schutz der anderen Spielteilnehmer, welche durch ein unzulässiges Verhalten eines Spielers unmittelbar betroffen sind. Daneben sichert der Spielanbieter auf diese Weise die Funktionsfähigkeit und Attraktivität des Spielangebots. Weiterhin möchte sich der Spielanbieter durch die Erstreckung der vertraglichen Schutzpflichten auf die Mitspieler vor möglichen Ersatzansprüchen geschädigter Teilnehmer bewahren. Nicht selten finden sich in den Nutzungsbestimmungen der Spielanbieter daher Klauseln, in denen ausdrücklich Bezug auf den Schutz der Mitspieler genommen wird. So müssen sich die Nutzer des Online-Rollenspiels *World of Warcraft* dazu verpflichten, „keine Angriffe auszuführen, die zu einer Störung anderer Spieler und dessen Spielerlebnis führen."[858] Aber auch ohne vergleichbare ausdrückliche Bezugnahme ist angesichts des zugunsten der anderen Spielteilnehmer bestehenden Schutzinteresses des Spielanbieters von einer Einbeziehung des Dritten in den vertraglichen Schutzbereich auszugehen.

### c) Erkennbarkeit

Eine weitere Voraussetzung für eine Einbeziehung des Dritten in den Schutzbereich des Vertrages ist es, dass die Einbeziehung für den Schuldner erkennbar ist.[859] Dieses Merkmal dient dem Schutz des Schuldners, für den bei Abschluss des Vertrags das vom Vertrag ausgehende Haftungsrisiko kalkulierbar sein muss.[860] Nicht erforderlich ist hingegen, dass die geschützten Personen nach Name und Zahl bekannt sind.[861] Daher kann vom Drittschutz auch ein großer Personenkreis erfasst sein.[862] Vorliegend steht der Erkennbarkeit somit nicht entgegen, dass der Kreis der Teilnehmer an einem Onlinespiel nahezu unbegrenzt ist und die Identitäten der hinter den virtuellen Figuren stehenden Personen für den Nutzer nicht offensichtlich sind. Der Schädiger kann auch erkennen, dass die Mitspieler in den

---

[857]   *Gottwald*, in: MüKo, § 328, Rn. 121.

[858]   Siehe die Nutzungsbestimmungen von *World of Warcraft* unter Punkt 3.D, im Internet: http://www.wow-europe.com/de/legal/termsofuse.html, (Stand: Januar 2008).

[859]   BGHZ 49, 350, 354; BGHZ 75, 321, 323; BGH, NJW 1985, 489; *Gottwald*, in: MüKo, § 328, Rn. 126; *Palandt/Grüneberg*, § 328, Rn. 18.

[860]   *Gottwald*, in: MüKo, § 328, Rn. 126.

[861]   BGH, NJW 1995, 392; *Palandt/Grüneberg*, § 328, Rn. 18.

[862]   *Gottwald*, in: MüKo, § 328, Rn. 126.

Schutzbereich des Vertrages einbezogen sind. Dies ergibt sich meist schon aus den Nutzungsbedingungen, in denen die Schädigung Dritter mit spielfremden Mitteln ausdrücklich untersagt wird.[863] Aber selbst für den Fall, dass eine solche ausdrückliche Bestimmung fehlt, ist für den Nutzer ohne weiteres ersichtlich, dass jede Aktion im Spiel, die mit spielfremden Mitteln ausgeführt wird, nachteilige Auswirkungen auf Mitspieler hat und daher das Gebot spielkonformen Verhaltens auch im Interesse der anderen Spielteilnehmer besteht.

### d) Schutzbedürftigkeit

Erforderlich ist schließlich die Schutzbedürftigkeit des Dritten. Sie entfällt, wenn der Dritte auf der Grundlage des identischen Sachverhalts einen inhaltsgleichen vertraglichen Anspruch gegen den Gläubiger oder eine andere Person hat.[864] Vorliegend kommt allein ein vertraglicher Anspruch des geschädigten Spielers gegen den Spielanbieter aus § 280 Abs. 1 BGB in Verbindung mit dem Nutzungsvertrag in Betracht. Geht das schädigende Verhalten von einem dritten Mitspieler aus, so kann eine Pflichtverletzung des Spielanbieters jedoch nur dann angenommen werden, wenn der Anbieter nicht durch geeignete Maßnahmen dafür Sorge getragen hat, dass es nicht zu Schädigungen von Spielern durch andere Spielteilnehmer kommt. Ist ein solches Organisationsverschulden des Spielanbieters nicht feststellbar, scheidet ein vertraglicher Anspruch gegen den Spielanbieter aus. Damit ist der Anspruch des geschädigten Teilnehmers gegen den Spielanbieter nicht dem Anspruch gleichwertig, der ihm nach den Grundsätzen des Vertrags mit Schutzwirkung zugunsten Dritter gegenüber dem Mitspieler zusteht. Ein gegenüber dem Spielanbieter bestehender Anspruch lässt die Schutzbedürftigkeit des Dritten daher nicht entfallen.

### e) Ergebnis

Sämtliche Voraussetzungen des Vertrags mit Schutzwirkung zugunsten Dritter sind zu bejahen. Der Teilnehmer eines Onlinespiels, der einen anderen Spieler mit spielfremden Mitteln schädigt und damit gegen nebenvertragliche Pflichten seines Nutzungsvertrages mit dem Spielanbieter verstößt, kann daher vom geschädigten Dritten vertraglich auf Schadensersatz aus § 280 Abs. 1 BGB in Anspruch genommen werden. Es gelten die bereits

---

[863]  Siehe die Nutzungsbestimmungen von *World of Warcraft* unter Punkt 3.D, im Internet: http://www.wow-europe.com/de/legal/termsofuse.html, (Stand: Januar 2008).

[864]  *BGHZ* 70, 327, 329 f.; *BGH*, NJW 1996, 2927, 2929; *Gottwald*, in: MüKo, § 328, Rn. 127; *Palandt/Grüneberg*, § 328, Rn. 18; *Sonnenschein*, JA 1979, 225, 229 f.; a.A. *Berg*, NJW 1978, 2018, 2019; *Schwarze*, AcP 2003, 348, 349.

an anderer Stelle dargelegten Grundsätze zum Schadensausgleich bei der Beeinträchtigung virtueller Gegenstände.[865]

### 3. Einbeziehung des Teilnehmers einer Entwicklungsplattform

Die Grundsätze zum Vertrag mit Schutzwirkung zugunsten Dritter finden keine Anwendung auf Verträge zwischen Teilnehmern einer Entwicklungsplattform wie *Second Life* und dem Betreiber der Plattform, der lediglich als Host-Provider fungiert.[866] Es fehlt am erforderlichen Einbeziehungsinteresse auf Seiten des Betreibers. Als Host-Provider hat der Betreiber einer Entwicklungsplattform lediglich ein Interesse daran, dass die von ihm zur Verfügung gestellten Speicherkapazitäten vor Störungen bewahrt werden, hingegen geht es ihm nicht um den besonderen Schutz der auf der Plattform gespeicherten (fremden) Inhalte und damit um den Schutz des Dritten selbst. Dies wird auch an dem Umstand deutlich, dass der Betreiber als Host-Provider lediglich die Verfügbarkeit der von den Teilnehmern gespeicherten Inhalte gewährleisten muss, nicht hingegen eine funktionierende virtuelle Spielwelt schuldet,[867] die im Interesse der Teilnehmer vor spielfremden Eingriffen abgeschirmt werden müsste. Auch eine besondere Fürsorgepflicht des Gläubigers gegenüber dem Dritten, welche zur Einbeziehung des Dritten in den Schutzbereich des Vertrags führen kann,[868] besteht vorliegend nicht. Der Betreiber ist nicht für das „Wohl und Wehe"[869] des Teilnehmers mitverantwortlich. Zwischen Betreiber und Teilnehmer einer Entwicklungsplattform wie *Second Life* fehlt es daher an der erforderlichen Gläubigernähe, so dass die Grundsätze des Vertrags mit Schutzwirkung zugunsten Dritter keine Anwendung finden. Wird daher ein Teilnehmer einer Entwicklungsplattform wie *Second Life* von einem anderen geschädigt, so stehen diesem keine vertraglichen Ansprüche gegenüber dem Schädiger zu.

---

[865]  Siehe dazu F. II. 4. b).

[866]  Siehe dazu F. III. 1.

[867]  Anders der Anbieter eines Onlinespiels, siehe dazu F. II. 1.

[868]  *BGHZ* 51, 91, 96; *BGH*, NJW 1970, 38, 40; *BGH*, NJW 1977, 2208, 2209; *Gottwald*, in: MüKo, § 328, Rn. 121.

[869]  Vgl. *BGHZ* 51, 91, 96; *BGH*, NJW 1970, 38, 40.

# VII. Zusammenfassung

Soweit es um den Verlust virtueller Gegenstände in Onlinespielen geht, lassen sich die Schwächen des deliktischen Schutzes[870] über die Grundsätze zum Vertrag mit Schutzwirkung zugunsten Dritter kompensieren. Da der Geschädigte in den Schutzbereich des zwischen Spielanbieter und schädigenden Teilnehmer geschlossenen Vertrags mit einbezogen ist, besteht ein Ersatzanspruch des geschädigten Teilnehmers aus § 280 Abs. 1 BGB des Nutzungsvertrages. Die Grundsätze zum Vertrag mit Schutzwirkung zugunsten Dritter gelten jedoch nicht zwischen den Teilnehmern einer Entwicklungsplattform, da der mit dem Plattformbetreiber geschlossene Vertrag keine Schutzwirkung zugunsten der anderen Nutzer entfaltet. Der Schutz des Teilnehmers einer Entwicklungsplattform bei der Zerstörung virtueller Gegenstände ist somit nur unzureichend. Solange virtuelle Gegenstände jedoch nicht durch den Gesetzgeber mit absoluter Wirkung gegenüber jedermann geschützt werden und somit nicht unter § 823 Abs. 1 BGB gefasst werden können, sind die sich daraus ergebenden Schutzlücken hinzunehmen.

Anhand der folgenden Beispielsfälle werden die in Betracht kommenden Anspruchsgrundlagen nochmals in einer Übersicht abschließend dargestellt. Eventuell bestehende Urheberrechte (oder sonstige Schutzrechte) der Teilnehmer an den virtuellen Gegenständen bleiben dabei unberücksichtigt.

*Beispiel 1:* Ein spielfremder Eingriff wird vom Schädiger mit dem Ziel vorgenommen, sich einen Spielvorteil zu verschaffen. Dabei werden virtuelle Gegenstände eines Dritten endgültig zerstört, ohne dass der Schädiger den Schadenseintritt vorhergesehen, beziehungsweise zumindest billigend in Kauf genommen hat.

| Mögl. AGL ---------- | § 280 Abs. 1 (VSD) | § 687 Abs. 2 BGB | § 823 Abs. 1 | § 823 Abs. 2 | § 826 | § 812 Abs. 1 S. 1 Alt. 2 | § 816 Abs. 1 S. 1 analog | § 816 Abs. 1 S. 2 analog |
|---|---|---|---|---|---|---|---|---|
| Onlinespiel | (+) | (-) | (-) | (+/-) | (-) | (-) | (-) | (-) |
| Entwicklungsplattform | (-) | (-) | (-) | (+/-) | (-) | (-) | (-) | (-) |

---

[870] Siehe dazu G. VI.

*Beispiel 2:* Wie Beispiel 1, jedoch hat der Schädiger den Schadenseintritt vorhergesehen, beziehungsweise billigend in Kauf genommen.

| Mögl. AGL ---------- | § 280 Abs. 1 (VSD) | § 687 Abs. 2 | § 823 Abs. 1 | § 823 Abs. 2 | § 826 | § 812 Abs. 1 S. 1 Alt. 2 | § 816 Abs. 1 S. 1 analog | § 816 Abs. 1 S. 2 analog |
|---|---|---|---|---|---|---|---|---|
| Onlinespiel | (+) | (-) | (-) | (+/-) | (+) | (-) | (-) | (-) |
| Entwick-lungsplatt-form | (-) | (-) | (-) | (+/-) | (+) | (-) | (-) | (-) |

*Beispiel 3:* Ein spielfremder Eingriff wird vom Schädiger mit dem Ziel vorgenommen, sich virtueller Gegenstände eines anderen Teilnehmers zu bemächtigen, um sich so einen Spielvorteil zu verschaffen. Die Gegenstände wechseln nach dem Eingriff in das virtuelle Besitzverzeichnis des Schädigers und werden von diesem innerhalb der virtuellen Welt verwendet.

| Mögl. AGL ---------- | § 280 Abs. 1 (VSD) | § 687 Abs. 2 BGB | § 823 Abs. 1 | § 823 Abs. 2 | § 826 | § 812 Abs. 1 S. 1 Alt. 2 | § 816 Abs. 1 S. 1 analog | § 816 Abs. 1 S. 2 analog |
|---|---|---|---|---|---|---|---|---|
| Onlinespiel | (+) | (-) | (-) | (+/-) | (+) | (+) | (-) | (-) |
| Entwick-lungsplatt-form | (-) | (-) | (-) | (+/-) | (+) | (+) | (-) | (-) |

*Beispiel 4:* Wie *Beispiel 3*, jedoch veräußert der Schädiger die virtuellen Gegenstände entgeltlich an einen Dritten.

| Mögl. AGL ---------- | § 280 Abs. 1 (VSD) | § 687 Abs. 2 BGB | § 823 Abs. 1 | § 823 Abs. 2 | § 826 | § 812 Abs. 1 S. 1 Alt. 2 | § 816 Abs. 1 S. 1 analog | § 816 Abs. 1 S. 2 analog |
|---|---|---|---|---|---|---|---|---|
| Onlinespiel | (+) | (+) | (-) | (+/-) | (+) | (+) | (+) | (-) |
| Entwick-lungsplatt-form | (-) | (+) | (-) | (+/-) | (+) | (+) | (+) | (-) |

*Beispiel 5*: Wie *Beispiel 4*, jedoch erfolgt die Veräußerung an den Dritten unentgeltlich.

| Mögl. AGL ---------- | § 280 Abs. 1 (VSD) | § 687 Abs. 2 BGB | § 823 Abs. 1 | § 823 Abs. 2 | § 826 | § 812 Abs. 1 S.1 Alt. 2 | § 816 Abs. 1 S. 1 analog | § 816 Abs. 1 S. 2 analog |
|---|---|---|---|---|---|---|---|---|
| Onlinespiel | (+) | (-) | (-) | (+/-) | (+) | (+) | (-) | (+) |
| Entwick-lungsplatt-form | (-) | (-) | (-) | (+/-) | (+) | (+) | (-) | (+) |

# H. Haftung des Plattformbetreibers für Rechtsverletzungen der Teilnehmer

## I. Vorteile einer Inanspruchnahme des Plattformbetreibers

Für den Rechtsinhaber, dessen Rechte durch von Teilnehmern einer Entwicklungsplattform eingestellte Inhalte verletzt werden, kann es sinnvoller sein, statt gegen den einzelnen Nutzer gegen den Betreiber der Plattform vorzugehen. Zwar sind die Nutzer für die im Internet begangenen Rechtsverletzungen als „Täter" nach den jeweils einschlägigen Vorschriften im haftungsrechtlichen Sinne verantwortlich. Für den in seinen Rechten verletzten Dritten ist die Rechtsverfolgung jedoch oftmals dadurch erschwert, dass sich die Identität des Nutzers nur schwer ermitteln lässt.[871] Die Teilnehmer treten oft unter Fantasienamen (sog. „Nicknames") im Internet auf, die keine Rückschlüsse auf die wahre Identität des Nutzers zulassen. Um den Namen und eine ladungsfähige Anschrift zu erhalten, ist der Verletzte auf einen Auskunftsanspruch gegenüber dem Plattformbetreiber angewiesen, der zivilrechtlich nur schwer durchsetzbar ist.[872] Grundlegend ändern wird sich die Rechtslage im Zuge der Umsetzung der Enforcement-Richtlinie,[873] mit der eine haftungsunabhängige, direkte Auskunftsverpflichtung eines unbeteiligten Dritten, der für rechtsverletzende Tätigkeiten genutzte Dienstleistungen erbracht hat, eingeführt wird.[874] Demnach wird die Auskunftsverpflichtung in Zukunft auch die Internet-Provider treffen, wenn eine offensichtliche, in gewerblichem Ausmaß begangene Rechtsverletzung vorliegt.[875] Ein derartiger Auskunftsanspruch soll nicht nur im Urheberrecht, sondern auch für die übrigen Immaterialgüterrechte gelten.[876]

Aber auch für den Fall, dass ein Auskunftsanspruch besteht und der Nutzer im Einzelfall ermittelbar ist, kann es für den Rechtsinhaber sinnvoller sein, gegen den Betreiber der Entwicklungsplattform selbst vorzugehen. Zum einen ist dem Rechtsinhaber oftmals an einer schnellen Durchsetzung seiner Rechte gelegen, so dass ein vorheriges Auskunftsverlangen, welches gegebenenfalls gerichtlich durchgesetzt werden müsste, unzweckgemäß sein kann. Zum anderen ist bei einem erfolgreichen Vorgehen gegen den Betreiber dem Rechtsschutzinteresse des Berechtigten regelmäßig genüge getan, da dieser die Inhalte löschen und dafür sorgen kann, dass es in

---

[871]    Allgemein zu Plattformen mit nutzergenerierten Inhalten *Fülbier*, CR 2007, 515, 516.

[872]    Siehe die Übersicht bei *Splittgerber/Klytta*, K&R 2007, 78 ff.

[873]    Richtlinie 2004/48/EG.

[874]    *Hoeren*, Internetrecht, Rn. 299; *Splittgerber/Klytta*, K&R 2007, 78, 84.

[875]    Vgl. *Hoeren*, Internetrecht, Rn. 299.

[876]    *Hoeren*, Internetrecht, Rn. 300.

Zukunft nicht erneut zu derartigen Rechtsverletzungen kommt.[877] Für den Berechtigten stellt sich daher die Frage, ob und unter welchen Voraussetzungen er den Spiel- oder Plattformbetreiber, dessen ladungsfähige Anschrift meist leicht zu ermitteln ist, in Anspruch nehmen kann.

## II. Haftungsprivilegierungen nach TMG

### 1. Filterfunktion des TMG

Bevor die Verantwortlichkeit des Plattformbetreibers als Täter, Gehilfe oder Störer untersucht wird, stellt sich die Frage, ob eine Haftung nicht bereits durch die Haftungsprivilegierungen des Telemediengesetzes (TMG)[878] ausgeschlossen ist. Das TMG wirkt insofern wie ein haftungsrechtlicher Vorfilter, welcher vor der Prüfung der allgemeinen Vorschriften, wie zum Beispiel urheberrechtlicher Bestimmungen,[879] passiert werden muss.[880] Im Wesentlichen wird zwischen drei unterschiedlichen Diensteanbietern unterschieden.[881] Durch § 7 Abs. 1 TMG werden die Content-Provider erfasst, welche eigene Inhalte zur Nutzung bereithalten; in § 8 TMG finden sich Regelungen für die Access-Provider, welche fremde Inhalte oder den Zugang zu diesen vermitteln; in § 10 TMG werden die Host-Provider behandelt, die fremde Informationen für einen Nutzer speichern.[882]

### 2. Haftung des Content-Providers

Soweit die Betreiber eines Onlinespiels oder einer Entwicklungsplattform eigene Inhalte zur Nutzung bereithalten, sind sie als Content-Provider zu behandeln und haften ohne Haftungsprivilegierung nach § 7 Abs. 1 TMG nach den allgemeinen Gesetzen. Einer Haftung ist insbesondere der Anbieter eines Onlinespiels unterworfen, da er seinen Spielern eine fertige virtuelle Spiel-Umgebung zur Nutzung bereitstellt und damit überwiegend

---

[877] Siehe dazu H. III. 3. b).

[878] Zum Anwendungsbereich des TMG siehe auch I. III. 2.

[879] Noch gegen eine Anwendung des TDG auf urheberrechtliche Sachverhalte *OLG München*, WRP 2001, 578, 581 ff.; die Anwendbarkeit nunmehr bejahend *OLG München*, MMR 2006, 739 f.

[880] Noch zum TDG: *BGH*, NJW 2003, 3764f.; *OLG Düsseldorf*, WRP 2004, 631, 633 – Rolex-Plagiate bei eBay; *Hoeren*, Internetrecht, Rn. 697; *Hoeren*, MMR 2004, 168; kritisch *Sobola/Kohl*, CR 2005, 443, 445.

[881] *Hoeren*, Internetrecht, Rn. 697.

[882] Siehe auch die Übersicht bei *Hoeren*, Internetrecht, Rn. 697.

als Content-Provider einzuordnen ist.[883] Der Betreiber einer Entwicklungs-plattform ist nur hinsichtlich der von ihm selbst zur Verfügung gestellten Inhalte als Content-Provider zu beurteilen. Da der Großteil der Inhalte auf einer Entwicklungsplattform jedoch von den Nutzern selbst geschaffen ist, sind diese insofern als Content-Provider zu qualifizieren.[884]

## 3. Haftung des Plattformbetreibers als Host-Provider

### a) Haftungsprivilegierung nach § 10 TMG

Der Betreiber einer Entwicklungsplattform, der überwiegend fremde In-halte der Nutzer speichert und die Informationen für andere Teilnehmer zur Nutzung bereithält, ist in dieser Funktion als Host-Provider zu behan-deln.[885] Soweit die Anbieter eines Onlinespiels oder einer Entwicklungs-plattform Meinungsforen oder Chaträume zur Nutzung anbieten, sind sie ebenfalls als Host-Provider einzuordnen.[886] In § 10 TMG, der inhaltsgleich aus § 11 TDG a.f. übernommen worden ist,[887] findet sich eine besondere Haftungsprivilegierung für Host-Provider. Demnach sind Diensteanbieter für fremde Informationen, die sie für einen Nutzer speichern, nicht verant-wortlich, sofern sie keine Kenntnis von der rechtswidrigen Handlung oder der Information haben und ihnen im Falle von Schadensersatzansprüchen auch keine Tatsachen oder Umstände bekannt sind, aus denen die rechts-widrige Handlung oder Information offensichtlich wird (vgl. § 10 S. 1 Nr. 1 TMG). Haben sie Kenntnis erlangt, entfällt die Haftung, wenn sie unver-züglich tätig geworden sind, um die Information zu entfernen oder den Zugang zu ihr zu sperren (§ 10 S. 1 Nr. 2 TMG). Der Host-Provider haftet demnach nur dann für rechtswidrige Inhalte, wenn er Kenntnis von diesen erlangt hat – beziehungsweise im Falle einer Schadensersatzhaftung die Rechtswidrigkeit offensichtlich ist – und die beanstandeten Inhalte nicht entfernt. Mit „Kenntnis" ist die positive Kenntnis des Providers von den rechtsverletzenden Inhalten gemeint, ein „Kennenmüssen" im Sinne einer (grob) fahrlässigen Unkenntnis genügt nicht.[888] Dies korrespondiert mit § 7 Abs. 2 S. 1 TMG, welcher ausdrücklich klarstellt, dass eine allgemeine Prü-

---

[883]   *Lober/Karg*, CR 2007, 647, 648.

[884]   Vgl. zu anderen User-Generated-Plattformen *Fülbier*, CR 2007, 515, 516.

[885]   Vgl. *Fülbier*, CR 2007, 515, 517.

[886]   Vgl. *BGH*, MMR 2007, 518 – Meinungsäußerung im Internetforum.

[887]   Vgl. Begründung der Bundesregierung zum Gesetzesentwurf v. 26.10.2006, BT-Drs. 16/3078, S. 15.

[888]   *OLG München*, MMR 2006, 739, 740 f.; *Hoeren*, MMR 2004, 168; eine Haftung auch für grobe Fahrlässigkeit annehmend: *Schricker/Wild*, § 97, Rn. 40h; *Eck/Ruess*, MMR 2003, 363, 365; *Spindler*, NJW 2002, 921, 924.

fungspflicht, nach der Internetprovider ihr Angebot auf rechtswidrige Inhalte durchsuchen müssen, nicht besteht.[889] Das anspruchsbegründende Merkmal der Kenntnis von rechtswidrigen Inhalten ist vom Anspruchsteller darzulegen und zu beweisen.[890] Der Anspruchsteller muss den Provider auf den rechtsverletzenden Inhalt in substantiierter Form hinweisen, so dass es dem Provider möglich ist, die in Rede stehenden Inhalte ohne unzumutbaren Aufwand aufzufinden.[891]

## b) Anwendbarkeit des TMG auf Unterlassungsansprüche

Die Haftungsprivilegierungen des TMG gelten für die strafrechtliche Verantwortlichkeit und die zivilrechtliche Schadensersatzhaftung. Streitig ist jedoch, ob auch Unterlassungsansprüche vom Anwendungsbereich des TMG erfasst werden.[892]

Der *BGH* lehnt die Anwendbarkeit der Haftungsprivilegierung des § 10 TMG (§ 11 TDG a.F.) auf Unterlassungsansprüche ab.[893] Er begründet seine Auffassung insbesondere mit § 7 Abs. 2 S. 2 TMG ( § 8 Abs. 2 S. 2 TDG a.F.), wonach Verpflichtungen zur Entfernung oder Sperrung der Nutzung von Informationen nach den allgemeinen Gesetzen auch im Fall der Nichtverantwortlichkeit des Diensteanbieters nach §§ 8 bis 10 TMG (§§ 9–11 TDG a.F.) unberührt bleiben.[894] Zudem verweist er auf Art. 14 Abs. 3 ECRL,[895] nach dem es Gerichten oder Verwaltungsbehörden der Mitgliedstaaten weiter möglich sein soll, die Rechtsverletzung abzustellen, zu verhindern oder Verfahren für die Entfernung einer Information beziehungsweise die Sperrung des Zugangs zu ihr festzulegen. Schließlich sei es widersprüchlich, wenn bei einer Anwendbarkeit des § 10 TMG auf Unterlassungsan-

---

[889] Vgl. *Schricker/Wild*, § 97, Rn. 40g; *Wandtke/Bullinger/v.Wolff*, § 97, Rn. 53.

[890] Vgl. *BGH*, GRUR 2004, 74, 75 – rassistische Hetze (noch zu § 5 Abs. 2 TDG a.F.); *Wandtke/Bullinger/v. Wolff*, § 97, Rn. 21; *Hoeren*, Internetrecht, Rn. 711; a.A. *Spindler*, NJW 2002, 921, 925.

[891] Vgl. *Hoeren*, MMR 2004, 168.

[892] Gegen eine Anwendbarkeit des TMG auf Unterlassungsansprüche *BGH*, GRUR 2007, 890, 891 – Jugendgefährdende Medien bei eBay; *BGH*, MMR 2007, 507, 508 – Internetversteigerung II; *BGH*, GRUR 2004, 860, 862 f. – Internet-Versteigerung I; *OLG Frankfurt/Main*, ZUM 2005, 324, 326; *Wandtke/Bullinger/v.Wolff*, § 97, Rn. 24; *Stadler*, Haftung für Informationen, Rn. 26; *Gercke*, CR 2006, 210, 214; a.A. *OLG Düsseldorf*, MMR 2004, 315, 317; *Brandenburgisches OLG*, MMR 2004, 330; *Leible/Sosnitza*, NJW 2004, 3225, 3226; *Sobola/Kohl*, CR 2005, 443, 449; *Volkmann*, CR 2004, 767, 768f; kritisch auch *Jürgens*, K&R 2007, 392, 393.

[893] *BGH*, GRUR 2007, 890, 891 – Jugendgefährdende Medien bei eBay; *BGH*, MMR 2007, 507, 508 – Internetversteigerung II; *BGH*, GRUR 2004, 860, 862 f. – Internet-Versteigerung I.

[894] *BGH*, GRUR 2004, 860, 863 – Internetversteigerung I.

[895] E-Commerce Richtlinie 2000/31/EG.

sprüche an diese höhere Anforderungen gestellt würden als an die ebenfalls in § 10 TMG geregelten Schadensersatzansprüche. Nach § 10 S. 1 Nr. 1 TMG genügt für eine Schadensersatzverpflichtung des Providers, dass er (positive) Kenntnis von den Tatsachen und Umständen erlangt, aus denen die Rechtswidrigkeit „offensichtlich" wird. Der Unterlassungsanspruch hingegen greift erst bei positiver Kenntnis der Rechtsverletzung. In Bezug auf Unterlassungsansprüche kommt der *BGH* daher zu einer Anwendbarkeit der Störerhaftung.[896]

Der Ansicht des *BGH* ist in der Literatur entgegengehalten worden, dass nach § 7 Abs. 2 S. 2 TMG (§ 8 Abs. 2 S. 2 TDG a.F.) nur Verpflichtungen zur „Entfernung" und „Sperrung" von Informationen nach den allgemeinen Gesetzen unberührt bleiben.[897] Es handele sich dabei jedoch um Handlungen zur Beseitigung einer bereits eingetretenen Rechtsverletzung, so dass in die Zukunft gerichtete Unterlassungsansprüche durchaus von der Haftungsprivilegierung des TMG erfasst seien. Zudem wird auf die Unvereinbarkeit der deutschen Rechtsprechung zur Störerhaftung mit dem Verbot allgemeiner Überwachungspflichten aus § 7 Abs. 2 S. 1 TMG (beruhend auf Art. 15 Abs. 1 ECRL) hingewiesen.[898] Zwar hat die Rechtsprechung des *BGH* in Teilen der Literatur insoweit Zustimmung erfahren, als dass die Störerhaftung nach Kenntnisnahme von der Rechtsverletzung eine spezifische Überwachungspflicht auslöse, welche nicht vom Verbot allgemeiner Überwachungspflichten im Sinne von Art. 15 Abs. 1 ECRL erfasst sei.[899] Jedoch würde ein Verstoß gegen das Verbot allgemeiner Überwachungspflichten im Fall der Annahme eines vorbeugenden Unterlassungsanspruches vorliegen, da dann keine spezifischen Überwachungspflichten mehr in Rede stünden, sondern vorbeugende, also im Vorfeld wirkende „proaktive" allgemeine Überwachungspflichten.[900]

Ungeachtet dieser erheblichen Einwände gegen die Unanwendbarkeit der Haftungsprivilegierungen des TMG, jedenfalls auf vorbeugende Unterlassungsansprüche, hält der *BGH* in neuerer Rechtsprechung an seiner Linie fest.[901] Ohne nähere Begründung nimmt er in der Entscheidung „Internetversteigerung II" erstmals auch den vorbeugenden Unterlassungsanspruch ausdrücklich aus dem Anwendungsbereich der Haftungsprivilegie-

---

[896]   Zur Störerhaftung siehe H. III.

[897]   *Leible/Sosnitza*, NJW 2004, 3225, 3226; *Sobola/Kohl*, CR 2005, 443, 449; vgl. auch *Jürgens*, K&R 2007, 392, 393.

[898]   *Leible/Sosnitza*, NJW 2004, 3225, 3226; *Volkmann*, CR 2004, 767, 768; vgl. auch *Hoeren*, MMR 2004, 672.

[899]   *Spindler/Volkmann*, WRP 2003, 1, 3f.; *Rössel/Rössel*, CR 2005, 809, 813.

[900]   *Leible/Sosnitza*, NJW 2004, 3225, 3226; *Spindler*, MMR 2007, 507, 512; vgl. auch *Hoeren*, MMR 2004, 672.

[901]   BGH, GRUR 2007, 890, 891 f. – Jugendgefährdende Medien bei eBay; BGH, MMR 2007, 507, 508 – Internet-Versteigerung II.

rungen des TMG heraus.[902] Der *BGH* hat damit die Möglichkeit versäumt, durch eine entsprechende Vorlage die Vereinbarkeit der zur Störerhaftung entwickelten Grundsätze mit dem Verbot proaktiver Überwachungspflichten aus Art. 15 Abs. 1 ECRL durch den EuGH klären zu lassen.[903]

Für die Internet-Provider und damit insbesondere auch für die Betreiber von Entwicklungsplattformen mit nutzergenerierten Inhalten wie *Second Life* bedeutet dies, dass gegen sie gerichtete Unterlassungsbegehren weiterhin nach den Grundsätzen zur Störerhaftung zu beurteilen sind, soweit die Verletzung von Immaterialgüterrechten in Rede steht. Im Anwendungsbereich des Wettbewerbsrechts scheint der *BGH* Abstand von der Störerhaftung nehmen zu wollen.[904] In seiner Entscheidung „Jugendgefährdende Medien bei eBay" verfolgt er ein deliktsrechtlich geprägtes Haftungskonzept und begründet eine täterschaftliche Haftung des Plattformbetreibers unter dem Gesichtspunkt der Verletzung einer wettbewerbsrechtlichen Verkehrspflicht.[905] Allerdings unterscheiden sich die Prüfungspunkte nicht wesentlich von denen der Störerhaftung, so dass der *BGH* die Haftung des Plattformbetreibers im Wettbewerbsrecht in erster Linie auf eine andere dogmatische Grundlage stellt, ohne im Ergebnis andere Maßstäbe an die Haftung des Betreibers anzulegen.[906]

## III. Störerhaftung

### 1. Allgemeine Grundsätze

Unterlassungsansprüche gegen Host-Provider beurteilen sich unberührt von § 10 TMG nach den allgemeinen Vorschriften beziehungsweise nach den Grundsätzen der Störerhaftung.[907]

---

[902] *BGH*, MMR 2007, 507, 508 – Internet-Versteigerung II; vgl. auch *BGH*, GRUR 2007, 890, 896 – Jugendgefährdende Medien bei eBay.

[903] Näher zur Vorlagepflicht *Jürgens*, CR 2007, 392, 393; *Leible/Sosnitza*, NJW 2004, 3225, 3226; *Rücker*, CR 2005, 347, 355.

[904] *BGH*, GRUR 2007, 890, 891 f. – Jugendgefährdende Medien bei eBay; kritisch zur Störerhaftung im Anwendungsbereich des Wettbewerbsrechts auch *Hefermehl/Köhler/Bornkamm/Köhler*, § 8, Rn. 2.15; *Köhler*, GRUR 2008, 1 ff.; vgl. auch *Döring*, WRP 2007, 1132 ff.

[905] *BGH*, GRUR 2007, 890, 893 f. – Jugendgefährdende Medien bei *eBay*; vgl. *Köhler*, GRUR 2008, 1, 2 f.

[906] *Döring*, WRP 2007, 1132, 1137, 1138; zu den Unterschieden vgl. jedoch *Köhler*, GRUR 2008, 1 ff.

[907] *BGH*, GRUR 2004, 860, 864 – Internet-Versteigerung I; *BGH*, MMR 2007, 507, 508 – Internet-Versteigerung II.

Eine Täterschaft des Host-Providers, der den Nutzern lediglich Speicherplatz zur Verfügung stellt, scheidet meist aus, da in diesem Fall die Rechtsverletzung allein vom Nutzer ausgeht.[908] Im Anwendungsbereich des Wettbewerbsrechts können jedoch wettbewerbsrechtliche Verkehrspflichten bestehen, die bei Nichtbeachtung zu einer täterschaftlichen Haftung des Plattformbetreibers führen können.[909] Auch eine Haftung als Teilnehmer kommt meist nicht in Betracht, da eine Gehilfenhandlung neben einer objektiven Beihilfehandlung einen bedingten Vorsatz in Bezug auf die Haupttat voraussetzt, der das Bewusstsein der Rechtswidrigkeit mit einschließen muss.[910] Dieser Teilnahmevorsatz ist bei den Host-Providern meist schon aus dem Grund nicht feststellbar, weil die Inhalte regelmäßig in einem automatischen Verfahren ohne vorherige Kenntnisnahme des Providers ins Internet eingestellt werden.[911]

Es bleibt jedoch eine Haftung des Plattformbetreibers nach den Grundsätzen zur Störerhaftung, welche von der Rechtsprechung in analoger Anwendung des § 1004 BGB entwickelt worden ist.[912] Demnach kann derjenige, der – auch ohne Täter oder Teilnehmer zu sein – willentlich und adäquat kausal zu einer Rechtsverletzung beigetragen hat, als Störer auf Unterlassung in Anspruch genommen werden, ohne dass es auf ein Verschulden ankommt.[913] Um die Störerhaftung nicht über Gebühr auf Dritte zu erstrecken, die nicht selbst die rechtswidrige Beeinträchtigung vorgenommen haben, hat der *BGH* die Störerverantwortlichkeit eingeschränkt. Die Haftung des Störers setzt demnach stets die Verletzung von Prüfungspflichten voraus, deren Umfang sich danach bestimmt, ob und inwieweit dem als Störer in Anspruch Genommenen nach den Umständen eine Prüfung zuzumuten ist.[914]

---

[908]  *BGH*, GRUR 2004, 860, 863 – Internetversteigerung I; *BGH*, MMR 2007, 507, 509 – Internetversteigerung II.

[909]  *BGH*, GRUR 2007, 890, 893 – Jugendgefährdende Medien bei eBay; siehe dazu auch *Döring*, WRP 2007, 1131 ff.

[910]  *BGH*, GRUR 2004, 860, 863 – Internetversteigerung I; *BGH*, MMR 2007, 507, 509 – Internetversteigerung II.

[911]  Vgl. *BGH*, MMR 2007, 507, 509 – Internetversteigerung II.

[912]  *BGH*, NJW 1990, 1529, 1530 – Schönheits-Chirurgie, *BGH*, NJW 2000, 213, 214 – Räumschild; *BGH*, GRUR 2002, 618, 619 – Meißner Dekor; *BGH*, GRUR 2004, 860, 864 – Internetversteigerung I.

[913]  *BGH*, GRUR 2001, 1038, 1039 – ambiente.de; *BGH*, GRUR 2002, 618, 619 – Meißner Dekor; *BGH*, GRUR 2004, 860, 864 – Internetversteigerung I; *OLG München*, MMR 2006, 739, 740.

[914]  *BGH*, GRUR 1997, 313, 315 – Architektenwettbewerb; *BGH*, GRUR 2001, 1038, 1039 – ambiente.de; *BGH*, GRUR 2004, 860, 864 – Internetversteigerung I.

## 2. Haftung des Betreibers einer Internetauktionsplattform

In der Entscheidung „Internetversteigerung I"[915] hatte der *BGH* erstmals darüber zu befinden, ob der Betreiber einer Internetauktionsplattform für eine auf seiner Plattform durch den Verkauf von Piraterieware begangene Markenrechtsverletzung eines Dritten haftet. Der *BGH* führte aus, es sei einem Unternehmen, welches eine Plattform für Fremdversteigerungen betreibt, nicht zumutbar, jedes Angebot vor Veröffentlichung im Internet auf eine mögliche Rechtsverletzung hin zu untersuchen, da ansonsten das gesamte Geschäftsmodell in Frage gestellt würde.[916] Da der Betreiber über die Provisionszahlungen jedoch wirtschaftlich an dem Verkauf der Piraterieware beteiligt sei, habe er ein geringeres Interesse an einem kostengünstigen und reibungslosen Ablauf seines Geschäftsbetriebs. Der Betreiber müsse daher immer dann, wenn er auf eine „klare" Rechtsverletzung hingewiesen worden ist, nicht nur das konkrete Angebot unverzüglich sperren, sondern auch Vorsorge treffen, dass es möglichst nicht zu „weiteren derartigen" Rechtsverletzungen komme.[917] Diese Grundsätze hat der *BGH* in seiner späteren Entscheidung „Internetversteigerung II"[918] und im Ergebnis auch in der Entscheidung „Jugendgefährdende Medien bei eBay"[919] bestätigt.

Demnach greift eine Haftung des Plattformbetreibers erst hinsichtlich der Rechtsverletzungen ein, welche den klaren Rechtsverstößen folgen, von denen dem Provider Kenntnis verschafft worden ist.[920] Zur Offenlegung von Rechtsverletzungen kann sich der Plattformbetreiber einer Filtersoftware bedienen, die durch die Eingabe von Suchbegriffen Verdachtsfälle aufspürt, welche dann manuell überprüft werden können.[921] Wie der *BGH* in den Leitsätzen[922] der Entscheidung „Internetversteigerung I" sowie in den Entscheidungsgründen der später ergangenen Entscheidung „Internetversteigerung II" feststellt, wird jedoch auch der Einsatz von technisch

---

[915] *BGH*, GRUR 2004, 860 – Internetversteigerung I.

[916] *BGH*, GRUR 2004, 860, 864 – Internetversteigerung I; vgl. auch *OLG München*, MMR 2006, 739, 740.

[917] *BGH*, GRUR 2004, 860, 864 – Internetversteigerung I; vgl. auch *OLG München*, MMR 2006, 739, 740 f.

[918] *BGH*, MMR 2007, 507 – Internetversteigerung II

[919] *BGH*, GRUR 2007, 890 – Jugendgefährdende Medien bei eBay; hinsichtlich des Erfordernisses einer „klaren" Rechtsverletzung vgl. *Köster/Jürgens*, MMR 2007, 639, 641.

[920] *BGH*, GRUR 2007, 890, 895 f. – Jugendgefährdende Medien bei eBay; *OLG München*, MMR 2006, 739, 740.

[921] *BGH*, MMR 2007, 507, 511 – Internetversteigerung II; *BGH*, GRUR 2007, 890, 894 f. – Jugendgefährdende Medien bei eBay.

[922] Vgl. dazu *Hoeren*, MMR 2004, 672, 673.

möglichen Maßnahmen durch das Merkmal der Zumutbarkeit begrenzt.[923] Die Grenze des Zumutbaren soll jedenfalls dann erreicht sein, wenn keine Merkmale vorhanden sind, die sich zur Eingabe in ein Suchsystem eignen.[924]

### 3. Übertragung auf Entwicklungsplattformen

Die Ausführungen des *BGH* zur Haftung des Betreibers einer Internetauktionsplattform lassen Rückschlüsse auf die Haftung von Betreibern einer Entwicklungsplattform wie *Second Life* zu. Da ebenso wie bei Fremdversteigerungen massenhaft Inhalte von den einzelnen Nutzern auf der Plattform eingestellt werden, ist dem Betreiber eine im Vorfeld stattfindende Überprüfung jedes neu hinzukommenden Inhalts nicht zumutbar. Erst wenn der Betreiber auf eine „klare, ohne weiteres erkennbare"[925] Rechtsverletzung hingewiesen worden ist, treffen den Betreiber gewisse Prüfungspflichten.

### a) Vorliegen einer „klaren" Rechtsverletzung

Es stellt sich zunächst die Frage, wann von einer „klaren" Rechtsverletzung auszugehen ist. In den vom *BGH* zur Haftung des Auktionsplattformbetreibers entschiedenen Fällen ging es jeweils um eindeutige Markenverletzungen, da auf der Plattform unter der Bezeichnung „Rolex" Plagiate von echten Rolex-Uhren angeboten wurden und somit eine Verletzung der Markenrechte der Klägerin nach § 14 Abs. 2 Nr. 1 MarkenG evident war. Auch für andere Rechtsverletzungen ist vor diesem Hintergrund zu fordern, dass sich diese geradezu aufdrängen und die rechtliche Bewertung des beanstandeten Verhaltens weitestgehend unstrittig ist. Die Mitarbeiter von Entwicklungsplattformen oder anderer als Host-Provider einzuordnender Diensteanbieter müssen daher dazu in der Lage sein, offenkundige Rechtsverletzungen, auf die sie von den Rechtsinhabern substantiiert hingewiesen worden sind, nach den einschlägigen Fachgesetzen zu erkennen und zu bewerten.[926] Das Erkennen einer klaren Rechtsverletzung wird dem Plattformbetreiber insofern erleichtert, als dass er durch den Hinweis des Berechtigten neben der Kenntnis des beanstandeten Inhalts auch Kenntnis seiner Rechtswidrigkeit erhalten muss.[927] So verlangt auch das *OLG Mün-*

---

[923] *BGH*, MMR 2007, 507, 511 – Internetversteigerung II; *BGH*, GRUR 2007, 890, 894 f. – Jugendgefährdende Medien bei eBay.

[924] *BGH*, MMR 2007, 507, 511 – Internetversteigerung II.

[925] *BGH*, MMR 2007, 507, 511 – Internetversteigerung II.

[926] Vgl. *Jürgens*, K&R 2007, 392, 394.

[927] *Jürgens*, K&R 2007, 392, 394.

*chen* für die Kenntnisverschaffung in Bezug auf eine Urheberrechtsverletzung, dass der Betroffene den Provider „in ausreichender Weise" Kenntnis von Urheberrechtsverletzungen verschafft und dabei die Urheberrechtsschutzfähigkeit der in Rede stehenden Schöpfung und die Rechtsinhaberschaft näher darlegt.[928] Nur für den Fall, dass sich die Rechtswidrigkeit des beanstandeten Inhalts „aus sich heraus" ergibt, wie etwa bei der Verwendung eines Hakenkreuzes (§ 86 StGB) oder der Bereitstellung pornografischer Inhalte ohne Altersverifizierung, genügt ein Hinweis auf den Inhalt und den Fundort, ohne dass es einer Darlegung näherer rechtlicher Umstände bedarf.[929]

Der Rechtsinhaber, der den Betreiber einer Entwicklungsplattform über eine Urheberrechtsverletzung in Kenntnis setzen möchte, sollte somit sowohl den Fundort als auch die in Rede stehende Rechtsverletzung so genau wie möglich benennen. Auf der Entwicklungsplattform *Second Life* wird die Bezeichnung des Fundortes dadurch erleichtert, dass jedes virtuelle Grundstück eines Teilnehmers über eine genaue Positionsbezeichnung verfügt, welche beim Aufruf des entsprechenden Angebotes für jeden Nutzer in der Suchmaske in Form von Koordinaten sichtbar ist. Neben der genauen Bezeichnung dieser Position können dem Betreiber der Name des virtuellen Ortes und – soweit dieser ermittelbar ist – der „Nickname" des Teilnehmers mitgeteilt werden. Ebenfalls bietet es sich an, Bildschirmabgriffe („Screenshots") von dem beanstandeten Angebot zu machen und diese dem Betreiber zu übermitteln.

## b) „Zumutbare" Überwachungspflichten

### aa) Ansatz des *BGH*

Ist der Betreiber einer Entwicklungsplattform auf einen eindeutigen Rechtsverstoß hingewiesen worden, muss er durch geeignete und zumutbare Maßnahmen dafür sorgen, dass es in Zukunft nicht zu „weiteren, derartigen" Rechtsverletzungen kommt. Zunächst ist fraglich, ob sich die Verpflichtung zur künftigen Überwachung des Angebots auf die Inhalte des Teilnehmers beschränkt, von dessen Rechtsverletzung der Betreiber Kenntnis erlangt hat, oder ob sämtliche Inhalte der Plattform auf vergleichbare Rechtsverletzungen hin untersucht werden müssen.[930] Wird die Verpflichtung zur Überwachung auf sämtliche Plattforminhalte auch anderer Anbieter erstreckt, wird durch die Anzeige eines einzelnen Verstoßes eine umfassende Überwachungsverpflichtung des Betreibers ausgelöst, welche die-

---

[928] *OLG München*, MMR 2006, 739, 740 f.

[929] *Jürgens*, K&R 2007, 392, 394.

[930] Vgl. *Hoeren*, MMR 2004, 672, 673.

sen zu einer Filterung sämtlicher bereits eingestellter Inhalte und einer Vorabfilterung der Inhalte zwingt, die künftig von den Teilnehmern auf der Plattform gespeichert werden.[931] Von derartig weitgehenden Prüfungspflichten geht der *BGH* in den Internetversteigerungs-Entscheidungen jedoch aus, wenn er vom Plattformbetreiber verlangt, Vorsorge zu treffen „dass es bei den Angeboten von Rolex-Uhren nicht zu weiteren klaren Rechtsverletzungen kommt".[932] In der Entscheidung „Jugendgefährdende Medien bei eBay" weist der *BGH* ausdrücklich darauf hin, dass von den Prüfungspflichten nicht nur die Angebote desselben Versteigerers betroffen seien, sondern auch die Angebote anderer Anbieter.[933] Zudem ergänzt der *BGH* in der letztgenannten Entscheidung die Prüfungspflicht um eine personenbezogene Komponente.[934] Jedenfalls im Bereich des Jugendschutzrechts muss der Betreiber dafür Sorge tragen, dass der Anbieter, der bereits durch die Verletzung jugendschutzrechtlicher Bestimmungen aufgefallen ist, innerhalb derselben jugendgefährdenden Kategorie (z.B. NS-Ideologie, Pornografie) keine anderen gegen das Jugendschutzrecht verstoßenden Artikel anbietet.[935] Damit wird die Prüfungspflicht auf verwandte Angebote desselben Anbieters ausgeweitet, deren Existenz dem Betreiber im konkreten Einzelfall nicht zur Kenntnis gebracht worden sein muss.[936] Weiterhin soll im Bereich des Jugendschutzrechts dem Plattformbetreiber sogar die Überprüfung zumutbar sein, ob ein von einem Verkäufer angewandtes Altersverifikationssystem den gesetzlichen Anforderungen entspricht.[937]

Der *BGH* statuiert somit umfangreiche Prüfungspflichten, gleichzeitig aber sollen die Prüfungspflichten nicht das gesamte Geschäftsmodell in Frage stellen.[938] Hierin liegt ein Widerspruch, denn auch der *BGH* nimmt an, dass eine Vorabkontrolle sämtlicher eingestellter Inhalte auf Rechtsverletzungen dem Betreiber einer Internetauktionsplattform nicht zumutbar ist.[939] Zwar bezog sich in den Internetversteigerungs-Fällen die ausgesprochene Verpflichtung zur Vorabfilterung jeweils nur auf eine Überwachung potentieller Verletzungen der Marke „Rolex", die von einer entsprechend programmierten Filtersoftware durch die Eingabe bestimmter Suchbegriffe

---

[931]   Vgl. *Hoeren*, MMR 2004, 672, 673.

[932]   *BGH*, GRUR 2004, 860, 864 – Internetversteigerung I; *BGH*, MMR 2007, 507, 511 – Internetversteigerung II; vgl. *Hoeren*, MMR 2004, 672, 673.

[933]   *BGH*, GRUR 2007, 890, 894 – Jugendgefährdende Medien bei eBay.

[934]   Vgl. *Köster/Jürgens*, MMR 2007, 639, 640 f.

[935]   *BGH*, GRUR 2007, 890, 895 – Jugendgefährdende Medien bei eBay.

[936]   Kritisch *Köster/Jürgens*, MMR 2007, 639, 640 f.

[937]   *BGH*, GRUR 2007, 890, 895 – Jugendgefährdende Medien bei eBay.

[938]   Vgl. *BGH*, GRUR 2004, 860, 864 – Internetversteigerung I; *BGH*, MMR 2007, 507, 511 – Internetversteigerung II.

[939]   *BGH*, GRUR 2004, 860, 864 – Internetversteigerung I.

noch zu leisten war. Sobald die Überwachungspflichten aber nicht mehr im Einzelfall bestehen, sondern hunderte oder tausende Rechtsinhaber den Plattformbetreiber auf die Verletzung ihrer Rechte hinweisen, ist die Grenze der Zumutbarkeit der statuierten Prüfungspflichten schnell überschritten.[940]

Das gesamte Geschäftsmodell von Entwicklungsplattformen wie *Second Life* oder anderen Massen-Portalen,[941] die besonders anfällig für Rechtsverletzungen der Teilnehmer sind, wird durch die umfangreichen Prüfungspflichten in Frage gestellt.[942] Dies gilt umso mehr, als dass der *BGH* keine zeitliche Grenze für die Überwachungspflichten aufgestellt hat.[943] Der Konflikt zwischen den vom *BGH* angenommenen weitgehenden Verpflichtungen zur Vorabfilterung der eingestellten Inhalte und der Frage der „Zumutbarkeit" der statuierten Prüfungspflichten bleibt somit ungeklärt.

### bb) Personenbezogene Überwachungspflichten

Die aufgezeigten Schwierigkeiten ließen sich vermeiden, wenn die Überwachungsverpflichtung des Plattformbetreibers auf die Person des Rechtsverletzers beschränkt bliebe.[944] Ist zum Beispiel der Betreiber einer Entwicklungsplattform darauf hingewiesen worden, dass ein Teilnehmer ein urheberrechtlich geschütztes Musikstück zum Abruf im Internet bereithält, ohne über die erforderlichen Rechte zu verfügen, muss der Plattformbetreiber dafür Sorge tragen, dass der Teilnehmer in Zukunft nicht erneut urheberrechtlich geschütztes Material des betroffenen Künstlers auf die Plattform einstellt. Im Gegensatz zu der vom *BGH* angenommenen Verpflichtung zur Filterung sämtlicher auf der Plattform gespeicherter Inhalte, wird auf diese Weise die zu überprüfende Datenmenge wesentlich reduziert, was die technische und wirtschaftliche Realisierbarkeit entsprechender Filtermaßnahmen erheblich erleichtert.[945] Auch bei Rechtsverstößen einer großen Anzahl unterschiedlicher Teilnehmer von Massen-Portalen ist die Überwachung jedes einzelnen Accounts dem Betreiber zumutbar. Denn im Fall wiederholter Rechtsverletzungen könnte der Betreiber den Nutzer von der weiteren Teilnahme an seinem Angebot ausschließen, so dass sich der Betreiber nicht darauf berufen kann, die Überwachungspflichten würden in wirtschaftlicher Hinsicht das gesamte Geschäftsmodell in Frage stellen.

---

[940]  Vgl. *OLG München*, Urt. v. 21.12.2006 – 29 U 4407/06, Leitsätze abgedruckt in GRUR-RR 2007, 393.

[941]  Vgl. *Fülbier*, CR 2007, 515.

[942]  Vgl. *Lober/Karg*, CR 2007, 647, 652.

[943]  Vgl. *Hoeren*, MMR 2004, 672, 673.

[944]  *Spindler*, JZ 2005, 37, 40.

[945]  *Spindler*, JZ 2005, 37, 40.

Eine personenbezogene Filterpflicht ist schließlich besser mit dem Verbot allgemeiner Überwachungspflichten aus Art. 15 Abs. 1 ECRL beziehungsweise aus § 7 Abs. 2 S. 1 TMG in Einklang zu bringen, als die vom *BGH* angenommene Pflicht zur umfassenden Vorabfilterung sämtlicher auf der Plattform sich befindlicher Inhalte.[946] Da die Pflicht zur Filterung sich konkret auf die eingestellten Inhalte eines einzelnen Rechtsverletzers bezieht, ist diese als spezifische Überwachungsverpflichtung einzuordnen, die nicht unter das Verbot allgemeiner Prüfpflichten aus Art. 15 Abs. 1 ECRL fällt.[947] Auch den Interessen der Rechtsinhaber ist durch die personenbezogene Überwachungspflicht ausreichend Rechnung getragen, wenn nur die weiteren eindeutigen Rechtsverletzungen eines einzelnen Teilnehmers in Zukunft unterbunden werden. Die vom *BGH* angenommene allgemeine Filterpflicht führt in ungerechtfertigter Art und Weise dazu, dass Rechtsinhaber die Plattformbetreiber zu den Wächtern ihrer rechtlichen Interessen instrumentalisieren können.[948] Diese Gefahr besteht bei den an die Person des Verletzers gebundenen Überwachungspflichten nicht. Angesichts der Tendenz in der Rechtsprechung des *BGH*, die Überwachungsverpflichtungen eher auszuweiten als einzuschränken,[949] ist jedoch nicht davon auszugehen, dass die Gerichte die Filterpflicht im Sinne einer personenbezogenen Überwachung zukünftig begrenzen.

### cc) Begrenzung durch technische Realisierbarkeit

Die Zumutbarkeit von Filterverpflichtungen wird weiter begrenzt durch ihre technische Realisierbarkeit.[950] Insoweit hat auch schon der *BGH* darauf hingewiesen, dass die Grenze des Zumutbaren jedenfalls dann erreicht ist, wenn keine Merkmale vorhanden sind, die sich zur Eingabe in ein Suchsystem eignen.[951] Eine Verletzung der Überwachungspflicht scheidet daher dann aus, wenn keine geeigneten Filterverfahren zur Offenlegung von Verdachtsfällen existieren.[952] Insbesondere Filterverfahren, die zur Aufspürung beispielsweise von Fotografien an die visuelle Produktbeschreibung anknüpfen, sind nach dem heutigen technischen Stand noch nicht ausgereift.[953] So hat auch das *OLG München* den Einsatz einer Bildersuchsoftware, die beanstandete Fotografien durch den Vergleich mit Referenz-

---

[946]  Zur Vereinbarkeit der Störerhaftung mit Art. 15 Abs. 1 ECRL siehe H. II. 3. b).

[947]  Siehe dazu auch H. II. 3. b).

[948]  Vgl. *Köster/Jürgens*, MMR 2007, 639, 641.

[949]  Vgl. *Köster/Jürgens*, MMR 2007, 639, 641.

[950]  Vgl. *Fülbier*, CR 2007, 515, 519; *Jürgens*, K&R 2007, 392, 395.

[951]  *BGH*, MMR 2007, 507, 511 – Internetversteigerung II.

[952]  Vgl. *Jürgens*, K&R 2007, 392, 395.

[953]  *Jürgens*, K&R 2007, 392, 395.

bildern aufspüren soll, für unzumutbar gehalten und die Haftung eines Plattformbetreibers für gefälschte Parfüm-Flacons abgelehnt.[954] Die Darlegungs- und Beweislast für die Existenz geeigneter Filterprogramme liegt nach den allgemeinen Grundsätzen bei den Rechtsinhabern, welche eine Rechtsverletzung geltend machen.[955] Damit muss der Rechtsinhaber eine konkrete Filtersoftware benennen, die zur Offenlegung der in Rede stehenden Rechtsverletzung geeignet ist.[956] Insbesondere die Haftung des Betreibers einer Entwicklungsplattform, auf der typischerweise eine große Anzahl audio-visueller Inhalte von den Teilnehmern gespeichert werden, ist damit maßgeblich von der technischen Entwicklung geeigneter Filtersoftware abhängig. Von den Plattformbetreibern kann insofern die Beobachtung des Marktes für Filtersoftware verlangt werden.

## IV. Zusammenfassung

Die Grundsätze zur Haftung des Betreibers einer Internetauktionsplattform, die der *BGH* in seinen Internetversteigerungs-Entscheidungen aufgestellt hat, lassen sich auf die Haftung der Betreiber von Entwicklungsplattformen übertragen. Es besteht eine vergleichbare Situation, da der Betreiber einer Entwicklungsplattform ebenfalls als Host-Provider einzuordnen ist und die zum Abruf bereit gehaltenen Inhalte von den Teilnehmern eingestellt werden. Der *BGH* bleibt dabei, dass die Haftungsprivilegierung des § 10 TMG für Host-Provider keine Anwendung auf Unterlassungsansprüche findet. Soweit es um die Verletzung von Immaterialgüterrechten geht greifen somit die von der Rechtsprechung entwickelten Grundsätze zur Störerhaftung. Für den Plattformbetreiber bedeutet dies, dass, sobald er auf eine „klare" Rechtsverletzung auf der Plattform substantiiert hingewiesen worden ist, er in Zukunft dafür Sorge tragen muss, dass es nicht zu weiteren „derartigen" Rechtsverletzungen kommt. Die Überwachungspflichten beziehen sich nach der Rechtsprechung des *BGH* nicht nur auf die Inhalte des Rechtsverletzers, sondern auf alle auf der Plattform eingestellten Inhalte. Gleichzeitig dürfen die Überwachungspflichten nicht unzumutbar sein und das gesamte Geschäftsmodell in Frage stellen. Wie dies mit den vom *BGH* statuierten weitgehenden Überwachungsverpflichtungen zu vereinbaren ist, bleibt unklar. Sachgerechter wäre daher eine Überwachungsverpflichtung, welche allein auf die Person des Rechtsverletzers beschränkt ist. Die Zumutbarkeit wird weiter begrenzt durch die technische Realisierbarkeit der Filterverpflichtungen. Nur für den Fall, dass eine taugliche Fil-

---

[954]  *OLG München*, Urt. v. 21.12.2006 – 29 U 4407/06.

[955]  *OLG München*, Urt. v. 21.12.2006 – 29 U 4407/06; *LG München I*, MMR 2007, 453, 456.

[956]  *LG München I*, MMR 2007, 453, 456.

tersoftware existiert, kann dem Betreiber eine Überwachung der Inhalte zugemutet werden. Damit hängt die Haftung des Betreibers einer Entwicklungsplattform maßgeblich von der Entwicklung geeigneter Filtersoftware ab, die dazu in der Lage ist, rechtswidrige Inhalte, insbesondere visueller oder audio-visueller Art, aufzuspüren.

# I. Unternehmereigenschaft im virtuellen Raum

Die wirtschaftliche Verwertbarkeit virtueller Güter und das dadurch bedingte Entstehen neuer Absatzmärkte führen dazu, dass Onlinespiele und virtuelle Parallelwelten wie *Second Life* nicht mehr ausschließlich dem privaten Spielvergnügen dienen. Vielmehr versucht eine zunehmende Anzahl von Teilnehmern, wirtschaftlichen Nutzen aus der Teilnahme an einem Onlinespiel oder einer Entwicklungsplattform zu ziehen, indem virtuelle Gegenstände oder ganze (Spiel-)Accounts entgeltlich gehandelt werden.[957] Für Teilnehmer, die sich auf diese Art und Weise wirtschaftlich betätigen, stellt sich die Frage, wann die Schwelle vom privaten zum gewerblichen Handeln überschritten ist. Sind sie als Unternehmer im Sinne von § 14 BGB zu qualifizieren, müssen eine Reihe verbraucherschutzrechtlicher Vorschriften, insbesondere im Fernabsatz und im elektronischen Geschäftsverkehr, beachtet werden. Zudem ist der Anwendungsbereich weiterer Vorschriften eröffnet, die an die Geschäftsmäßigkeit des Handelns anknüpfen. Dazu gehören zum Beispiel die Sondergesetze zu den gewerblichen Schutzrechten oder das Wettbewerbsrecht (UWG).[958]

## I. Kriterien zur Bestimmung der Unternehmereigenschaft

In § 14 BGB findet sich die Legaldefinition des europäischen Unternehmerbegriffs.[959] Demnach ist Unternehmer jede natürliche oder juristische Person, die bei Abschluss eines Rechtsgeschäfts in Ausübung ihrer gewerblichen oder selbstständigen beruflichen Tätigkeit handelt. Der Unternehmerbegriff ist tätigkeitsbezogen, so dass es maßgeblich darauf ankommt, ob die jeweils ausgeübte Betätigung dem privaten oder aber dem beruflichen Lebensbereich des Handelnden zuzurechnen ist.[960] Die Anknüpfung an die Ausübung einer gewerblichen oder selbstständigen beruflichen Betätigung führt dazu, dass der Kreis der Unternehmer in persönlicher Hinsicht weit zu ziehen ist. Handwerker, Landwirte, Kleingewerbetreibende sowie die Angehörigen der freien Berufe können Unternehmer im Sinne von § 14 BGB sein.[961] Erfasst wird aber auch die nebenberufliche Betätigung,[962] so dass Unternehmer auch der vermeintlich im privaten Bereich Handelnde sein kann, dessen Betätigung jedoch schon als „gewerblich" zu beurteilen

---

[957] Siehe dazu B. I. 2. c), II. 2.

[958] Zum Ganzen siehe I. III.

[959] Zur europäischen Dimension des Unternehmerbegriffs *Micklitz*, in: Müko, § 14, Rn. 1.

[960] *Micklitz*, in: MüKo, § 14, Rn. 16, 17.

[961] *Palandt/Heinrichs*, § 14, Rn. 2.

[962] *Micklitz*, in: MüKo, § 14 Rn. 28; *Palandt/Heinrichs*, § 14, Rn. 2.

ist. In § 14 BGB findet sich keine Legaldefinition des gewerblichen Handelns, so dass auf den Gewerbebegriff aus § 1 Abs. 2 HGB zurückzugreifen ist.[963] Im Handelsrecht wird der Gewerbebegriff definiert als ein planvolles, auf Dauer angelegtes, selbstständiges und entgeltliches Tätigwerden, welches nach außen hervortritt.[964]

## 1. Planvolles Vorgehen

Ein planvolles Vorgehen verlangt, dass der Anbieter für eine gewisse Dauer auf dem Markt tätig ist und eine gewisse Anzahl von Geschäften mit einem Mindestmaß an organisatorischem Aufwand betreibt.[965] Unabhängig davon, ob der Teilnehmer eines Onlinespiels oder einer Entwicklungsplattform reale oder virtuelle Waren verkauft, ist ein Mindestmaß an Organisation immer dann erforderlich, wenn der Nutzer sich die Gegenstände gezielt zu dem Zweck verschafft, diese anschließend wieder zu verkaufen. So hat erstmals das *LG Hof* zur Unternehmereigenschaft des Nutzers einer Internetauktionsplattform entschieden, dass ein Nutzer planvoll vorgeht, der stetig Gegenstände ankauft, um sie über das Internet weiter zu verkaufen.[966] In Online-Rollenspielen handeln so genannte „Goldfarmer" planvoll, welche die virtuelle Umgebung eines Computerspiels rund um die Uhr systematisch nach Gold abgrasen, um dieses anschließend gegen echtes Geld auf Handelsplätzen anzubieten.[967] Keine Zweifel bestehen auch an dem planvollen Vorgehen eines Nutzers, der zum Zwecke des Weiterverkaufs umfangreich in den Erwerb virtueller Grundstücke investiert.[968] Der Privatverkäufer hingegen hat sich die Waren nicht zum Zwecke der Weiterveräußerung verschafft. Der Teilnehmer eines Onlinespiels, der im Laufe des Spiels erworbene virtuelle Gegenstände verkauft, die ihm zuvor spielerischen Nutzen gebracht haben, handelt daher nicht planvoll.

---

963  *Micklitz*, in: MüKo § 14, Rn. 18; *Staudinger/Habermann*, § 14, Rn. 33.

964  *Baumbach/Hopt/Hopt*, § 1 Rn. 12.

965  *Micklitz*, in: MüKo, § 14, Rn. 19; *Schubert*, JurPC Web-Dok. 194/2007, Abs. 11.

966  *LG Hof*, CR 2003, 854; vgl. auch *LG Berlin*, MMR 2007, 401.

967  Zum Phänomen der „Goldfarmer" vgl. *Koch*, (s. Fn. 670).

968  Vgl. den Bericht über die angeblich erste „US-Dollar-Millionärin" in *Second Life*, Anshe Chung: *Köver*, in: Zeit-Online v. 4.1.2007, „Im zweiten Leben reich geworden", im Internet: http://www.zeit.de/2007/02/Portraet-SL-Chung, (Stand: Januar 2008).

## 2. Anzahl der Geschäfte/Dauerhaftigkeit

### a) Bestehen eines wirtschaftlichen Ungleichgewichts

Der Unternehmerbegriff bedarf insofern einer Beschränkung, als dass er zusammen mit den an die Unternehmereigenschaft anknüpfenden Verbrauchergeschäften dem Ausgleich eines typisierten wirtschaftlichen Ungleichgewichts dient.[969] Dies bedeutet, dass nicht jede planvolle, entgeltliche Tätigkeit zur Bejahung einer Unternehmereigenschaft im Sinne von § 14 BGB genügt. Erforderlich ist vielmehr, dass die Betätigung ein wirtschaftliches Gewicht besitzt, welches im Regelfall bei einer planmäßigen Ausrichtung des Handelns auf eine Vielzahl von Geschäften gegeben ist.[970] Eine Unternehmereigenschaft ist daher regelmäßig dann zu verneinen, wenn nur gelegentlich Gegenstände in geringer Stückzahl veräußert werden.[971] In diesen Fällen fehlt es auch an der Dauerhaftigkeit des Marktauftritts.[972] Der Teilnehmer eines Onlinespiels, der im Spielverlauf erworbene virtuelle Gegenstände nach dem Gebrauch vereinzelt weiterverkauft, handelt demnach nicht gewerblich.

Werden dagegen eine größere Anzahl von Verkäufen innerhalb eines bestimmten Zeitraums getätigt, kann die Unternehmereigenschaft zu bejahen sein.[973] Entsprechend haben auch mehrere Gerichte zur Unternehmereigenschaft von Teilnehmern der Internetauktionsplattform *eBay*[974] entschieden, dass eine hohe Anzahl von Verkäufen in einem mehrmonatigen Zeitraum zwar nicht zwangsläufig zur Annahme der Unternehmereigenschaft führt, jedoch ein starkes Indiz für die Gewerblichkeit des Handelns darstellt.[975] Ist der Nutzer gleichzeitig Teilnehmer des „Powerseller-Programms", soll eine Unternehmereigenschaft in der Regel zu bejahen sein.[976] Da den Titel eines „Powersellers" bei *eBay* nur führen darf, wer über einen längeren Zeitraum hinweg monatlich einen Mindestumsatz von 3000 € erreicht oder 300 Verkäufe getätigt hat,[977] spricht vieles dafür, dass ein

---

[969]  *Micklitz*, in: MüKo, § 14, Rn. 19; *Schubert*, JurPC Web-Dok. 194/2007, Abs. 11.

[970]  *Micklitz*, in: MüKo, § 14, Rn. 19; *Schubert*, JurPC Web-Dok. 194/2007, Abs. 11; im Ergebnis auch *Baumbach/Hopt/Hopt*, § 1, Rn. 13.

[971]  *Micklitz*, in: MüKo, § 14, Rn. 19; vgl. auch *Canaris*, HR, § 2, Rn. 6.

[972]  Zur Dauerhaftigkeit *Baumbach/Hopt/Hopt*, § 1 Rn. 13; *Micklitz*, in: MüKo, § 14, Rn. 19.

[973]  Vgl. die Übersicht bei *Schubert*, JurPC Web-Dok. 194/2007, Abs. 15–21.

[974]  Im Internet: http://www.ebay.de (Stand: Januar 2008).

[975]  *OLG Frankfurt*, NJW 2005, 1438; *LG Mainz*, NJW 2006, 783; *LG Berlin*, MMR 2007, 401; *LG Coburg*, Urt. v. 19.10.2006, Az.: 1 HK O 32/06; vgl. auch die Übersicht bei *Schubert*, JurPC Web-Dok. 194/2007, Abs. 11.

[976]  *OLG Karlsruhe*, WRP 2006, 1038, 1040; *LG Mainz*, NJW 2006, 783.

[977]  Näher zu „eBay-Powersellern" *Szczesny/Holthusen*, K&R 2005, 302, 305.

„Powerseller" nicht nur Gegenstände aus seinem Privatvermögen verkauft, sondern zum Verkauf bestimmte Ware gezielt erworben hat.

### b) Besonderheiten beim Handel mit virtuellen Gegenständen

Schwierigkeiten bereitet die Bestimmung der Unternehmereigenschaft von Teilnehmern einer Entwicklungsplattform, wenn Nutzer meist selbst entworfene Gestaltungen im Rahmen automatisierter Verfahren, die den Erwerb eines virtuellen Gegenstandes durch einfachen „Mausklick" ermöglichen, an andere Teilnehmer veräußern. Da die Käufer regelmäßig nur eine Kopie des virtuellen Gegenstandes erhalten und der Gegenstand beliebig reproduzierbar ist, ist die Tätigkeit des Verkäufers auf den Abschluss einer unbegrenzten Anzahl von Verträgen über beliebig viele Kopien des virtuellen Gegenstandes gerichtet. Ist der virtuelle Verkaufsraum für einen längeren Zeitraum für andere Teilnehmer geöffnet, müsste daher von einem gewerblichen Handeln selbst dann ausgegangen werden, wenn es tatsächlich nur vereinzelt zum Vertragsabschluss kommt. Demnach wäre nahezu jeder Teilnehmer einer Entwicklungsplattform als Unternehmer im Sinne von § 14 BGB anzusehen, der Vervielfältigungsstücke einer virtuellen Gestaltung im Rahmen automatisierter Verfahren zum Kauf anbietet. Dieses Ergebnis ist jedoch nicht sachgerecht, wenn es tatsächlich nicht zu einer Vielzahl von Verkäufen kommt. Anders als beim Absatz realer Waren ist für den Verkauf virtueller Gegenstände in automatischen Verfahren nahezu kein organisatorischer Aufwand erforderlich, der auf ein planvolles Verhalten schließen ließe. Es müssen daher in die Beurteilung der Unternehmereigenschaft die Gesamtumstände einfließen, etwa ob der Teilnehmer noch auf andere Art und Weise wirtschaftlich tätig ist oder ob die zum Verkauf stehenden virtuellen Güter in besonderem Maße beworben werden.[978] Nur in diesem Fall kann ein wirtschaftliches Ungleichgewicht entstehen, welches die Anwendbarkeit der mit der Unternehmereigenschaft verknüpften Verbraucherschutzvorschriften rechtfertigt.

Auch wenn die Anzahl der getätigten Verkäufe ein Indiz für die Unternehmereigenschaft ist, kann im Einzelfall auch die Veräußerung einer nur geringen Stückzahl von Gegenständen ausreichen.[979] Ein gewerbliches Handeln kann daher auch dann zu bejahen sein, wenn ein Teilnehmer einige wenige, aufwendig erspielte virtuelle Charaktere veräußert, die über einen entsprechend hohen Marktwert verfügen.

---

[978] Zur Beweislast siehe I. II.

[979] *Szcesny/Holthusen*, K&R 2005, 302, 305.

## 3. Entgeltlichkeit/Gewinnerzielungsabsicht

Im Rahmen des § 14 BGB ist eine Gewinnerzielungsabsicht des Verkäufers ist nicht erforderlich, es genügt die Entgeltlichkeit der ausgeübten Betätigung.[980] Die andere Vertragspartei ist nicht weniger schutzbedürftig, wenn der Vertrapspartner nicht in der Absicht der Erzielung eines Gewinns handelt.[981] Zudem existiert kein besonderer Grund, den nur entgeltlich Handelnden in Bezug auf das Verbraucherschutzrecht zu privilegieren.[982] Hinzu kommt, dass die Unternehmereigenschaft nach objektiven Kriterien zu bestimmen ist.[983] Bei der Gewinnerzielungsabsicht handelt es sich jedoch um ein inneres Motiv, welches für den Vertragspartner, anders als die Entgeltlichkeit des Geschäfts, nicht ersichtlich ist.[984] Anknüpfungspunkt für die Bestimmung des Unternehmerbegriffs ist daher die objektiv bestimmbare Entgeltlichkeit des Rechtsgeschäfts. Diese ist beim Verkauf virtueller Gegenstände auch dann gegeben, wenn die Gegenstände mit virtueller Währung wie Gold oder Spiel-Dollar bezahlt werden, die jedoch in reale Währung umgetauscht werden kann.

## II. Beweis der Unternehmereigenschaft

Nach den allgemeinen Beweislastregeln trägt der Anspruchsteller die Darlegungs- und Beweislast für die rechtsbegründenden, der Anspruchsgegner für die rechtsvernichtenden, rechtshindernden und rechtshemmenden Tatbestandsmerkmale.[985] Demnach obliegt dem Käufer der Beweis dafür, dass es sich bei dem Verkäufer um einen Unternehmer im Sinne von § 14 BGB handelt.[986] Dieses ist dem Käufer jedoch bei Internetgeschäften oft nicht möglich, da er insbesondere für den Nachweis des planvollen Vorgehens Informationen benötigt, über die regelmäßig nur der Verkäufer selbst verfügt.[987] Der Käufer ist daher auf Beweiserleichterungen angewiesen, die

---

[980] BGHZ 167, 40, 45; *Micklitz*, in: MüKo, § 14, Rn. 22, 23; *Staudinger/Habermann*, § 14, Rn. 35; *Bauer/Kock*, DB 2002, 42, 43.

[981] *Staudinger/Habermann*, § 14, Rn. 35.

[982] *Staudinger/Habermann*, § 14, Rn. 35; *Bauer/Kock*, DB 2002, 42, 43.

[983] LG Trier, Urt. v. 8.6.2004, Az.: 1 S 87/03; *Micklitz*, in: MüKo, § 14, Rn. 22; *Staudinger/Habermann*, § 14, Rn. 35.

[984] *Staudinger/Habermann*, § 14, Rn. 35.

[985] BGH, NJW 1991, 1052, 1053; *Zöller/Greger*, Vor § 284, Rn. 17.

[986] *Bamberger/Roth/Schmidt-Räntsch*, § 14, Rn. 16.

[987] Vgl. *Bamberger/Roth/Schmidt-Räntsch*, § 14, Rn. 16.

ihm nach den Grundsätzen zum Beweis des ersten Anscheins („prima-facie-Beweis") zu gewähren sind.[988]

Der gewohnheitsrechtlich anerkannte Anscheinsbeweis beruht auf dem Umstand, dass die allgemeine Lebenserfahrung Vorgänge kennt, die so häufig und typisch sind, dass bei ihrem Vorliegen auf eine bestimmte Folge oder Ursache geschlossen werden kann.[989] Der erste Anschein begründet eine tatsächliche Vermutung, die durch denjenigen, der den ersten Anschein gegen sich hat, erschüttert werden muss.[990] Gelingt dieses, finden wieder die allgemeinen Beweislastregelen Anwendung.[991] Der Käufer muss demnach Umstände darlegen und gegebenenfalls auch beweisen, von denen nach allgemeinen Erfahrungsgrundsätzen der Rückschluss auf die Unternehmereigenschaft des Verkäufers gerechtfertigt ist.[992] Zu diesen Umständen gehört beim Online-Verkauf realer Ware die Anzahl der bisher getätigten Verkäufe, die Dauer der Verkaufstätigkeit, die Angebotspräsentation, ob es sich um Neu- oder Gebrauchtware handelt, die Herkunft der Ware, die Verwendung von AGB oder die Teilnahme an „Powerseller-Programmen".[993]

Diese Kriterien lassen sich nur zum Teil auf den Verkauf virtueller Waren übertragen. Eine Neu- oder Gebrauchtware gibt es bei virtuellen Gegenständen nicht, da sich diese nicht wie eine körperliche Sache abnutzen können.[994] Auch die Herkunft der Ware spielt bei virtuellen Gütern, soweit sie beliebig reproduzierbar sind, keine Rolle. Aus der Art der Angebotspräsentation lassen sich jedoch durchaus Rückschlüsse auf die Unternehmereigenschaft des Verkäufers ziehen. Bietet dieser beispielsweise in einem professionell gestalteten, virtuellen Kaufhaus eine Vielzahl virtueller Gegenstände zum Kauf an, kann dies als Indiz für eine Unternehmereigenschaft gewertet werden. Auch beim Verkauf „virtueller Massenware" wie etwa Kleidung für Avatare oder Spielgold, für die ein großer Abnehmerkreis vorhanden ist, liegt die Annahme der Unternehmereigenschaft nahe.

Der Verkäufer kann den Beweis des ersten Anscheins erschüttern, indem er darlegt und beweist, dass er die verkauften Gegenstände zur privaten Nutzung und nicht zum Zwecke des Verkaufs erworben hat. Wer auf

---

988  *LG Mainz*, NJW 2006, 783; *Bamberger/Roth/Schmidt-Räntsch*, § 14, Rn. 16; *Mankowski*, VuR 2004, 79, 80, 81; kritisch *Szcesny/Holthusen*, K&R 2005, 302, 304.

989  BGH, NJW 1986, 2829, 2831, 2832; *Schellhammer*, Zivilprozess, Rn. 404; *Zöller/Greger*, § 284, Rn. 29.

990  *Schellhammer*, Zivilprozess, Rn. 404.

991  BGH, NJW 1960, 99; *Schellhammer*, Zivilprozess, Rn. 404.

992  *Bamberger/Roth/Schmidt-Räntsch*, § 14, Rn. 16.

993  Vgl. *LG Mainz*, NJW 2006, 783; *Bamberger/Roth/Schmidt-Räntsch*, § 14, Rn. 16; übersichtlich *Szcesny/Holthusen*, K&R 2005, 302, 303 ff.

994  Ebenso gibt es keine „gebrauchte" Software, vgl. *Sosnitza*, K&R 2006, 206.

Entwicklungsplattformen unter Zuhilfenahme automatisierter Verfahren virtuelle Gegenstände verkauft,[995] muss darlegen und beweisen, dass es tatsächlich nur gelegentlich und vereinzelt zum Verkaufsabschluss gekommen ist. Da sich über die Grundsätze zum Beweis des ersten Anscheins im Einzelfall sachgerechte Ergebnisse erzielen lassen, ist die Annahme einer Beweislastumkehr, wie sie das *OLG Koblenz* etwa bei *„eBay*-Powersellern" für erforderlich gehalten hat,[996] nicht geboten.[997]

### III. Konsequenzen aus der Unternehmereigenschaft

### 1. Besondere Regelungen für Verbrauchergeschäfte, §§ 312b ff. BGB

Im BGB knüpfen eine Vielzahl von Vorschriften an den Unternehmerbegriff an, wenn es um Verbrauchergeschäfte, das heißt Verträge zwischen einem Unternehmer (§ 14 BGB) und einem Verbraucher (§ 13 BGB) geht.[998] Für Teilnehmer von Onlinespielen oder Entwicklungsplattformen, die als Unternehmer Verträge über das Internet abschließen, sind insbesondere die Bestimmungen über Fernabsatzverträge und die im elektronischen Geschäftsverkehr geschlossene Verträge nach § 312b ff. BGB von Bedeutung.

#### a) Informationsverpflichtungen im Fernabsatz

Nach § 312c BGB i.V.m. § 1 BGB InfoV treffen den Verkäufer umfangreiche vor- und nachvertragliche Informationsverpflichtungen. So muss der Unternehmer den Verbraucher nach § 312c Abs. 1 BGB i.V.m. § 1 BGB InfoV noch vor Vertragsschluss „klar und verständlich" etwa auf seine Identität, eine ladungsfähige Anschrift, wesentliche Merkmale der Ware, Preis der Ware und Lieferkosten sowie das Bestehen oder Nichtbestehen eines Widerrufsrechts hinweisen. Nach § 312c Abs. 2 S. 1 Nr. 2 BGB sind die Informationen dem Verbraucher zudem spätestens bis zur Lieferung der Ware zusätzlich in Textform (§ 126 BGB) mitzuteilen.

Eine Besonderheit besteht dann, wenn virtuelle Gegenstände Vertragsgegenstand sind. Da die Übertragung virtueller Gegenstände unmittelbar über das Internet erfolgt, indem der Gegenstand online in das virtuelle Besitzverzeichnis des Erwerbers wechselt, greift die Ausnahmeregelung des

---

[995] Siehe dazu auch F. I. 1. a).

[996] *OLG Koblenz*, NJW 2006, 1438.

[997] *Bamberger/Roth/Schmidt-Ränsch*, § 14, Rn. 16.

[998] Vgl. §§ 241a, 310, 312, 312b-e, 355-359, 474, 478, 479, 481, 482, 484, 485, 486, 491, 499, 500-505, 655a-c, 661a, 676g BGB.

§ 312c Abs. 3 S. 1 BGB.[999] Demnach entfällt die nachvertragliche Informationspflicht in Textform, wenn der Vertrag ausschließlich über ein Fernkommunikationsmittel abgewickelt wird, da ansonsten eine gesonderte Information nur mit unzumutbarem Aufwand zu bewerkstelligen wäre.[1000] Erforderlich ist zudem, dass die Abrechnung der Leistung über den Betreiber der Fernkommunikationsmittel erfolgt, § 312c Abs. 3 S. 1 BGB. Davon erfasst werden etwa telefonische Ansagedienste,[1001] bei denen das Entgelt über die Netzbetreiber eingezogen wird, so dass kein weiterer Kontakt zwischen den Vertragsparteien zur Vertragsabwicklung erforderlich ist. Vergleichbar ist die Situation beim Kauf eines virtuellen Gegenstandes, wenn einhergehend mit der Übertragung des Gegenstandes dem Veräußerer das Entgelt in Form von virtueller Währung auf seinem Spielkonto gutgeschrieben wird. Auch dann wird der gesamte Vertrag einschließlich der Abrechnung über Fernkommunikationsmittel abgewickelt, so dass die Ausnahmeregelung des § 312c Abs. 3 S. 1 BGB greift. Es muss jedoch sichergestellt werden, dass der Käufer sich über die Anschrift der Niederlassung des Unternehmers informieren kann, um Beschwerden vorbringen zu können, § 312 Abs. 3 S. 2 BGB.

## b) Besondere Verpflichtungen im Elektronischen Geschäftsverkehr

Nach § 312e BGB treffen den Unternehmer weitere Verpflichtungen, wenn er sich bei Vertragsabschluss eines Telemediendienstes bedient.[1002] Der Telemediendienst muss dem Abschluss von Verträgen dienen und dem Kunden die Möglichkeit zur Abgabe elektronischer Bestellungen gewähren.[1003] Dies ist zum Beispiel dann der Fall, wenn virtuelle Gegenstände oder reale Güter auf Online-Marktplätzen oder in virtuellen Verkaufsräumen einer Entwicklungsplattform durch einfachen „Mausklick" oder über spezielle Eingabefenster erworben werden können. Neben weiteren Informationsverpflichtungen nach § 312e Abs. 1 S. 1 Nr. 2 BGB i.V.m. § 3 BGB InfoV, etwa über die Schritte, die zu einem Vertragsschluss führen, muss der Verkäufer dem Verbraucher die Möglichkeit geben, vor Vertragsabschluss Eingabefehler erkennen und berichtigen (§ 312e Abs. 1 S. 1 Nr. 1 BGB) sowie die Vertragsbedingungen abrufen und speichern zu können (§ 312e Abs. 1 S. 1 Nr. 4 BGB). Der Verkauf virtueller Gegenstände durch einfachen „Mausklick" ist dem gewerblichen Teilnehmer damit nicht mehr möglich. Vielmehr müssen die entsprechenden Informationen gegeben und Eingabefenster zur Korrektur der Bestellung vorgehalten werden. Nach § 312e

---

999  Zum weiten Dienstleistungsbegriff siehe I. III. 1. c) bb).

1000  *Bamberger/Roth/Schmidt-Räntsch*, § 312c, Rn. 36.

1001  *Palandt/Grüneberg*, § 312c, Rn. 10.

1002  Zum Begriff des Telemediendienstes siehe I. III. 2. a).

1003  *Bamberger/Roth/Schmidt-Räntsch*, § 312e, Rn. 13.

Abs. 3 BGB bleiben zudem weitergehende Informationsverpflichtungen unberührt. Dazu gehören insbesondere die Informationsverpflichtungen aus § 312c i.V.m. § 1 BGB InfoV.[1004] Den gewerblich handelnden Teilnehmer eines Onlinespiels oder einer Entwicklungsplattform treffen somit auch beim Handel mit virtuellen Gegenständen umfangreiche (Informations-) Verpflichtungen zum Schutz der Verbraucher.

### c) Widerrufsrecht

Nach § 312d Abs. 1 S. 1 BGB i.V.m. § 355 BGB steht dem Verbraucher bei Fernabsatzverträgen ein Widerrufsrecht zu. Der Widerruf kann ohne Angabe von Gründen in Textform oder durch Rücksendung der Sache innerhalb einer Frist von zwei Wochen erklärt werden, § 355 Abs. 1 S. 2 BGB. Der Fristbeginn setzt eine ordnungsgemäße Belehrung seitens des Unternehmers voraus (§ 355 Abs. 2 BGB) und beginnt bei der Lieferung von Waren nicht vor dem Erhalt der Ware (§ 355 Abs. 3 S. 2 BGB).

### aa) Ausschluss des Widerrufsrechts beim Kauf virtueller Gegenstände

Ist Vertragsgegenstand ein virtueller Gegenstand, kommt ein Ausschluss des Widerrufsrechts nach § 312d Abs. 4 Nr. 1 Alt. 3 BGB in Betracht. Demnach besteht das Widerrufsrecht nicht, wenn die Ware auf Grund ihrer Beschaffenheit nicht für eine Rücksendung geeignet ist. Von dem Ausnahmetatbestand werden Waren erfasst, deren Rücksendung für den Unternehmer unzumutbar ist, da sich der Verbraucher den wirtschaftlichen Wert der Ware innerhalb der Widerrufsfrist zuführen konnte und nicht gewährleistet ist, dass der Verbraucher nach der Rücksendung nicht mehr von der Leistung profitieren kann.[1005] Dazu gehören nach zutreffender Ansicht in der Literatur auch durch Download übertragene Daten wie Computerprogramme, Bücher in Dateiform oder Bilddateien, da der Verbraucher die gespeicherten Daten noch nach Ausübung des Widerrufsrechts nutzen könnte.[1006] Angeführt wird auch, dass der Verbraucher die Daten nach der Speicherung nicht „rückstandslos"[1007] zurückgeben, sondern nur rückstandsfrei löschen kann.[1008] Entsprechend dieser Grundsätze gilt der Ausschluss des Widerrufsrechts nach § 312d Abs. 4 Nr. 1 Alt. 3 BGB auch für virtuelle Ge-

---

[1004] *Bamberger/Roth/Schmidt-Räntsch*, § 312e, Rn. 28.

[1005] *Wendehorst*, in: MüKo, § 312d, Rn. 27; *Lorenz*, JuS 2000, 833, 839.

[1006] *Bamberger/Roth/Schmidt-Räntsch*, § 312d, Rn. 36; *Härting*, FernAbsG, § 3, Rn. 74; *Wendehorst*, in: MüKo, § 312d, Rn. 27; *Lorenz*, JuS 2000, 833, 839; a.A. *Erman/Saenger*, § 312d Rn. 23.

[1007] Vgl. RegE, BT-Drucks. 14/2658, S. 44.

[1008] *Bamberger/Roth/Schmidt-Räntsch*, § 312d, Rn. 36; *Härting*, FernAbsG, § 3 Rn. 74.

genstände, wenn ein Verbraucher – wie meist bei Entwicklungsplattformen – im Wege des Datendownloads eine Kopie des virtuellen Gegenstandes erwirbt. Denn in diesem Fall ist nicht gewährleistet, dass der Verbraucher den virtuellen Gegenstand nach dem Widerruf des Vertrages nicht weiterhin nutzt. Zudem ist wie bei anderen Daten auch eine rückstandslose Rückgabe des virtuellen Gegenstandes nicht möglich.

Der Ausnahmetatbestand des § 312d Abs. 4 Nr. 1 Alt. 3 BGB findet hingegen keine Anwendung auf Verträge über virtuelle Gegenstände eines Onlinespiels, wenn es im Zuge des Erwerbs nicht zu einer Speicherung der zum virtuellen Gegenstand gehörigen Daten auf der Festplatte des Erwerbers, sondern nur zu einer Änderung der Nutzungsmöglichkeit im Spiel kommt.[1009] Wechselt der virtuelle Gegenstand lediglich in das virtuelle Besitzverzeichnis des Erwerbers, kann er den Gegenstand nach Ausübung seines Widerrufsrechts wieder vollständig an den Verkäufer zurückgegeben, ohne dass ein Rest an Nutzungsmöglichkeit beim Widerrufenden verbleibt. Es handelt sich dann bei den virtuellen Gegenständen um Ware, die aufgrund ihrer Beschaffenheit nicht für eine Rücksendung geeignet ist.

### bb) Erlöschen des Widerrufsrechts beim Kauf virtueller Gegenstände

Das Widerrufsrecht ist aber nach Maßgabe des § 312d Abs. 3 Nr. 2 Alt. 2 BGB ausgeschlossen, sobald der Teilnehmer eines Onlinespiels den Wechsel des virtuellen Gegenstandes in sein Besitzverzeichnis veranlasst. Nach § 312d Abs. 3 Nr. 2 Alt. 2 BGB erlischt das Widerrufsrecht bei Verträgen über die Erbringung von „sonstigen Dienstleistungen", wenn der Verbraucher die Dienstleistung vor Ablauf der Widerrufsfrist selbst veranlasst hat. Zu den Verträgen über die Erbringung von „sonstigen Dienstleistungen" gehören auch die Gebrauchsüberlassungsverträge, da der bereits ausgeübte Gebrauch oder die bloße Gebrauchsmöglichkeit – anders als eine gelieferte Ware – ihrer Beschaffenheit nach nicht zurückgewährt werden kann.[1010] Auch beim Vertrag über virtuelle Gegenstände eines Onlinespiels erlangt der Erwerber keine umfassende Herrschaftsgewalt über den Gegenstand, sondern nur die Möglichkeit, diesen zeitlich befristet in der vom Spielbetreiber vorgegebenen virtuellen Spielumgebung tatsächlich nutzen zu können.[1011] Dies rechtfertigt es, die Übertragung und Nutzung des virtuellen Gegenstandes nicht als „Lieferung von Ware",[1012] sondern als „sonstige Dienstleistung" im Sinne von § 312d Abs. 3 Nr. 2 BGB anzusehen. Auf diese Weise kann auch verhindert werden, dass Spieler sich seltene Ausrüs-

---

[1009] Siehe dazu E. I. 1. a).

[1010] *Wendehorst*, in: MüKo, § 312b, Rn. 34.

[1011] Siehe dazu E. II. 2. b) aa).

[1012] Vgl. §§ 312d Abs. 1 S. 2, 312d Abs. 2, § 312d Abs. 4 Nr. 1, 6 BGB.

tungsgegenstände kaufen, diese nur kurz in der virtuellen Welt zur Erreichung des nächsten Spiellevels verwenden und anschließend wieder an den Verkäufer zurückzugeben. Weitere Voraussetzung für das Erlöschen des Widerrufsrechts ist, dass der Verbraucher die Dienstleistung selbst, das heißt einseitig und auf eigene Initiative, veranlasst hat.[1013] Davon ist auszugehen, wenn der Teilnehmer durch eine entsprechende Befehlseingabe den Wechsel des virtuellen Gegenstandes in sein Besitzverzeichnis initiiert hat.[1014] Das Widerrufsrecht erlischt in diesem Fall.

Im Ergebnis steht weder dem Teilnehmer eines Onlinespiels noch einer Entwicklungsplattform ein Widerrufsrecht beim Kauf virtueller Gegenstände zu.

### d) Besondere Gewährleistungsvorschriften

Die besonderen Bestimmungen zum Verbrauchsgüterkauf nach §§ 474 ff. BGB finden keine Anwendung auf den Verkauf virtueller Gegenstände. Nach § 474 Abs. 1 S. 1 BGB muss Vertragsgegenstand eine bewegliche Sache im Sinne von § 90 BGB sein.[1015] Da virtuelle Gegenstände jedoch keine Sachen sind[1016] und eine dem § 453 Abs. 1 BGB vergleichbare Regelung fehlt, kommen die Vorschriften nur zur Anwendung, soweit etwa auf Entwicklungsplattformen reale Güter verkauft werden.

### 2. Kennzeichnungspflichten nach TMG

### a) Anwendbarkeit des TMG auf Nutzer einer Entwicklungsplattform

Das Telemediengesetz (TMG), welches im März 2007 in Kraft getreten ist, vereint das Teledienstegesetz (TDG), den Mediendienstestaatsvertrag (MDStV) und das Teledienstedatenschutzgesetz (TDDSG) in einem einheitlichen Regelwerk.[1017] Es findet nach § 1 Abs. 1 TMG Anwendung auf elektronische Informations- und Kommunikationsdienste mit Ausnahme von Telekommunikationsdiensten nach § 3 Nr. 24, 25 TKG sowie des Rundfunks nach § 2 des Rundfunkstaatsvertrages.[1018] Demnach werden alle Online-Dienste erfasst, die digitale Dateien mit Texten, Bildern oder Tönen im

---

1013 *Wendehorst*, in: MüKo, § 312d, Rn. 60.

1014 Zum eigenständigen Herunterladen angeforderten Datenmaterials vgl. *Wendehorst*, in: MüKo, § 312d, Rn. 60.

1015 *S. Lorenz*, in: MüKo, § 474, Rn. 10; *Palandt/Putzo*, § 474, Rn. 3.

1016 Siehe dazu D. I. 2. b) aa).

1017 Vgl. die Übersichten bei *Hoeren*, NJW 2007, 801 ff.; *Hoeren*, Internetrecht, Rn. 696.

1018 Zum Begriff des Telemediendienstes *Hoeren*, NJW 2007, 801, 802, 803.

Internet zugänglich und nutzbar machen.[1019] Die noch im TDG und MDStV vorgenommene Unterscheidung zwischen Tele- und Mediendiensten ist im TMG hingegen aufgehoben.[1020] Auch der Teilnehmer einer Entwicklungsplattform, der auf seiner Webpräsenz Inhalte zum interaktiven Abruf für andere Teilnehmer bereithält, ist als Diensteanbieter im Sinne von § 1 Abs. 1 TMG einzuordnen.[1021]

### b) Allgemeine Informationsverpflichtungen, § 5 Abs. 1 TMG

Nach § 5 Abs. 1 TMG bestehen Informationspflichten für „geschäftsmäßige, in der Regel gegen Entgelt angebotene" Telemedien. Die Verpflichtung zur Information bestand schon nach § 6 TDG a.F. für die Anbieter „geschäftsmäßiger" Angebote. Von dem nicht näher definierten Begriff der Geschäftsmäßigkeit wurde eine auf Dauer ausgerichtete, von der Absicht zur Gewinnerzielung unabhängige Aktivität erfasst.[1022] Durch die ausdrückliche Bezugnahme auf „in der Regel gegen Entgelt angebotene" Telemedien in § 5 Abs. 1 TMG, stellt der Gesetzgeber unter Bezugnahme auf die Vorgaben in der ECRL[1023] nunmehr klar, dass Telemedien, die nicht zu wirtschaftlichen Zwecken angeboten werden, nicht den Informationsverpflichtungen unterliegen.[1024] Als Beispiele werden in der Gesetzesbegründung rein privaten Zwecken dienende Homepages oder Informationsangebote von Idealvereinen genannt.[1025] Die Entgeltlichkeit des Dienstes erfasst aber nicht nur kostenpflichtige Angebote, sondern auch indirekte wirtschaftliche Einnahmen wie etwa die Schaltung von Werbeanzeigen zur Finanzierung des Internetauftritts.[1026] Damit können auch keine Zweifel daran bestehen, dass der Teilnehmer einer Entwicklungsplattform, der aufgrund seiner wirtschaftlichen Betätigung als Unternehmer im Sinne von § 14 BGB zu qualifizieren ist, den Informationsverpflichtungen aus § 5 Abs. 1 TMG unterliegt. Liegt demnach ein „geschäftsmäßiger, in der Regel gegen Entgelt angebotener" Dienst vor, muss der Teilnehmer seinen Namen und eine ladungsfähige Anschrift nennen sowie Angaben zur Ermöglichung einer schnellen elektronischen Kontaktaufnahme und unmittelbaren Kommuni-

---

[1019] Vgl. Onlinebroschüre des Bundesministeriums für Familie, Senioren, Frauen und Jugend „Jugendschutzgesetz und Jugendmedienschutz-Staatsvertrag der Länder", S. 68, im Internet: http://www.bmfsfj.de/Kategorien/Publikationen/Publikationen,did=128 62.html, (Stand: Januar 2008).

[1020] *Hoeren*, NJW 2007, 801, 802.

[1021] *Klickermann*, MMR 2007, 766, 769.

[1022] *Hoeren*, NJW 2007, 801, 803; *Ott*, MMR 2007, 354.

[1023] E-Commerce-Richtlinie 2000/31/EG.

[1024] *Ott*, MMR 2007, 354, 355.

[1025] Vgl. BT-Drs. 16/3078, S. 14.

[1026] *Ott*, MMR 2007, 354, 355; *Spindler*, CR 2007, 239, 245.

kation machen, § 5 Abs. 1 Nr. 1, 2 TMG. Die Angaben müssen „leicht erkennbar, unmittelbar erreichbar und ständig verfügbar" sein, § 5 Abs. 1 TMG. „Leicht erkennbar" sind die Informationen dann, wenn sie für den Nutzer einfach und effektiv optisch wahrnehmbar sind.[1027] „Unmittelbar erreichbar" sind die Angaben, wenn die Informationen ohne größere Zwischenschritte abrufbar sind.[1028] Für den Teilnehmer einer Entwicklungsplattform bietet es sich daher an, wie bei einer herkömmlichen Webseite einen gut sichtbaren Hyperlink mit der Bezeichnung „Kontakt" oder „Impressum"[1029] in seine Webpräsenz aufzunehmen, nach dessen Betätigung die erforderlichen Informationen spätestens auf der zweiten Ebene[1030] für die anderen Teilnehmer sichtbar werden.[1031] Der Link sollte so angeordnet sein, dass der Nutzer die erforderlichen Informationen abrufen kann, sobald er das virtuelle Grundstück betritt. Der Informationsverpflichtung ist nicht genüge getan, wenn die Angaben erst aufwendig gesucht werden müssen. Die Angaben müssen zudem „ständig" – das heißt rund um die Uhr – verfügbar sein.[1032]

## 3. Beachtung gewerblicher Schutzrechte und des Wettbewerbsrechts

Der Unternehmer im Sinne von § 14 BGB muss eine Reihe weiterer Vorschriften beachten, die an die Gewerbs- oder Geschäftsmäßigkeit des Handelns anknüpfen.[1033]

So gewährt beispielsweise das Markenrecht generell gegenüber „im geschäftlichen Verkehr" vorgenommene Handlungen Kennzeichenschutz.[1034] Die Rechtsprechung geht von einem weiten Begriff des „geschäftlichen Verkehrs" aus und lässt es ausreichen, wenn ein Zeichen im Zusammenhang mit einer auf einen wirtschaftlichen Vorteil gerichteten kommerziellen Tätigkeit und nicht im privaten Bereich benutzt wird.[1035] Bei der Frage, ob der Nutzer einer Internetauktionsplattform im geschäftlichen Verkehr handelt, wendet der *BGH* die gleichen Kriterien an, die auch zur Bestimmung der Unternehmereigenschaft nach § 14 BGB heranzuziehen sind.[1036] Der

---

[1027] *OLG München*, MMR 2004, 321, 322; *Spindler/Schmitz/Geis/Spindler*, § 6 Rn. 12.

[1028] *Spindler/Schmitz/Geis/Spindler*, § 6 Rn. 17.

[1029] Vgl. *BGH*, NJW 2006, 3633, 3634 f.

[1030] Vgl. *BGH*, NJW 2006, 3633, 3635.

[1031] Zur Information auf herkömmlichen Webseiten *Spindler/Schmitz/Geis/Spindler*, § 6 Rn. 14.

[1032] *Spindler/Schmitz/Geis/Spindler*, § 6 Rn. 21.

[1033] Vgl. die Übersicht bei *Schubert*, JurPC Web-Dok. 194/2007, Abs. 6–10.

[1034] *Ingerl/Rohnke*, MarkenG, § 14 Rn. 45.

[1035] *BGH*, K&R 2007, 387, 389 – Internet-Versteigerung II.

[1036] Vgl. *BGH*, K&R 2007, 387, 389 – Internet-Versteigerung II; siehe auch *Schubert*, JurPC Web-Dok. 194/2007, Abs. 7, 8.

gewerblich handelnde Teilnehmer, der im Rahmen seiner Absatztätigkeit geschützte Kennzeichen verwendet, beispielsweise durch den Verkauf nachgeahmter virtueller Turnschuhe mit den „Adidas-Streifen", kann damit eine Markenrechtsverletzung begehen. Auch Rechte aus einem Geschmacksmuster können gegenüber Handlungen geltend gemacht werden, die zu gewerblichen Zwecken vorgenommen werden, § 40 Nr. 1 GeschmMG.[1037] Im Wettbewerbsrecht (UWG) wird zur Bestimmung des wettbewerbsrechtlichen Unternehmerbegriffs in § 2 Abs. 2 UWG ausdrücklich auf § 14 BGB verwiesen,[1038] so dass der inländische Teilnehmer einer Entwicklungsplattform seine Webpräsenz nach dem Herkunftslandprinzip[1039] an deutschem Wettbewerbsrecht messen lassen muss.

## IV. Zusammenfassung

Der Teilnehmer eines Onlinespiels oder einer Entwicklungsplattform kann als Unternehmer im Sinne von § 14 BGB zu qualifizieren sein, wenn er sich virtuelle Gegenstände (oder reale Waren) zum Zwecke des Weiterverkaufs verschafft und diese in größerer Anzahl entgeltlich vertreibt. Die Unternehmereigenschaft des Verkäufers ist vom Käufer zu beweisen. Ihm sind jedoch Beweiserleichterungen nach den Grundsätzen zum Beweis des ersten Anscheins zu gewähren. Als Unternehmer treffen den Teilnehmer beim Verkauf virtueller Gegenstände besondere fernabsatzrechtliche Informationsverpflichtungen sowie besondere Verpflichtungen im Elektronischen Geschäftsverkehr, § 312c BGB i.V.m. § 1 BGB InfoV, § 312e BGB. Es gilt insofern nichts anderes als für den Unternehmer, der mit realen Waren handelt. Zur Gewährung eines Widerrufsrechts ist der Verkäufer eines virtuellen Gegenstandes aufgrund der Besonderheiten digitaler Datenübertragung jedoch nicht verpflichtet. Es greifen die Ausnahmetatbestände der §§ 312d Abs. 4 Nr. 1 Alt. 3, 312d Abs. 3 Nr. 2 Alt. 2 BGB. Darüber hinaus hat der Unternehmer gewerbliche Schutzrechte Dritter sowie das Wettbewerbsrecht (UWG) zu beachten.

---

[1037] Vgl. auch § 11 Nr. 1 PatG.

[1038] Vgl. aber die Änderungen durch die Richtlinie über unlautere Geschäftspraktiken, RL 2005/29/EG v. 11. Mai 2005, insb. Art. 2b.

[1039] Siehe dazu K. VI.

# J. Virtuelle Gegenstände in der Zwangsvollstreckung

## I. Gegenstand der Pfändung

Für den Gläubiger, der wegen einer Geldforderung in virtuelle Gegenstände des Vollstreckungsschuldners vollstrecken möchte, stellt sich die Frage des richtigen Pfändungsgegenstandes. Neben der Vollstreckung in Sachen (§§ 808–827 ZPO), Geldforderungen (§§ 829, 830 ZPO) oder Herausgabeansprüche (§§ 846–849 ZPO) kann nach § 857 Abs. 1 ZPO in „andere Vermögensrechte" vollstreckt werden, soweit sie nicht unbewegliches Vermögen (§§ 864, 865 ZPO) darstellen. Als Vermögensrechte im Sinne von § 857 Abs. 1 ZPO sind Rechte aller Art anzusehen, die einen Vermögenswert derart verkörpern, dass die Verwertung des gepfändeten Gegenstandes zur Befriedigung des Geldanspruchs des Gläubigers führen kann.[1040]

## 1. Virtueller Gegenstand als solcher

Ein virtueller Gegenstand als solcher ist kein „anderes Vermögensrecht" im Sinne von § 857 Abs. 1 ZPO. An anderer Stelle[1041] ist bereits dargelegt worden, dass virtuelle Gegenstände als bloße Immaterialgüter zu qualifizieren sind, an denen der Teilnehmer eines Onlinespiels oder einer Entwicklungsplattform kein Immaterialgüterrecht *sui generis* erwirbt, welches als (absolutes) „Recht" im Sinne von § 857 Abs. 1 ZPO eingeordnet werden könnte. Nur für den Fall, dass andere Immaterialgüterrechte wie zum Beispiel Marken- oder Urheberrechte an dem virtuellen Gegenstand bestehen, unterliegen diese Rechte – nicht hingegen der virtuelle Gegenstand an sich – nach § 857 Abs. 1 ZPO der Zwangsvollstreckung.[1042]

## 2. Schuldrechtliche Beziehungen zum (Spiel-)Betreiber

Gegenstand der Pfändung nach § 857 Abs. 1 ZPO können jedoch die Gesamtheit der auf dem mietvertraglich geprägten Dauerschuldverhältnis gründenden schuldrechtlichen Ansprüche des Teilnehmers gegenüber dem

---

[1040] *BGH*, GRUR 2005, 969, 970 – Domain-Pfändung, mit Anm. *Hartig*, GRUR 2006, 299 ff.; *Zöller/Stöber*, § 857, Rn. 2.

[1041] Siehe hierzu D.

[1042] Zur Einordnung von Immaterialgüterrechten als „sonstige Vermögensrechte" im Sinne von § 857 Abs. 1 ZPO vgl. *Zöller/Stöber*, § 857, Rn. 7 ff.

Plattformbetreiber sein.[1043] Dazu gehören die Ansprüche auf Gebrauchsüberlassung nach § 535 Abs. 1 S. 1 BGB sowie auf Speicherung und Pflege von Spielständen und Nutzerprofilen.[1044] Entsprechend hat der *BGH* zur Pfändbarkeit einer Internetdomain entschieden.[1045] Zwar komme der Domain keine mit einem Patent-, Marken- oder Urheberrecht vergleichbare ausschließliche Stellung zu, so dass sie kein „anderes Vermögensrecht" im Sinne von § 857 Abs. 1 ZPO darstellen könne, pfändbar sei jedoch die Gesamtheit der gegenüber der Vergabestelle „DENIC"[1046] bestehenden schuldrechtlichen Ansprüche des Domaininhabers.[1047] Gleiches gilt für die Rechtsbeziehungen des Teilnehmers eines Onlinespiels oder einer Entwicklungsplattform zum (Spiel-)Betreiber.

## II. Unpfändbarkeit nach § 851 ZPO

Über die Verweisung in § 857 Abs. 1 ZPO finden die für die Forderungspfändung geltenden Vorschriften nach §§ 828 ff. ZPO auf „andere Vermögensrechte" entsprechend Anwendung.[1048] Eine Unpfändbarkeit aus materiellem Recht ordnet § 851 ZPO an.[1049]

### 1. Unpfändbarkeit nach § 851 Abs. 1 ZPO

Nach § 857 Abs. 1 ZPO in Verbindung mit § 851 Abs. 1 ZPO sind „andere Vermögensrechte" der Pfändung nur insoweit unterworfen, als sie übertragbar sind. Von § 851 Abs. 1 ZPO erfasst wird die Unübertragbarkeit kraft gesetzlicher Vorschrift.[1050] Damit stellt sich die Frage, ob die Rechtsbeziehungen des Teilnehmers zum (Spiel-)Betreiber, als Gegenstand der Pfändung, übertragbar im Sinne von § 851 Abs. 1 ZPO sind oder ob eine gesetzliche Vorschrift die Übertragbarkeit verhindert.

Einer Übertragbarkeit des gegenüber dem Spielbetreiber bestehenden Anspruchs auf Nutzung der virtuellen Umgebung könnte die gesetzliche

---

[1043] Ähnlich die Pfändung einer Internet-Domain, vgl. *BGH*, GRUR 2005, 969, 970 – Domain-Pfändung.

[1044] Siehe dazu F. II. 1.

[1045] *BGH*, GRUR 2005, 969, 970 – Domain-Pfändung.

[1046] *Deutsches Network Information Center*, im Internet: http://www.denic.de, (Stand: Januar 2008).

[1047] *BGH*, GRUR 2005, 969, 970 – Domain-Pfändung.

[1048] Vgl. *Smid*, in: MüKo, § 857 Rn. 1, 2.

[1049] *Lackmann*, ZVR, Rn. 354.

[1050] *Zöller/Stöber*, § 851, Rn. 1; *Lackmann*, ZVR, Rn. 355.

Vorschrift des § 540 Abs. 1 S. 1 BGB entgegenstehen. Demnach kann das aus einem Mietvertrag folgende persönliche Nutzungsrecht an der Mietsache einem Dritten nur mit Erlaubnis des Vermieters überlassen werden. Daraus folgt nach überwiegender Ansicht, dass ein Miet- oder Pachtrecht nach §§ 851 Abs. 1, 857 Abs. 1 ZPO unpfändbar ist, wenn nicht der Vermieter die Überlassung des Gebrauchs an Dritte vertraglich gestattet hat.[1051] Hält man aufgrund der mietvertraglichen Qualifikation des zwischen Betreiber und Teilnehmer bestehenden Rechtsverhältnisses[1052] § 540 Abs. 1 S. 1 BGB auf dieses für anwendbar, hat dies zur Konsequenz, dass das Nutzungsrecht nur bei einer entsprechenden vertraglichen Gestattung durch den (Spiel-)Betreiber übertragbar ist. Da die meisten Betreiber es den Teilnehmern jedoch nicht erlauben, den Spiel-Account einem Dritten zu überlassen, hätte dies die Unpfändbarkeit der schuldrechtlichen Beziehungen nach §§ 851 Abs. 1, 857 Abs. 1 ZPO zur Folge.

Auch wenn § 540 Abs. 1 S. 1 BGB für Mietverhältnisse jeder Art gilt,[1053] spricht mehr dafür, die Anwendbarkeit der Vorschrift auf Verträge zwischen (Spiel-)Betreiber und Teilnehmer zu verneinen und damit die Pfändbarkeit nicht am Ausschlussgrund des § 851 Abs. 1 ZPO scheitern zu lassen. Die Vorschrift des § 540 Abs. 1 S. 1 BGB beruht auf dem Gedanken, dass es für den Vermieter von wesentlicher Bedeutung ist, wer den Mietgebrauch ausübt, weil sich danach oft Art und Umfang des Gebrauchs bestimmt.[1054] Der Betreiber eines Onlinespiels oder einer Entwicklungsplattform hingegen hat kein vergleichbares Interesse daran, sich die Teilnehmer nach persönlichen Kriterien auszusuchen. Vielmehr sind die virtuellen Welten darauf ausgerichtet, dass sich gleichzeitig mehrere Millionen Nutzer in ihnen aufhalten. Die einzelnen Vertragsverhältnisse sind somit nicht von einer persönlichen Komponente geprägt, die *per se* im Interesse des Plattformbetreibers der Übertragung der Nutzungsbefugnisse an einen Dritten entgegenstehen würde. Die Vorschrift des § 540 Abs. 1 S. 1 BGB findet somit zwischen Betreiber und Teilnehmer keine Anwendung, so dass die Pfändbarkeit der schuldrechtlichen Beziehungen nicht an § 851 Abs. 1 ZPO scheitert.

## 2. Unpfändbarkeit nach § 851 Abs. 2 ZPO

Dem Plattformbetreiber ist es unbenommen, durch die vertragliche Vereinbarung von Abtretungsverboten nach § 399 Alt. 2 BGB die Übertragung der dem Nutzungsvertrag zugrunde liegenden Forderungen auszuschlie-

---

[1051] *Stein/Jonas/Brehm*, § 851, Rn. 30; *Zöller/Stöber*, § 857, Rn. 12; *Lackmann*, ZVR, Rn. 355; a.A. *Berger*, Rechtsgeschäftliche Verfügungsbeschränkungen, S. 372 ff.

[1052] Siehe dazu F. II. 2., III. 2.

[1053] *Schmidt-Futterer/Blank/Blank*, § 540, Rn. 1.

[1054] *Schmidt-Futterer/Blank/Blank*, § 540, Rn. 1.

ßen.[1055] Nach § 851 Abs. 2 ZPO kann die Forderung gleichwohl gepfändet werden, wenn der geschuldete Gegenstand der Pfändung unterworfen ist. Da die schuldrechtlichen Forderungen des Teilnehmers auf Nutzung der virtuellen Spielumgebung pfändbar sind, wird dem Vollstreckungsgläubiger der Zugriff auf die Forderungen durch das Abtretungsverbot nach § 399 Alt. 2 BGB nicht entzogen. Die Vorschrift des § 851 Abs. 2 ZPO steht daher einer Pfändbarkeit der schuldrechtlichen Beziehungen zum Spielbetreiber nicht entgegen.

### III. Verwertung

Die Vorschrift des § 857 Abs. 1 ZPO sieht die Einschränkung vor, dass nur vermögenswerte Rechte, bei denen die Pfandverwertung zur Befriedigung des Geldanspruchs des Gläubigers führen kann, pfändbar sind.[1056] Für die Bemessung des Vermögenswertes der zum (Spiel-)Betreiber bestehenden schuldrechtlichen Ansprüche ergibt sich damit eine wichtige Differenzierung, wenn die Betreiber den entgeltlichen Handel mit virtuellen Gegenständen wirksam untersagt haben.[1057] In diesem Fall ist die Rechtsposition des Nutzers an seinen virtuellen Gegenständen darauf beschränkt, diese innerhalb der virtuellen Welt nach Maßgabe der Teilnahmebedingungen zu nutzen, ohne dass die Möglichkeit zur wirtschaftlichen Verwertung der virtuellen Gegenstände gegeben ist. Der Vermögenswert der zum Betreiber bestehenden schuldrechtlichen Beziehungen ergibt sich somit allein aus dieser beschränkten Gebrauchsmöglichkeit und richtet sich nach den vom Teilnehmer zu entrichtenden Abonnementgebühren.[1058] Zwar kommt damit der bloßen Gebrauchsmöglichkeit auch ein bestimmter, verwertbarer Vermögenswert zu. Dieser ist jedoch meist so gering, dass eine Vollstreckung regelmäßig nicht zur Befriedigung des Gläubigers führen wird. Ist der Handel mit virtuellen Gegenständen hingegen zugelassen, bemisst sich der Vermögenswert in erster Linie nach dem Marktwert der virtuellen Gegenstände des Vollstreckungsschuldners.[1059] Dann kann die Pfändung der Forderungen für den Vollstreckungsgläubiger lohnend sein. Im Folgenden wird daher davon ausgegangen, dass der Plattformbetreiber den Handel mit virtuellen Gegenständen gestattet hat.

Die Verwertung der gepfändeten Forderungen erfolgt entweder durch ihre Überweisung an den Vollstreckungsgläubiger nach §§ 857 Abs. 1, 835

---

[1055] Siehe dazu F. IV. 3.

[1056] *Zöller/Stöber*, § 857, Rn. 2.

[1057] Siehe dazu F. IV. 2, 3.

[1058] Siehe dazu F. II. 4. b) dd) (2) (a).

[1059] Siehe dazu F. II. 4. b) dd) (2) (b).

ZPO oder nach besonderer Anordnung durch das Vollstreckungsgericht auf eine „andere Art der Verwertung", §§ 857 Abs. 1, 844 ZPO. Die in Betracht kommenden Verwertungsarten sind davon abhängig, ob die Übertragbarkeit der gepfändeten Forderungen zugelassen oder dem Teilnehmer durch ein Abtretungsverbot nach § 399 Alt. 2 BGB untersagt ist.

## 1. Überweisung zur Einziehung

Eine Überweisung zur Einziehung nach § 835 Abs. 1 Alt. 1 ZPO bewirkt bei Geldforderungen, dass die ebenfalls auf Geldzahlung gerichtete Forderung des Vollstreckungsgläubigers nach der Einziehung in Höhe des eingezogenen Betrags getilgt ist.[1060] Ein vergleichbarer Effekt bleibt jedoch aus, wenn die Forderungen auf Nutzung der virtuellen Spielumgebung eines Onlinespiels oder einer Entwicklungsplattform gepfändet werden. Eine solche Forderung lässt sich nicht wie eine Geldforderung einziehen. Mangels Gleichartigkeit der Forderungen kann auch nicht mit ihr aufgerechnet werden. Eine „Einziehung" könnte sich allenfalls auf das vorübergehende Recht zur Nutzung der virtuellen Spielumgebung beziehen.[1061] Das Recht zur Nutzung kann nur vorübergehend sein, da bei der Überweisung zur Einziehung nach §§ 857 Abs. 1, 835 Abs. 1 Alt. 1 ZPO die gepfändete Forderung Vermögensbestandteil des Schuldners bleibt und nicht vollständig auf den Gläubiger übergeht.[1062] Der Gläubiger müsste dann im Rahmen dieser vorübergehenden Nutzungsbefugnis selbstständig für eine Verwertung der virtuellen Gegenstände des Vollstreckungsschuldners sorgen und den Erlös zur Befriedigung seiner Geldforderung einsetzen. Diese Form der Verwertung ist für den Vollstreckungsgläubiger jedoch mit einem erheblichen Aufwand verbunden, so dass die Überweisung zur Einziehung mangels Leistungsinteresse des Gläubigers regelmäßig außer Betracht bleibt.

## 2. Überweisung an Zahlungs statt zu einem Schätzwert

Da die Forderungen des Teilnehmers zur Nutzung der virtuellen Umgebung und der damit verbundenen Möglichkeit zur wirtschaftlichen Verwertung virtueller Gegenstände keinen Nennwert haben, scheidet eine Überweisung an Zahlungs statt zum Nennwert nach §§ 857 Abs. 1, 835 Abs. 1 Alt. 2 ZPO aus.[1063] Der Vollstreckungsgläubiger kann sich die

---

[1060] *Thomas/Putzo/Putzo*, § 836, Rn. 5; *Welzel*, MMR 2001, 131, 137.

[1061] Vgl. zur „Einziehung" einer Internetdomain *Welzel*, MMR 2001, 131, 137.

[1062] Vgl. *Zöller/Stöber*, § 835, Rn. 7.

[1063] Vgl. die ähnliche Situation bei der Pfändung von Internetdomains *Hanloser*, CR 2001, 456, 458; *Hartmann/Kloos*, CR 2001, 469; *Welzel*, MMR 2001, 131, 138.

schuldrechtlichen Forderungen aber an Zahlungs statt zu einem Schätzwert überweisen lassen, §§ 857 Abs. 1, 844 Abs. 1, 835 Abs. 1 Alt. 2 ZPO. Da die Überweisung an Zahlungs statt wie eine Abtretung wirkt, die gepfändete Forderung mithin auf den Gläubiger übergeht,[1064] ist diese Form der Verwertung nur dann zulässig, wenn kein Abtretungsverbot zwischen Teilnehmer und (Spiel-)Betreiber vereinbart ist.[1065] Dies wird nur ausnahmsweise der Fall sein, da die Plattformbetreiber regelmäßig entsprechende Klauseln in ihre Bedingungen aufnehmen.[1066] Die Überweisung an Zahlungs statt ist zudem für den Vollstreckungsgläubiger noch ungünstiger als die Überweisung zur Einziehung, da er nicht nur für die eigenhändige Verwertung der virtuellen Gegenstände sorgen muss, sondern in Höhe des nach § 813 Abs. 1 S. 3 ZPO geschätzten Werts der Forderung als befriedigt gilt, § 835 Abs. 2 ZPO. Der Gläubiger trägt somit zusätzlich das Risiko, dass sich der geschätzte Wert der virtuellen Gegenstände tatsächlich realisieren lässt.

### 3. Versteigerung/freihändiger Verkauf

Interessengerechter ist daher der Rückgriff auf andere Verwertungsformen gemäß §§ 857 Abs. 1, 844 ZPO. In Betracht kommen insbesondere eine öffentliche Versteigerung oder eine freihändige Veräußerung des gepfändeten Rechts.[1067] Eine öffentliche Versteigerung ist unpraktikabel, da auf diese Weise die an virtuellen Gegenständen interessierten Kreise nicht erreicht werden können. Eine geeignete Verwertungsform ist jedoch die freihändige Veräußerung des gesamten Spiel-Accounts oder einzelner virtueller Gegenstände durch den Gerichtsvollzieher oder eine andere geeignete Person[1068] auf einem einschlägigen virtuellen Marktplatz. Der Preis bemisst sich dann nach dem üblichen Marktwert, der durch Angebot und Nachfrage entsprechender Spiel-Accounts oder virtueller Gegenstände auf dem Marktplatz bestimmt wird. Die Anordnung des freihändigen Verkaufs hat den Vorteil, dass auch dann interessengerechte Ergebnisse erzielt werden können, wenn die Abtretung der Forderungen zwischen Teilnehmer und (Spiel-)Betreiber ausgeschlossen ist. Denn in diesem Fall kann die Veräußerung lediglich einzelner, vermögenswerter virtueller Gegenstände angeordnet werden, ohne dass es zu einer Übertragung des zum (Spiel-)Betreiber bestehenden Rechtsverhältnisses auf einen Dritten kommt.

---

[1064] *Zöller/Stöber*, § 835, Rn. 8.

[1065] Vgl. *Zöller/Stöber*, § 835, Rn. 9.

[1066] Siehe dazu F. IV. 3.

[1067] *Zöller/Stöber*, § 844, Rn. 2.

[1068] Vgl. *Zöller/Stöber*, § 844, Rn. 6.

# IV. Drittschuldnereigenschaft des (Spiel-)Betreibers

Drittschuldner ist jede Person, auf deren Leistung es bei der Ausübung des gepfändeten Rechts ankommt.[1069] Dies trifft auf den (Spiel-)Betreiber zu, dessen Rechtsposition als Schuldner der gepfändeten Forderungen durch die Pfändung zwangsläufig berührt ist.

An die Drittschuldnereigenschaft sind unterschiedliche Rechtsfolgen geknüpft. Nach § 829 Abs. 3 ZPO ist die Pfändung erst dann als bewirkt anzusehen, wenn der Pfändungsbeschluss dem Drittschuldner zugestellt worden ist. Der Pfändungsbeschluss enthält zudem das an den Drittschuldner gerichtete Verbot, an den Dritten zu zahlen, § 829 Abs. 1 S. 1 ZPO („Arrestatorium"). Über den Verweis in § 857 Abs. 1 ZPO muss das auf Geldforderungen zugeschnittene Arrestatorium jedoch für „sonstige Vermögensrechte" im Sinne der Vorschrift modifiziert werden.[1070] Bei Geldforderungen soll das Zahlungsverbot verhindern, dass der Gläubiger durch die Zahlung an den Schuldner unbefriedigt bleibt.[1071] Bei der Pfändung der schuldrechtlichen Beziehungen eines Teilnehmers zum (Spiel-)Betreiber kann die Befriedigung des Gläubigers dadurch vereitelt werden, dass der Betreiber den Account des Schuldners löscht, etwa weil der Teilnehmer seine Abonnementgebühren nicht mehr gezahlt hat.[1072] Der Gläubiger hat dann nicht mehr die Möglichkeit, die virtuellen Gegenstände verwerten zu lassen, was strukturell dem Erlöschen einer Geldforderung durch Zahlung an den Schuldner entspricht. Dem Betreiber ist daher im Pfändungsbeschluss ein entsprechendes Verbot aufzuerlegen.

Den (Spiel-)Betreiber trifft in seiner Eigenschaft als Drittschuldner zudem die Obliegenheit zur Auskunftserteilung nach §§ 857 Abs. 1, 840 ZPO.[1073] Zweck der Erklärungspflicht des Drittschuldners ist es, den Gläubiger über die Verhältnisse des Rechts aufzuklären, so dass er dazu in der Lage ist, die Risiken der Rechtsverfolgung einschätzen zu können.[1074] Nach § 840 Abs. 1 Nr. 2, 3 ZPO hat der Betreiber zu erklären, ob und welche Ansprüche andere Personen in Bezug auf das Recht geltend machen sowie ob das Recht bereits zugunsten anderer Gläubiger gepfändet ist. Demnach müsste der Spielbetreiber darüber aufklären, ob der virtuelle Gegenstand vom Schuldner bereits anderweitig verkauft oder der Gegenstand bereits von einem Dritten gepfändet worden ist. Die Vorschrift des § 840 Abs. 1 Nr. 1 ZPO hingegen, nach der den Drittschuldner eine Erklärungspflicht

---

[1069] *Zöller/Stöber*, § 857, Rn. 4.

[1070] *Hartig*, GRUR, 2006, 299, 301.

[1071] *Hartig*, GRUR, 2006, 299, 301.

[1072] Zum Arrestatorium bei Pfändung einer Internetdomain *Hartig*, GRUR, 2006, 299, 301.

[1073] Zur Einordnung als Obliegenheit *Thomas/Putzo/Putzo*, § 840, Rn. 1.

[1074] *Zöller/Stöber*, § 840, Rn. 1.

trifft, ob und inwieweit er die Forderung als begründet anerkennt und ob er zur Zahlung bereit ist, ist auf Geldforderungen zugeschnitten.[1075] Sie findet daher keine Anwendung, wenn in die zwischen (Spiel-)Betreiber und Teilnehmer bestehenden Rechtsbeziehungen vollstreckt wird.

## V. Zusammenfassung

Ein virtueller Gegenstand ist im Ergebnis pfändbar. Der Pfändung unterworfen ist aber nicht der virtuelle Gegenstand an sich, sondern die Gesamtheit der zum (Spiel-)Betreiber bestehenden schuldrechtlichen Beziehungen. Eine geeignete Verwertungsform ist die freihändige Veräußerung des gesamten (Spiel-)Accounts oder einzelner virtueller Gegenstände auf einem einschlägigen virtuellen Marktplatz gemäß §§ 857 Abs. 1, 844 ZPO. Als Drittschuldner ist dem (Spiel-)Betreiber untersagt, nach Zustellung des Pfändungsbeschlusses den Account des Teilnehmers zu löschen, § 829 Abs. 1 S. 1 ZPO analog. Zudem bestehen Erklärungsobliegenheiten des Betreibers nach § 840 Abs. 1 Nr. 1, 2 ZPO analog.

---

[1075] *Hartig*, GRUR, 2006, 299, 301.

# K. Kollisionsrechtliche Fragen

## I. Vertrag zwischen (Spiel-)Betreiber und Teilnehmer

### 1. Verbraucherverträge, Art. 29 EGBGB

Sitzen die Betreiber von Onlinespielen oder Entwicklungsplattformen im Ausland,[1076] stellt sich die Frage, welches Recht auf das Vertragsverhältnis zwischen Betreiber und Teilnehmer Anwendung findet. Liegt ein Vertrag zwischen einem Verbraucher und einem Unternehmer vor, findet vorrangig die Anknüpfungsregel des Art. 29 EGBGB für Verbraucherverträge Anwendung.[1077]

#### a) Persönlicher Anwendungsbereich

Verbraucher im Sinne von Art. 29 EGBGB ist jede natürliche Person, die nicht im Rahmen einer gewerblichen oder selbstständigen Tätigkeit handelt.[1078] Dies trifft auf einen Großteil der Teilnehmer an Onlinespielen oder Entwicklungsplattformen zu, für die der gebotene „Spielspaß" im Vordergrund steht. Abgrenzungsschwierigkeiten können jedoch auftreten, wenn die Teilnehmer mit einzelnen virtuellen Gegenständen oder ganzen Spiel-Accounts gegen reales Geld Handel treiben. Die Grenze zur Unternehmereigenschaft ist schnell überschritten,[1079] so dass ein Vertrag zwischen Unternehmern vorliegen kann, der nicht mehr unter den persönlichen Anwendungsbereich des Art. 29 EGBGB fällt.[1080] Die (Spiel-)Betreiber handeln in Ausübung einer gewerblichen Betätigung und sind daher regelmäßig als Unternehmer zu qualifizieren.

#### b) Sachlicher Anwendungsbereich

In sachlicher Hinsicht werden von Art. 29 Abs. 1 EGBGB Verträge „über die Lieferung beweglicher Sachen oder über die Erbringung von Dienstleistungen" erfasst. Zu den Verträgen über den Erwerb beweglicher Sachen gehö-

---

[1076] Sowohl der Sitz des Betreibers von *Second Life* (*Linden-Lab*) als auch der des Betreibers von *World of Warcraft* (*Blizzard Entertainment Inc.*) befindet sich in den USA.

[1077] *Palandt/Heldrich*, Art. 29 EGBGB, Rn. 1.

[1078] *Mankowski*, in: Spindler/Wiebe, Internet-Auktionen, Kap. 11, Rn. 16.

[1079] Siehe dazu I. I.

[1080] Es gilt dann Art. 28 EGBGB, siehe K. I. 2.

ren insbesondere auch Verträge über den Kauf von Software,[1081] so dass hinsichtlich des Softwareüberlassungsvertrags mit dem (Spiel-)Anbieter der Anwendungsbereich des internationalen Verbrauchervertragsrechts eröffnet ist. Fraglich ist jedoch, ob der mit dem Betreiber eines Onlinespiels oder einer Entwicklungsplattform geschlossene Vertrag über die Nutzung der Online-Umgebung als „Vertrag über die Erbringung von Dienstleistungen" qualifiziert werden kann. Zwar ist der Dienstleistungsbegriff des Art. 29 Abs. 1 Alt. 2 EGBGB weit zu verstehen.[1082] Erforderlich ist jedoch, dass eine tätigkeitsbezogene Leistung an den Verbraucher erbracht wird.[1083] Onlinespielverträge oder Verträge zur Nutzung einer Entwicklungsplattform sind zwar insgesamt mietvertraglich zu qualifizieren,[1084] gleichwohl enthalten sie dienstvertragsähnliche Elemente, wie etwa die Verpflichtung zur Gewährleistung der Online-Erreichbarkeit des Angebots oder der Verwaltung und Pflege von Nutzerprofilen und Spielständen. Dies rechtfertigt es, die Verträge zwischen (Spiel-)Betreiber und Teilnehmer insgesamt unter den weiten Dienstleistungsbegriff des Art. 29 Abs. 1 Alt. 2 EGBGB zu fassen.[1085]

Weiterhin ist zu berücksichtigen, dass Art. 29 Abs. 4 EGBGB bestimmte Verträge aus dem Anwendungsbereich der Vorschrift ausnimmt. Nach Art. 29 Abs. 4 Nr. 2 EGBGB entfallen die Privilegierungen für Verbraucher, wenn die dem Verbraucher geschuldeten Dienstleistungen ausschließlich in einem anderen als dem Staat erbracht werden, in dem der Verbraucher seinen gewöhnlichen Aufenthalt hat. Dahinter steht der Grundgedanke, dass der Verbraucher, der sich aus freien Stücken auf einen fremden Markt begibt, nicht mehr durch die eigene Rechtsordnung geschützt werden muss.[1086] Die Ausnahmeregelung des Art. 29 Abs. 4 Nr. 2 EGBGB soll nach einer Ansicht in der Literatur auch auf Onlinespielverträge Anwendung finden, wenn der Spiel-Server im Ausland steht und die Dienstleistungen daher im Ausland erbracht werden.[1087] Dagegen ist jedoch einzuwenden, dass ausschließlich über das Internet erbrachte Dienstleistungen den Aufenthaltsort des Verbrauchers berühren, wenn er sie von dort aus dem Netz abruft.[1088] Die Situation ist eine andere als etwa bei Hotelaufenthalten im

---

[1081] *Palandt/Heldrich*, Art. 29 EGBGB, Rn. 3; *Deike*, CR 2003, 9, 12.

[1082] BGH, NJW 1994, 262; BGH, NJW 1997, 1697; *Mankowski*, in: Spindler/Wiebe, Internet-Auktionen, Kap. 11 Rn. 13.

[1083] BGHZ 123, 380, 385; *Mankowski*, in: Spindler/Wiebe, Kap. 11 Rn. 13.

[1084] Siehe dazu F. II. 2., III. 2.

[1085] Für die Erfassung von Verträgen mit Internet-Providern durch den Dienstleistungsbegriff *Martiny*, in: MüKo, Art. 29 EGBGB, Rn. 18; *Magnus*, in: Graf/Paschke/Stober, S. 30 f.; *Mankowski*, in: Spindler/Wiebe, Kap. 11, Rn. 13 f.; kritisch *Klickermann*, MMR 2007, 766, 767.

[1086] *Martiny*, in: MüKo, Art. 29 EGBGB, Rn. 27.

[1087] *Wemmer/Bodensiek*, K&R 2004, 432, 434; kritisch *Krasemann*, MMR 2006, 351, 352.

[1088] *Martiny*, in: MüKo, Art. 29 EGBGB, Rn. 28; *Magnus*, in: Graf/Paschke/Stober S. 29.

Ausland, die typischerweise zu den ausschließlich im Ausland erbrachten Dienstleistungen zählen.[1089] Hier muss der Verbraucher sich physisch in ein anderes Land begeben, um die Dienstleistung in Empfang zu nehmen. Der Internetnutzer hingegen bleibt an seinem gewöhnlichen Aufenthaltsort und kann in den meisten Fällen noch nicht einmal ersehen, ob er auf einen im Ausland stehenden oder einen inländischen Server zugreift. Der Internetnutzer begibt sich somit nicht auf einen fremden Markt, sondern er nimmt die Dienstleistungen in Anspruch, die an seinem gewöhnlichen Aufenthaltsort verfügbar sind. Es besteht somit kein Grund, ihm den besonderen Schutz seiner Rechtsordnung zu entziehen. Die Ausnahmeregelung des Art. 29 Abs. 4 Nr. 2 EGBGB findet daher keine Anwendung auf Onlinespielverträge oder Verträge zur Nutzung einer Entwicklungsplattform.

### c) Situativer Anwendungsbereich

Neben seiner persönlichen und sachlichen Anwendbarkeit setzt Art. 29 Abs. 1 EGBGB weiterhin voraus, dass der Vertrag in den „situativen Anwendungsbereich" der Vorschrift fällt.[1090] Dafür ist erforderlich, dass der Unternehmer eine Absatztätigkeit im Land des Verbrauchers vornimmt.[1091] Nach Art. 29 Abs. 1 Nr. 1 EGBGB genügt es, wenn der Unternehmer ein Angebot im Land des Verbrauchers abgegeben oder dort zumindest geworben hat und der Verbraucher die zum Abschluss des Vertrages erforderlichen Rechtshandlungen in diesem Land vorgenommen hat. Ausreichend ist bereits ein Werben über eine Webseite.[1092] Werden die Leistungen demnach über das Internet beworben und angeboten, liegt die erforderliche Rechtshandlung des Verbrauchers im Aufenthaltsstaat vor, wenn er dort online die Annahme des Vertrages erklärt.[1093] Damit sind die im Internet mit den Anbietern von Onlinespielen oder Entwicklungsplattformen geschlossenen Verträge regelmäßig auch vom situativen Anwendungsbereich im Sinne von Art. 29 Abs. 1 Nr. 1 EGBGB erfasst, da sowohl werbliche Aktivitäten der (Spiel-)Betreiber als auch die Vertragsannahme durch den Verbraucher im Inland stattfinden.[1094]

---

[1089] *Martiny*, in: MüKo, Art. 29 EGBGB, Rn. 27; *Mankowski*, in: Spindler/Wiebe, Kap. 11, Rn. 15.

[1090] *Martiny*, in: MüKo, Art. 29 EGBGB, Rn. 33; *Mankowski*, in: Spindler/Wiebe, Kap. 11, Rn. 25.

[1091] *Martiny*, in: MüKo, Art. 29, Rn. 33 f.

[1092] *Palandt/Heldrich*, Art. 29 EGBGB, Rn. 6; *Mankowski*, in: Spindler/Wiebe, Kap. 11, Rn. 27.

[1093] *Palandt/Heldrich*, Art. 29 EGBGB, Rn. 6.

[1094] A.A. *Wemmer/Bodensiek*, K&R 2004, 432, 434; vgl. auch *Klickermann*, MMR 2007, 766, 767.

## d) Rechtsfolge

Nach Art. 29 Abs. 2 EGBGB gilt für den Fall, dass die Beteiligten keine Rechtswahl getroffen haben, das Recht des Staates, in dem der Verbraucher seinen gewöhnlichen Aufenthalt hat. Deutsches Recht kommt somit zur Anwendung, wenn der Nutzer seinen lokalen Lebensmittelpunkt in Deutschland hat. Art. 29 EGBGB hindert die Parteien nicht daran, die Anwendbarkeit des Rechtes eines anderen Staates zu vereinbaren (Art. 27 EGBGB).[1095] Eine Rechtswahl wird jedoch nach Art. 29 Abs. 1 EGBGB insoweit beschränkt, als dass der Verbraucher sich jedenfalls auf den zwingenden Schutz des Rechts seines Aufenthaltsstaates berufen kann.[1096] Dazu gehören alle Vorschriften mit einer konkreten verbraucherschützenden Wirkung.[1097] Ist hingegen das gewählte Recht für den Verbraucher günstiger, kann er sich auch auf dieses berufen.[1098] Bei einer kollisionsrechtlichen Anknüpfung an Art. 29 EGBGB kommt dem Verbraucher somit mindestens das Schutzniveau zugute, welches durch die Rechtsordnung seines Aufenthaltsstaates gewährt wird.[1099]

## 2. Objektive Anknüpfung, Art. 28 EGBGB

Schließt der Teilnehmer eines Onlinespiels oder einer Entwicklungsplattform den Vertrag mit dem (Spiel-)Betreiber in Ausübung einer gewerblichen oder selbstständigen Tätigkeit ab, scheidet die Anwendbarkeit des vorrangigen internationalen Verbrauchervertragsrechts nach Art. 29 EGBGB aus. Haben die Parteien nach Art. 27 EGBGB keine Rechtswahl getroffen, gilt nach Art. 28 Abs. 1 S. 1 EGBGB das Recht des Staates, zu dem die engsten Verbindungen bestehen. Nach Art. 28 Abs. 2 EGBGB wird vermutet, dass die engste Verbindung zu dem Staat besteht, in dem die Partei, welche die charakteristische Leistung zu erbringen hat, ihren gewöhnlichen Aufenthaltsort oder im Fall des gewerblichen Handelns, ihre Hauptniederlassung hat. Die charakteristische Leistung wird bei gegenseitigen Verträgen durch die Sach- oder Dienstleistung bestimmt,[1100] so dass es maß-

---

[1095] *Mankowski*, in: Spindler/Wiebe, Kap. 11, Rn. 44; vgl. auch Punkt 7.1. der Nutzungsbedingungen von *Second Life*, „*This Agreement and the relationship between you and Linden Lab shall be governed in all respects by the laws of the State of California without regard to conflict of law principles or the United Nations Convention on the International Sale of Goods*", im Internet: http://secondlife.com/corporate/tos.php, (Stand: Januar 2008).

[1096] *Mankowski*, in: Spindler/Wiebe, Kap. 11, Rn. 46.

[1097] *Mankowski*, in: Spindler/Wiebe, Kap. 11, Rn. 46; *Mäsch*, Rechtswahlfreiheit, S. 43–52.

[1098] *Martiny*, in: MüKo, Art. 29 EGBGB, Rn. 59; *Mankowski*, in: Spindler/Wiebe, Kap. 11, Rn. 46.

[1099] *Mankowski*, in: Spindler/Wiebe, Kap. 11, Rn. 46.

[1100] *Mehrings*, in: Hoeren/Sieber, Handbuch Multimedia-Recht, Abschn. 13.1, Rn. 40.

geblich auf den Niederlassungsort der Betreiber von Onlinespielen oder Entwicklungsplattformen ankommt. Werden Dienste ausschließlich über das Internet erbracht, soll auch der Standort des Servers als Ort der Niederlassung in Betracht kommen, wenn dieser in Bezug auf den Vertragsschluss und die Vertragsabwicklung maßgeblich in die Betriebsorganisation des Anbieters eingebunden ist.[1101] Bei Onlinespielen oder Entwicklungsplattformen findet das gesamte Spielgeschehen sowie die Verwaltung der Nutzerdaten auf den meist im Ausland stehenden Servern statt, so dass demnach der Serverstandort maßgeblich wäre.[1102] Dagegen spricht jedoch, dass der Serverstandort beliebig gewählt werden kann und es daher an der dem Niederlassungsort charakteristischen Dauerhaftigkeit fehlt.[1103] Der Ort der tatsächlichen Niederlassung bleibt somit der entscheidende Anknüpfungspunkt für Art. 28 EGBGB.

## II. Verträge über virtuelle Gegenstände

### 1. Verbraucherverträge, Art. 29 EGBGB

Verträge über virtuelle Gegenstände können kollisionsrechtlich unter Art. 29 EGBGB fallen, wenn sie zwischen einem Unternehmer und einem Verbraucher geschlossen werden.[1104] Dies kann beispielsweise dann der Fall sein, wenn ein Teilnehmer einen virtuellen Gegenstand vom (Spiel-)Betreiber oder einem Teilnehmer käuflich erwirbt, der gewerblichen Handel mit virtuellen Gegenständen treibt.

In sachlicher Hinsicht setzt ein Verbrauchervertrag nach Art. 29 Abs. 1 EGBGB voraus, dass es sich dabei um einen Vertrag über „die Lieferung beweglicher Sachen oder die Erbringung von Dienstleistungen" handelt.[1105] Unter den Begriff der Dienstleistung sind im Kern nur Werk-, Werklieferungs-, Geschäftsbesorgungs- und Dienstverträge zu fassen.[1106] Damit stellt sich die Frage, ob vom sachlichen Anwendungsbereich des Art. 29 Abs. 1 Alt. 1 EGBGB, nach dem ein Vertrag über die „Lieferung beweglicher Sachen" erforderlich ist, Kaufverträge über virtuelle Gegenstände erfasst sind,

---

[1101] *Mehrings*, in: Hoeren/Sieber, Handbuch Multimedia-Recht, Kap. 13.1, Rn. 42.

[1102] So auch *Klickermann*, MMR 2007, 766, 767; *Krasemann*, MMR 2006, 351, 352; *Wemmer/Bodensiek*, K&R 2004, 432, 433 f.

[1103] *Hoeren*, Internetrecht, Rn. 413; *Mankowski*, RabelsZ 63 (1999), 203, 226–230; *Junker*, RIW 1999, 809, 818.

[1104] Zum persönlichen Anwendungsbereich siehe K. I. 1. a).

[1105] Siehe auch K. I. 1. b).

[1106] *Mankowski*, in: Spindler/Wiebe, Internetauktionen, Kap. 11, Rn. 13.

auch wenn es sich dabei um immaterielle Gegenstände handelt.[1107] Hinsichtlich online übermittelter Software wird angenommen, dass der zugrunde liegende Kaufvertrag bei extensiver Auslegung, die sich an das Warenverständnis des UN-Kaufrechts anlehnt, unter den Anwendungsbereich von Art. 29 Abs. 1 Alt. 1 EGBGB fällt.[1108] Dies ist nur konsequent, da Software ohnehin als bewegliche Sache eingeordnet wird.[1109] Gleiches trifft auf virtuelle Gegenstände zwar nicht zu,[1110] dennoch muss Art. 29 Abs. 1 Alt. 1 EGBGB analoge Anwendung auf den Kauf virtueller Gegenstände finden. Art. 29 EGBGB dient dem besonderen Schutz des Verbrauchers, indem die in Art. 27 EGBGB eröffnete Rechtswahlfreiheit eingeschränkt und für die Frage des anwendbaren Rechts abweichend von Art. 28 EGBGB an den gewöhnlichen Aufenthaltsort des Verbrauchers angeknüpft wird.[1111] Der Verbraucher, der einen virtuellen Gegenstand über das Internet erwirbt, ist aber genauso schutzwürdig wie der Erwerber einer im Wege der Online-Übermittlung übertragenen Software oder der Käufer einer körperlichen Ware. Im Sinne eines effektiven Verbraucherschutzes spricht daher nichts dagegen, bei Verbraucherverträgen über virtuelle Gegenstände an den gewöhnlichen Aufenthaltsort des Verbrauchers entsprechend Art. 29 Abs. 1 Alt. 1 EGBGB anzuknüpfen. Soweit im Zusammenhang mit Onlinespielen und Entwicklungsplattformen Werk- oder Dienstleistungen angeboten werden, wie etwa das Angebot eines „Power-Levelling-Service" oder die Betreuung einer virtuellen Webpräsenz einer Entwicklungsplattform,[1112] so werden diese vom Dienstleistungsbegriff des Art. 29 Abs. 1 Alt. 2 BGB erfasst. Es kommt dann ebenfalls Art. 29 EGBGB als kollisionsrechtliche Anknüpfungsnorm bei Verbraucherverträgen zur Anwendung.

## 2. Objektive Anknüpfung, Art. 28 EGBGB

Verträge zwischen den Teilnehmern einer Entwicklungsplattform oder eines Onlinespiels, die nicht in Ausübung einer gewerblichen Betätigung handeln, sind nach Art. 28 EGBGB kollisionsrechtlich an das Recht des Staates anzuknüpfen, zu dem die engsten Verbindungen bestehen. Es gilt die Vermutung des Art. 28 Abs. 2 EGBGB, nach der ein Vertrag die engsten Verbindungen zu dem Staat aufweist, in dem die Partei, welche die charakteristische Leistung zu erbringen hat, ihren gewöhnlichen Aufenthalt

---

[1107] Siehe dazu D. I. 2. b) bb).

[1108] *Mankowski*, in: Spindler/Wiebe, Internetauktionen, Kap. 11, Rn. 12; *Klimek/Sieber*, ZUM 1998, 902, 906 f.; vgl. auch *Hoeren*, Internetrecht, Rn. 410.

[1109] Siehe dazu D. I. 1. a).

[1110] Siehe dazu D. I. 2. b) aa).

[1111] *Palandt/Heldrich*, Art. 29 EGBGB, Rn. 1.

[1112] Siehe dazu E. II. 3.

hat. Da die charakteristische Leistung beim Kauf eines Gegenstandes durch die Sachleistung, bei der Pacht durch die Überlassung des Gegenstandes oder beim Werkvertrag durch die Herstellung des Werkes bestimmt wird,[1113] ist regelmäßig der Aufenthaltsort des Verkäufers, Verpächters oder Herstellers für das anwendbare Recht maßgeblich. Deutsches Recht findet somit Anwendung, wenn der Verkäufer eines virtuellen Gegenstandes seinen gewöhnlichen Aufenthaltsort in Deutschland hat. Sitzt der Verkäufer hingegen im Ausland, kann der in Deutschland ansässige Käufer sich nicht auf die Anwendbarkeit deutschen Rechts berufen.

Die Sonderregelung des Art. 28 Abs. 3 EGBGB für Verträge, die ein dingliches Recht an einem Grundstück oder ein Recht zur Nutzung eines Grundstücks haben, lässt sich nicht auf den Kauf oder die Pacht eines virtuellen Grundstücks übertragen. Zum einen können keine dinglichen Rechte an virtuellen Grundstücken erworben werden,[1114] zum anderen ist ein Lageort des virtuellen Grundstücks, als Anknüpfungspunkt für die engste Verbindung zu einem Staat und dessen Rechtsordnung, nicht ermittelbar. Auf den Serverstandort kann diesbezüglich nicht abgestellt werden, da diesem die für den Lageort eines Grundstücks charakteristische Dauerhaftigkeit fehlt.

### III. Ansprüche aus unerlaubter Handlung

#### 1. Art. 40 Abs. 1 S. 1 EGBGB

Hinsichtlich der Anwendbarkeit deliktsrechtlicher Vorschriften ist von der Tatortregel des Art. 40 Abs. 1 S. 1 EGBGB auszugehen.[1115] Demnach unterliegen Ansprüche aus unerlaubter Handlung dem Recht des Staates, in dem der Ersatzpflichtige gehandelt hat. Als „Handlungsort" im Sinne von Art. 40 Abs. 1 S. 1 EGBGB ist der Ort anzusehen, an dem sich der Server des Providers befindet.[1116] Steht eine Rechtsverletzung eines Internetnutzers in Rede, liegt der Handlungsort dort, wo die betreffenden Inhalte ins Internet eingespeist wurden.[1117] Nach Art. 40 Abs. 1 S. 2 EGBGB kann der Verletzte wahlweise auch verlangen, dass das Recht des Erfolgsortes zur Anwendung kommen soll. Dies ist der Ort, an dem die Rechtsverletzung eintritt.[1118] Im Online-Bereich ist als Erfolgsort jeder Ort anzusehen, an dem

---

[1113] *Palandt/Heldrich*, Art. 28 EGBGB, Rn. 3.

[1114] Siehe dazu D. II.

[1115] *Lober/Karg*, CR 2007, 647, 648.

[1116] *Hoeren*, Internetrecht, Rn. 695.

[1117] *Palandt/Heldrich*, Art. 40 EGBGB, Rn. 12.

[1118] *Palandt/Heldrich*, Art. 40 EGBGB, Rn. 4.

die Inhalte im Internet abgerufen werden können.[1119] Über die Wahl des Erfolgsortes im Sinne von Art. 40 Abs. 1 S. 2 EGBGB kann somit auch deutsches Recht zur Anwendung kommen, wenn der Verletzte sein Wahlrecht rechtzeitig bis zum Ende des frühen ersten Termins (§ 275 ZPO) beziehungsweise vor Abschluss des schriftlichen Vorverfahrens (§ 276 ZPO) im ersten Rechtszug ausgeübt hat.[1120]

## 2. Rom II-Verordnung

Ab dem Jahr 2009 wird die Frage des anwendbaren Rechts bei grenzüberschreitenden Sachverhalten über außervertragliche Ansprüche durch die Rom II-Verordnung (EG) Nr. 864/2007 geregelt, mit der die unterschiedlichen nationalen Kollisionsnormen für nichtvertragliche Schuldverhältnisse vereinheitlicht werden sollen.[1121] Für unerlaubte Handlungen gilt dann die allgemeine Kollisionsnorm des Art. 4 VO (EG) Nr. 864/2007, nach der das Recht des Staates anzuwenden ist, in dem der Schaden eintritt (Abs. 1). Haben die Beteiligten ihren gewöhnlichen Aufenthalt in demselben Staat, dann findet das Recht des Aufenthaltstaates Anwendung (Abs. 2). Besteht eine engere Verbindung zu einem anderen Staat, gilt das Recht dieses Staates (Abs. 3). Damit entspricht die Neuregelung in der Rom II-Verordnung den Art. 40, 41 EGBGB und führt nicht zu einer inhaltlichen Änderung der kollisionsrechtlichen Anknüpfung.[1122]

## IV. Ansprüche aus der Verletzung von Immaterialgüterrechten

Ansprüche aus der Verletzung von Immaterialgüterrechten richten sich nach dem Schutzlandprinzip.[1123] Dieses ist nach umstrittener Auffassung kollisionsrechtlich in Art. 41 Abs. 1 EGBGB, der das Recht der engsten Verbindung für anwendbar erklärt, zu verorten.[1124] In der Rom II-Verordnung ist die Geltung des Schutzlandprinzips ausdrücklich in Art. 8 Abs. 1 VO (EG) Nr. 864/2007 normiert. Da eine Rechtsverletzung nur an dem Ort eintreten kann, an dem auch Schutz besteht, ist nach dem Schutzlandprinzip

---

[1119] *Fülbier*, CR 2007, 515, 516; *Hoeren*, Internetrecht Rn. 695.

[1120] *Fülbier*, CR 2007, 515, 516; *Palandt/Heldrich*, Art. 40 EGBGB, Rn. 4.

[1121] Vgl. Verordnung (EG) Nr. 864/2007, Erwägungsgründe Nr. 1–6.

[1122] *Junker*, NJW 2007, 3675, 3678.

[1123] *BGH*, GRUR Int. 2005, 433, 434 – Hotel Maritime; *Palandt/Heldrich*, Art. 40 EGBGB, Rn. 13.

[1124] Siehe dazu C. I. 1.

das Recht des Staates maßgeblich, für dessen Gebiet der Verletzte Schutz in Anspruch nimmt.[1125]

## V. Strafrechtliche Sachverhalte

Für strafrechtliche Sachverhalte kommt es nach § 9 StGB auf den Ort an, an dem der Täter gehandelt oder an dem der Erfolg eingetreten ist. Der Erfolgsort von im Internet begangenen Straftaten ist wiederum überall dort, wo die Inhalte abrufbar sind.[1126]

## VI. Herkunftslandprinzip, Art. 3 Abs. 2 ECRL

Nicht abschließend geklärt ist die Frage, wie sich das in Art. 3 Abs. 2 ECRL[1127] (in Deutschland umgesetzt in § 3 TMG) verankerte Herkunftslandprinzip zum allgemeinen Kollisionsrecht verhält.[1128] Nach dem Herkunftslandprinzip unterliegen Diensteanbieter mit Sitz in einem EU-Mitgliedstaat, auch wenn sie ihre Dienste in anderen EU-Staaten erbringen, nur den Anforderungen des im „Heimatland" geltenden Rechts.[1129] Ungeklärt ist, ob das Herkunftslandprinzip aufgrund der Zielsetzung in Art. 1 Abs. 4 ECRL, nach der keine zusätzlichen kollisionsrechtlichen Regelungen geschaffen werden sollen, nur als Korrektiv auf der Sachrechtsebene wirkt oder ob das Herkunftslandprinzip trotz Art. 1 Abs. 4 ECRL als eigenständiges kollisionsrechtliches Prinzip zu qualifizieren ist.[1130] Eine Einordnung als allgemeiner kollisionsrechtlicher Anknüpfungspunkt hätte erhebliche Auswirkungen auf das für Diensteanbieter im Online-Bereich geltende Recht, da nach dem Herkunftslandprinzip der gesamte zivil-, straf- und öffentlichrechtliche Rechtsrahmen des Herkunftslandes zur Anwendung kommen würde.[1131] Keine Bedeutung hat der Streit hingegen für die durch den Verweis in Art. 3 Abs. 3 ECRL von der Geltung des Herkunftslandprinzips

---

[1125] *BGH*, GRUR Int. 2005, 433, 434 – Hotel Maritime; *Palandt/Heldrich*, Art. 40 EGBGB, Rn. 13.

[1126] *BGH*, NJW 2001, 624; *Hoeren*, Internetrecht, Rn. 695.

[1127] E-Commerce-Richtlinie 2000/31/EG.

[1128] Siehe ausführlich zum Streitstand *Spindler/Schmitz/Geis/Spindler*, TDG, § 4, Rn. 17 ff.; vgl. auch *Hoeren*, MMR 1999, 192, 195; *Spindler*, NJW 2002, 921, 925 ff.; *Spindler*, ZUM 1999, 775, 785 ff.

[1129] *Hefermehl/Köhler/Bornkamm/Köhler*, UWG Einl., Rn. 3.40; *Hoeren*, MMR 1999, 192, 194 f.; *Spindler*, NJW 2002, 921, 925 ff.; *Spindler*, ZUM 1999, 775, 780 ff.

[1130] Übersichtlich zum Streitstand *Spindler/Schmitz/Geis/Spindler*, TDG, § 4, Rn. 17 ff. m.w.N.

[1131] *Hoeren*, MMR 1999, 192, 195; *Spindler*, NJW 2002, 921, 925.

ausgenommenen Bereiche. Dazu gehört insbesondere der gesamte Bereich des Immaterialgüterrechts (vgl. § 3 Abs. 4 Nr. 6 TMG).[1132] Im Anwendungsgebiet des internationalen Wettbewerbsrechts führt die Geltung des Herkunftslandprinzips dazu, dass das Marktortprinzip zugunsten des Herkunftslandprinzips für Wettbewerbsverstöße im Internet modifiziert wird.[1133] Dies bedeutet, dass Diensteanbieter, die im europäischen Ausland sitzen und ihre Dienste zum Beispiel auch in Deutschland anbieten, sich für in Deutschland begangene Wettbewerbsverstöße allein am Lauterkeitsrecht ihres Herkunftslandes messen lassen müssen.

---

[1132] Vgl. *Hoeren*, MMR 1999, 192, 195 f.; *Landfermann*, ZUM 1999, 795, 798.

[1133] *Hefermehl/Köhler/Bornkamm/Köhler*, UWG Einl, Rn. 5.22; *Palandt/Heldrich*, Art. 40 EGBGB, Rn. 11; *Spindler*, NJW 2002, 921, 926.

# L. Schlussbetrachtung

Die virtuelle Welt ist kein rechtsfreier Raum. Dies ist die allgemeine Erkenntnis, die sich aus dieser Untersuchung gewinnen lässt. In der virtuellen Umgebung eines Onlinespiels oder einer Entwicklungsplattform wie *Second Life* kommt „in neuem Gewand" überwiegend das Recht zur Anwendung, welches auch im realen Leben beziehungsweise im „herkömmlichen" Online-Bereich Geltung beansprucht. Besonderheiten bestehen dort, wo die Rechtsnormen an die Körperlichkeit eines Gegenstandes anknüpfen (z.B. §§ 90, 854 ff., 903 BGB). Da virtuelle Gegenstände mangels Körperlichkeit als bloße Immaterialgüter einzuordnen sind, kann an ihnen kein Eigentum oder Besitz erworben werden. Von zentraler Bedeutung ist in diesem Zusammenhang, dass abseits durch die Rechtsordnung anerkannter Immaterialgüterrechte – wie etwa einem Urheberrecht – auch kein Immaterialgüterrecht *sui generis* an virtuellen Gegenständen begründbar ist. Dieser Umstand führt zu einem nur lückenhaften Schutz virtueller Gegenstände durch das Deliktsrecht, da die Rechtsposition des Nutzers an einem virtuellen Gegenstand als bloßes Immaterialgut kein „sonstiges Recht" i.S. von § 823 Abs. 1 BGB darstellt. Insofern ist der Ansatz von Teilen der Literatur, virtuellen Gegenständen immaterialgüterrechtlichen Schutz zuzubilligen und als sonstiges Recht i.S. von § 823 Abs. 1 BGB zu qualifizieren, vom Ergebnis her gerechtfertigt. Er ist jedoch nicht mit dem strengen *numerus clausus* der Immaterialgüterrechte zu vereinbaren, so dass nur der Gesetzgeber über den immaterialgüterrechtlichen Schutz virtueller Gegenstände entscheiden kann. Abgesehen von den Schwächen des deliktischen Schutzes virtueller Gegenstände hat die Untersuchung jedoch gezeigt, dass die bestehende Rechtsordnung insgesamt dazu geeignet ist, rechtliche Sachverhalte aus virtuellen Welten mit ihren Besonderheiten zu erfassen. Es besteht daher kein Bedürfnis nach der Schaffung einer gesonderten, speziell für die virtuelle Welt geltenden Rechtsordnung.